高职体育与健康教程

王　静　戴　彬　苟婷婷　主编

重庆大学出版社

内容提要

全书共分十四章，以《全国普通高等学校体育课程教学指导纲要》为依据，以教育性、知识性、健康性、兴趣性、发展性为编写的基本原则，结合高职院校体育教学的实际情况，针对当代高职学生的年龄特征、心理和生理特点以及健康状况编写而成。全书在编写过程中从教学实际出发，遵循教育规律和大学生身心特点，汲取和借鉴体育学科最新研究成果，内容新颖、通俗易懂、简单易学、图文并茂，适合作为高职学生公共体育课教材。

图书在版编目(CIP)数据

高职体育与健康教程 / 王静，戴彬，苟婷婷主编.
-- 重庆：重庆大学出版社，2022.9
ISBN 978-7-5689-3515-9

Ⅰ. ①高… Ⅱ. ①王… ②戴… ③苟… Ⅲ. ①体育—高等职业教育—教材 ②健康教育—高等职业教育—教材
Ⅳ. ①G807.4 ②G647.9

中国版本图书馆 CIP 数据核字(2022)第 156908 号

高职体育与健康教程
王 静 戴 彬 苟婷婷 主编
策划编辑：贾 曼 陈筱萌
责任编辑：黄菊香 版式设计：陈筱萌
责任校对：王 倩 责任印制：张 策
*
重庆大学出版社出版发行
出版人：饶帮华
社址：重庆市沙坪坝区大学城西路 21 号
邮编：401331
电话：(023) 88617190 88617185(中小学)
传真：(023) 88617186 88617166
网址：http://www.cqup.com.cn
邮箱：fxk@cqup.com.cn (营销中心)
全国新华书店经销
重庆华林天美印务有限公司印刷
*
开本：787mm×1092mm 1/16 印张：15 字数：368 千
2022 年 9 月第 1 版 2022 年 9 月第 1 次印刷
ISBN 978-7-5689-3515-9 定价：42.80 元

编委会

主　编　王　静　重庆化工职业学院

戴　彬　重庆建筑科技职业学院

苟婷婷　重庆化工职业学院

副主编　尹亚楠　重庆化工职业学院

方云龙　重庆化工职业学院

刘　璇　重庆城市管理职业学院

童婷婷　重庆化工职业学院

郭志考　重庆化工职业学院

参　编　汤　婕　重庆大学

谢怀诚　重庆建筑科技职业学院

彭兴云　重庆城市管理职业学院

吴　洪　重庆化工职业学院

刘雨杰　重庆化工职业学院

苏　航　重庆财经职业学院

李　江　重庆水利电力职业技术学院

杨　松　重庆市第一实验中学

杨菊生　重庆市大学城第一中学校

梅晓松　重庆长寿第二中学校

王加鹏　重庆市大学城第一中学校

李　贞　重庆两江新区西大附中星辰中学

前　言

高职教育肩负着为我国社会主义现代化建设培养和输送现代化、专业性、高素质人才的重要使命。高职体育教育是我国高职教育的重要组成部分，它可以实现高职学生心理和身体素质的全面提升，对培养现代化优秀人才、增强全民族体质、促进精神文明建设、助力学生未来的职业发展具有重要的现实意义。

高职体育教育是培养综合素质人才的重要内容，随着高职体育改革的不断深入和发展，高职体育事业面临如何由“应试教育”向“素质教育”转化的问题。重视和加强高职体育课程建设是优化教学过程、提高教学质量的根本保证。

《高职体育与健康教程》根据教育部印发的《全国普通高等学校体育课程教学指导纲要》等文件精神，明确了公共体育课在高职教育课程体系中的地位和作用，树立了体育课为专业课服务的理念，突出了体育课的职业性特色。本书在学习、参考其他高等院校体育课程建设与教学改革经验的基础上，通过相关理论知识的讲解，让学生掌握体育基本技巧与健康知识，以图文并茂的方式，简明直观地讲解各项目技术动作。本书在编写过程中力求删繁就简，内容精练翔实、通俗易懂，突出了针对性、先进性和可操作性，有利于学生系统地学习体育知识，掌握运动技能，形成健康的生活方式。

本书在编写过程中，借鉴了许多文献资料，在此特作说明，并向相关作者表示诚挚感谢！

鉴于编者创作水平有限，难免有疏漏或不妥之处，敬请界内同仁予以指正。

编者

2022 年 7 月

目录

第一章　体育的起源和发展 …… 1

第一节　体育的起源 …… 1

第二节　体育产生的动因 …… 4

第三节　体育的发展 …… 5

思考题 …… 11

第二章　高校体育概述 …… 12

第一节　体育的概念和组成 …… 12

第二节　体育的功能 …… 14

第三节　高校体育的概况 …… 16

第四节　高校体育的地位和作用 …… 17

思考题 …… 19

第三章　运动性损伤和运动性疾病 …… 20

第一节　常见运动性损伤及处理 …… 20

第二节　常见运动性疾病的预防和处理 …… 26

思考题 …… 32

第四章　运动健康与体育卫生 …… 33

第一节　科学锻炼的原则和方法 …… 33

第二节　体育锻炼效果的评定 …… 38
第三节　体育卫生保健常识 …… 40
思考题 …… 43

第五章　竞赛组织与编排 …… 44

第一节　国际国内大型运动竞赛简介 …… 44
第二节　体育竞赛的组织 …… 48
第三节　田径竞赛的编排 …… 49
第四节　球类竞赛的编排 …… 54
思考题 …… 55

第六章　田径运动 …… 56

第一节　田径运动概述 …… 56
第二节　跑类项目 …… 57
第三节　跳跃项目 …… 62
第四节　投掷项目 …… 65
思考题 …… 69

第七章　球类运动 …… 70

第一节　篮球运动 …… 70
第二节　足球运动 …… 82
第三节　排球运动 …… 88
第四节　乒乓球运动 …… 98
第五节　羽毛球运动 …… 107
第六节　网球运动 …… 115
思考题 …… 124

第八章　游泳运动 …………………………………………………………………… 125

第一节　游泳运动概述 ………………………………………………………… 125
第二节　熟悉水性 ……………………………………………………………… 126
第三节　基本技术 ……………………………………………………………… 129
第四节　游泳安全 ……………………………………………………………… 135
思考题 ………………………………………………………………………… 137

第九章　瑜伽 ………………………………………………………………………… 138

第一节　瑜伽概述 ……………………………………………………………… 138
第二节　瑜伽功法及其特点 …………………………………………………… 140
第三节　向太阳敬礼十二式 …………………………………………………… 144
第四节　瑜伽练习注意事项 …………………………………………………… 146
思考题 ………………………………………………………………………… 148

第十章　健美操 ……………………………………………………………………… 149

第一节　健美操运动概述 ……………………………………………………… 149
第二节　健美操基本动作 ……………………………………………………… 152
第三节　健美操基本动作组合 ………………………………………………… 160
第四节　健美操运动的欣赏 …………………………………………………… 164
思考题 ………………………………………………………………………… 166

第十一章　体育舞蹈 ………………………………………………………………… 167

第一节　体育舞蹈概述 ………………………………………………………… 167
第二节　体育舞蹈基本舞步与组合套路 ……………………………………… 168
思考题 ………………………………………………………………………… 172

第十二章　杨氏太极拳 …… 173

第一节　杨氏太极拳概述 …… 173
第二节　杨氏太极拳的动作要领及图解 …… 174
思考题 …… 192

第十三章　滑雪运动 …… 193

第一节　滑雪运动的起源与发展 …… 193
第二节　滑雪运动的分类 …… 194
第三节　高山滑雪及其装备 …… 196
第四节　国际与亚洲主要滑雪赛事及竞赛项目 …… 202
第五节　中国冬奥 …… 205
思考题 …… 210

第十四章　定向运动 …… 211

第一节　定向运动概述 …… 211
第二节　定向运动常识 …… 213
第三节　教学训练技巧 …… 219
思考题 …… 224

附　录 …… 225

参考文献 …… 231

第一章　体育的起源和发展

章节内容提要

本章对体育的起源、产生的动因及发展进行介绍和说明，使学生了解体育的起源、产生的动因，掌握体育在人类存在、发展过程中的发展轨迹及演变特征。

学习目标

1.了解体育起源的几种说法及相关解释。

2.掌握人类体育发展的基本过程和主要概况。

第一节　体育的起源

体育作为人类文化的重要组成部分，是随着人类社会的发展而逐步形成和发展起来的。关于体育起源的问题，学术界存在一定争议。但一个基本的观点大家都是认可的，即体育是伴随人类的出现和发展而逐渐出现和不断完善的。因此，体育的出现是以人类的出现为前提，以人类体质的完善和心理的发展为条件，以人类社会的发展为基础，且和人类的生产劳动或生活实践密切相联系的。关于体育的起源目前主要存在游戏起源说、战争起源说、劳动起源说、祭祀仪式起源说、爱情起源说、模仿起源说、余力论起源说等。

一、游戏起源说

该学说认为，在人类社会初期，游戏是教育儿童的一种手段，而游戏逐渐发展形成了特殊的游戏——体育。西方文明远在荷马时代，希腊城邦斯巴达的儿童就有滚圈、木马、秋千等健身玩具。东方文明远在中国原始社会末期，大兴安岭一带过着游猎生活的鄂温克人的祖先就利用“打熊”“打虎”“射雕”等游戏教给孩子们生活和生产的本领，在游戏中锻炼他们的身体。美国学者阿伦·古特曼认为，游戏包括本能游戏和有组织游戏，而有组织游戏包括非竞争游戏和竞争游戏（竞赛），竞争游戏又可分为智力游戏和身体竞赛（体育）。由此，他通过比较游戏（play）、有组织游戏（game）、竞赛（contest）和体育（sport）的关系，认为体育是游戏中有组织的身体竞赛。日本学者把竞技体育的发展历程描述为：游戏活动（对抗性）→非正式竞技运动→半正式竞技运动→正式竞技运动→职业竞技运动。随着竞技运动的发展，竞技运动技术水平及规则化的程度越来越高，规则受运动员自己控制程度越来越小，游戏化程度越来越小。从狭义角度来看，竞技运动由“正式竞技运动”和“职业竞技运动”两部分组成。从广义的角度来看，群众性的各种竞赛活动，即“非正式竞技运动”和“半正式竞技运动”，在某种意义上也应该理解为是竞技运动的组成部分。苏联著名的运动训练学者马特维耶夫也认为:“现代竞技运动应由群众性的普及型竞技运动和优秀运动员的高水平竞技运动两部分组成。”体育的内涵和外延给现代竞技运动注入了新的生命和活力。虽然现代体育还保留着原来的娱乐性质,很多运动项目也可以作为竞技运动的内容,但与过去那种为了离开工作场所到野外过轻松愉快生活的运动已不可同日而语了。尽管现代体育的游戏功能有所减弱或下降,但从体育起源的角度来分析,许多现代体育项目都起源于游戏,而后不断发展、完善,最终形成了今天流行的体育项目。如现在流行的网球运动。网球起源于 12 世纪左右的一种用手掌击球游戏。起初是一人对墙击球,后演变成为两人对击。在两人之间横拉一根绳子,双方隔着绳子用手将布缝制的、里面塞满毛发的球打过来打过去,这就是网球运动的雏形。随着击球游戏的发展,人们先是戴上手套击球,然后改用球拍击球。用球拍击球替代用手直接击球是网球由游戏运动发展为体育运动的一个重要标志。此外,如排球运动是从篮球嬉戏发展而来的,在雪橇、冲浪等运动中都可以找到游戏舞蹈的影子,由此可见现代体育项目的形成与游戏活动有着密不可分的关系。

二、战争起源说

该学说认为,体育是与战争密切结合在一起的,是战争的实际产物。在战争中,人类为提高部队战斗力而采取一系列与格斗技能相关、以身体训练为主要内容的训练方式。体育是随着战争的发展扩大而产生的,是战争促使人们创造出许多军训式的体育项目。如近代德国和日本的兵式体操,都是为了满足战争的需要,为提高士兵的战斗力而采用的不同身体锻炼形式。而我国最早关于“体育”一词的使用也源自日本的翻译。从西方历史发展的源头分析,如奥运会的形成和发展与战争有着重要的关联。公元前 9—前 8 世纪,希腊氏族社会逐步瓦解,城邦制的奴隶社会逐渐形成,出现了 200 多个城邦。城邦之间战事不断,为了应付战争,各个城邦都积极训练士兵。斯巴达城邦儿童从 7 岁起就由国家抚养,并从事体育军事训练,过着军事生活。战争需要士兵,士兵需要强壮的身体,而体育是培养能征善战士兵的有力手段。战争促进了希腊体育运动的形成,古代奥运会的比赛项目也带着明显的军事烙印。连绵的战事使人们感到厌恶,他们普遍渴望能有一个赖以休养生息的和平环境。公元前 884 年,斯巴达王和伊利斯王签订了《神圣休战条约》,为准备兵源的军事训练和体育比赛逐渐演化为和平与友谊的运动会。从我国某些少数民族保留的运动项目来看,体育与战争也有着密切的关系,如土家族、苗族、瑶族等共有的射弩,苗族的跳鼓、接龙舞、上刀梯,壮族的陀螺节比赛打陀螺,侗族的摔跤,这些体现强悍、勇武的体育运动既是人们增强生命能力的锻炼途径,也是先民为抵御自然环境和反抗压迫斗争而形成的尚武体育观念。因而,可以说体育是源于战争,服务于战争需求,逐渐演化为和平时期的一种竞争或健身手段。

三、劳动起源说

该学说认为,劳动作为实践活动的最初形态,对体育的产生起着决定性的作用。历史上许多原始民族通过狩猎、格斗或其他繁重劳动等方式来考察青年们是否已具备各种技能。为此,许多原始部落专门设置了青年营,让部落里的青年们在里面学习劳动、格斗和舞蹈等技能,并通过一些比赛性的活动来娱乐生活。体育的雏形由此出现。恩格斯在《劳动在从猿到人的转变中的作用》中认为，劳动创造了人本身，人类通过劳动改善了本身的生理技能，完成了从猿到人这一漫长时间的转变。劳动创造了人，创造了社会的一切，当然也包括体育在内。劳动的出现使人类与动物区别开来，人类为了生存，必须通过奔跑、跳跃障碍物、投掷利器、攀爬以猎取野兽或逃避其侵害，在这一过程中，一些原始的身体活动技能开始形成。这种由身心引发的身体活动阶段，有学者把它称为体育“萌芽期的娱乐活动”或“萌芽期的体育”。在距今四五万年前，人类进化为晚期智人，人类在思维、语言和其他主要身体特征方面开始逐渐接近人类学上所说的“现代人”的水平，人们开始认识到必须具有更好的身体素质才能猎取到更多的野兽，原始人开始把劳动活动与身体素质的锻炼分开。考古研究表明，在此阶段原始人已经开始进行长距离跑、立定跳远、力量性投掷、综合性舞蹈等训练活动，并为此制作了一些原始的练习器材，如嬉戏用的球、球仗、木棒等。身体练习被作为一种参加劳动和生活活动的预备性训练手段，并与娱乐活动结合在一起，构成了原始体育的第一次质的飞跃。随着身体练习和娱乐活动的进一步发展，人们为了提高身体素质和生存能力，开始以分胜负的比赛方式进行娱乐，于是形成了原始社会最初的竞技体育。由此可知，人类的生活离不开劳动，而劳动又离不开奔跑、跳跃、攀爬等身体活动，所以体育的形成和发展是与生产劳动紧密相连的。

四、祭祀仪式起源说

该学说认为，体育源于古代人类祭祀仪式。古代人由于自然知识的匮乏，对外界事物不够了解，对自然现象、灾难难以用已有知识进行解释，需要借助上天或诸神的力量解答，以达到祈福避祸的目的，因此通过祭祀仪式等各种人类活动进行乐神、娱神。这些祭祀仪式及相关人类活动，经过慢慢演化，逐渐形成了体育活动。今天的许多体育赛事仍然保留着原始的祭祀仪式，如奥运会的圣火采集等，又如伊斯米亚运动会开始于公元前 6 世纪，传说是奉海神波塞冬的旨意举办的，比赛项目除了划船、跑、跳跃、马术等体育竞赛，还有音乐、诗歌比赛，优胜者获得的奖品是欧芹冠（一说松枝冠）。据考证，我国体育产生和发展也与宗教密不可分。在原始社会，我国少数民族先民所进行的跑、跳、投掷、狩猎等活动都是直接以生存和生活为目的的，他们的举动也都烙上了宗教的色彩，如土家族的“茅古斯”、黎族的“舂米舞”、彝族的“荞子舞”等。少数民族先民希望通过舞蹈祈求狩猎成功、庄稼丰收。以捕鱼为主要生活来源的原始民族与靠狩猎获得食物的民族一样，借助舞蹈来对鱼和猎物施加巫术影响，以保证狩猎和捕鱼的成功。又如苗族的“斗牛”、土家族的摆手舞、白族的巫舞等活动在原始社会时期都是以人体的运动达到愉悦自己、怀念祖先、驱鬼降魔为目的的。因此，从体育的项目、形式和最初的目的上讲，体育源于古代人对天、神的敬畏和崇拜以及对祖先的怀念和追思。

五、爱情起源说

该学说认为，体育源于人们为进行婚配而进行的活动。在西方现代体育的发源地古希腊有佩罗普斯娶亲的故事。古希腊伊利斯国王为了给自己的女儿挑选一个文武双全的驸马，提出应选者必须和自己进行战车比赛。在比赛中，先后有 13 名青年丧生于国王的长矛之下，而第 14 名青年正是宙斯的孙子、公主的心上人佩罗普斯。在爱情的鼓舞下，佩罗普斯勇敢地接受了国王的挑战，最终获得了比赛的胜利。为了庆祝这一胜利，佩罗普斯与公主在奥林匹亚的宙斯庙前举行了盛大的婚礼。同时，婚礼上安排了战车、角斗等项比赛，这就是最初的古奥运会。据考证，在我国，体育与婚配也有一定的关系。如湘鄂渝黔边区少数民族的一些体育活动就是和婚姻关系紧密结合的，如苗族的“爬山节”、壮族的“抛绣球”、土家族的“抢贡鸡”、白族的“绕三灵”、侗族的“哆毽”等。这些社交性体育活动也是青年男女表达爱慕之情的重要媒介。当时的人们尚未认识到这些活动的运动价值，只将其视为选择配偶的方式。因此，爱情起源说认为体育源于人们为追寻爱情而进行的各种活动。

六、模仿起源说

该学说认为，体育源于人们对外界事物或动物的模仿，进而形成了各种相应的体育活动。柏拉图（公元前 427—前 347 年，古希腊哲学家）和亚里士多德（公元前 384—前 322 年，古希腊哲学家、科学家）认为艺术是模仿的产物。这个理论直到 19 世纪在艺术史学界仍然有很大的影响。因此，体育界的一些学者参考了艺术起源于模仿的理论，认为在原始社会儿童模仿成人打猎、捕鱼、料理家务及作战等活动而进行的游戏便是体育的源头。事实上，今天我们的许多体育活动是模仿动物或其他事物形态的存在而发生和发展的，如我国的“五禽戏”等传统养生手段、模仿动物的攀岩等活动、模仿鱼类的游泳项目等。因此，体育源于人们对动物或其他事物的模仿具有一定的理论基础和参考价值。

七、余力论起源说

该学说认为，体育源于人类精力过于旺盛而进行的余力消遣或发泄。18 世纪时，席勒（1759—1805 年，德国剧作家、诗人）正式提出了“余力论”。19 世纪后，斯宾塞（1820—1903 年，英国哲学家、社会学家）对“余力论”作了进一步的发展，形成了著名的“精力过剩论”（又称“席勒-斯宾塞理论）。该学说认为旺盛的精力是游戏活动发生的原动力，这被许多欧美学者用来解释体育的起源，有学者进一步提出体育产生于人的生理需要。

第二节　体育产生的动因

体育是人类社会特有的一种文化现象，人类社会又是一个极为复杂的有机系统。从体育的发展历程来看，体育的产生、发展，不仅受制于当时社会、政治、经济发展的需求，也受到历史、文化、生活习惯、意识形态的影响和制约。因此，试图从某一因素来说明体育的产生所获得的认识结果，只能是对体育片面的理解和局部的判断，而要从总体上把握体育，就需要找到一种既能对体育的产生与发展作出客观说明，又能符合实际地综合解释各种因素对体育的作用的理论。理清体育产生的基础，有助于我们充分认识体育，并对体育的产生、发展形成更为清晰的认识。

一、体育产生的内部动因

人类生存和发展的需要是体育产生的内部动因。体育是人类在漫长的生活实践中，为满足人类自身生存和发展的需要而自主选择和创造的一种行为方式。如原始先民的身体活动大致可以分为以下几种。一种是为了谋生而进行的身体活动，如狩猎、捕鱼、农耕等；一种是为了防卫而训练的武力活动的技能，如攻、防、格斗等；一种是日常生活所必需的活动技能，如走、跑、跳等。另外，还有一些不属于生产活动，但高于一般生活技能的活动，如游泳、舞蹈等。这些活动反映了原始先民不仅有劳动、防卫的需要，也有思想感情、人际交往等需要。这些需要归纳起来，就是强健体魄、调节精神的需要，由此构成了体育产生的内部动因。

二、体育产生的外部动因

当然，除了人类生存和发展需要的内部动因，随着社会的形成，社会关系的建立和不断系统化、复杂化，世俗生活根源无疑是体育产生、发展和延续的外部动因。人与人的相处，人与人之间的各种关系构成了人类社会，而体育只存在于人类社会中。由此，人类社会的各种关系以及关系的相互作用，无疑促成并推动了体育活动的出现和发展。生产关系、消遣娱乐、教育活动、宗教祭祀、医疗卫生等等，这些人类特有的关系或活动，互相联系，互相促进，互相推动，共同进化和发展，促使了体育的产生和发展，这些就是体育产生的外部动因。

因此，体育产生的动因，可以归纳为内部动因和外部动因。内部动因主要是人类生存和发展的需要，诸如生理、心理的需要，满足、实现自我的需要；外部动因是社会关系存在、运行和调整发展的结果，如生产关系的出现与发展、战争进行的需要、教育出现的选择、医疗卫生的认知、宗教祭祀仪式的形成等。总之，体育的产生既源自人类个体的内部需要，也产生于社会生活形成、社会关系调整等社会化的需要，正是人类特有的生理性、心理性和社会性促使人类特有的活动和存在形式——体育的出现和发展。

马克思的需要理论把人的需要看成人类活动的激活剂，认为人正是由大量需要的激励而生活或活动着的，任何社会现象和生命现象，无不以社会的需要和人的需要作为产生、存在和发展的依据。马克思的需要理论把人类的需要分为生存需要、享受需要和发展需要三个基本层次，并认为人类最基本的需要是生产物质生活自理以满足生存的需要，从而在实现这一基本需要的过程中，又会产生其他新的需要，如政治、宗教、艺术、教育、体育等需要，需要是按生存—享受—发展的趋向延伸和扩展的。正是从这样的需要理论出发，我们才能找到研究和认识体育产生和发展的基本依据。

第三节　体育的发展

体育是伴随着人类社会的形成和发展而存在和发生的。纵观人类社会的发展，依据体育活动出现的顺序，结合人类社会的变革及体育在人类生活中的地位和作用，可以将体育的发展分为古代体育、近代体育和现代体育。由于地理位置和认识发展的需求，本书主要对中国和欧洲国家不同时期的体育发展概况进行简单的概述和分析。

一、中国体育发展概述

(一)中国古代体育发展概况

中国古代体育萌芽和形成于原始社会,基本成型于奴隶社会,发展和繁荣于封建社会,从体育的形式和内容上看,我国古代体育主要是以养生保健、消遣娱乐、军事训练、教育礼仪的线路存在和发展的。在史前社会,原始形态的体育是随着劳动等社会生活的发展而产生和发展起来的。其主要表现是在生产劳动、部落战争、日常生活中,逐渐产生了走、跑、射箭、攀岩、搏斗、跳跃、舞蹈、导引等运动形式。从公元前 21 世纪夏王朝建立到秦王朝建立之前,随着战争的频繁、学校的兴起和宗教祭祀仪式的出现,射箭、技击、赛车、奔跑、导引、游戏、棋类活动和各种体育思想在这个时期初步形成。周代学校教育实行文武结合,教育的内容有礼、乐、射、御、书、数(“六艺”)等。这一时期,军事体育随着战争的出现而逐渐兴起,此时战争的基本形式是以战车为主的“阵战”,训练的主要形式为“田猎”和“武舞”。“田猎”是集身体、技术、战术训练于一体的军事活动;“武舞”主要是为适应阵战而进行的队列训练。同时,这一时期长寿、养生思想开始萌芽,如传说中“阴康氏”的“消肿舞”是以类似舞蹈的动作来健身和防治疾病的一种保健活动。秦汉三国时期是我国封建制度逐渐形成并快速发展时期,生产关系的改变促进了社会经济的发展,尤其是农业、手工业和商业的发展,带来了城市的初步繁荣,伴随着民族融合过程中物质、文化的相互交流,形成了后世体育发展的基本格局。这一时期,军队的身体训练体制基本形成,部分训练项目逐渐从军队训练中分化出来向竞技化、表演化方向发展;娱乐体育活动初步兴盛,如秦汉时设有专门管理宫廷和民间乐舞的政府机构,奠定了后世乐舞和宫廷娱乐活动管理的基础;养生理论与炼丹术初步形成。这一时期,在先秦诸子对养生实践总结、归纳的基础上,经秦汉三国时期的融合,奠定了我国古代养生理论的基础,如“法天之纪,用地之理”养生原则的形成。两晋南北朝隋唐五代,我国各民族进一步融合,封建制度进一步完善,经济的高度发展和对外来文化的吸收,为古代体育的繁荣奠定了基础。这一时期,对军事训练的重视和武举制度的实施,推动了武艺的发展,也促进了马球、蹴鞠等体育活动的风行;城市的繁荣和宫廷娱乐的开展,推动了各种传统体育活动的进一步开展,并吸引了妇女阶层的积极参加;与周边国家频繁的经济、文化往来,促进和丰富了中国传统体育文化的发展,也使体育文化的交流更为广泛,这一时期成为我国古代体育的黄金时期。唐朝以后,我国出现北宋、辽、西夏并存,后为南宋、金和西夏鼎立的局面,后又随着元朝的建立,中华大地重新归于统一。这一时期,我国的体育发展是多方面的。在尖锐的民族矛盾和阶级斗争中,军事武艺有了进一步的发展和创新,各民族体育活动的开展也各具特点。同时,市民阶层的壮大,为城镇健身娱乐体育活动的开展创造了条件,蹴鞠、马球、角抵、游泳、龙舟、围棋等成为市民喜闻乐见的体育活动。在养生方面,注重对前人导引养生资料的编撰和整理,出现了许多著名的养生家和导引养生著述,文人儒士、佛道教徒对导引养生术的研究和练习等都取得了巨大的进步。明清两代的鼎盛时期,相对稳定的社会形势,为经济社会发展提供了良好的环境,体育活动出现了蓬勃发展的趋势。民间的宗教组织和秘密结社的盛行,促进了民间武艺的广泛传播和发展,形成了不同的风格和体系。在养生方面，编辑和整理了古人的精华之作，并进行了分类和评述，导引养生体育逐步完善和系统化。传统蹴鞠、击球等体育活动因竞技性减弱而走向衰弱，角抵、秋千、风筝、举重、跳百索等体育活动在民间得到了普及。中国古代体育在长期的发展过程中形成了原始的朴素和谐、中和融通的宽和精神，决定了其竞技性呈现出一种完全不同于西方的带有强烈对抗性的形式，而更加注重礼仪和实用性。

（二）中国近代体育发展概况

中国近代体育，是指 1840—1949 年中国流行和实践的体育活动。它既包括中国自古代延续下来的传统体育，也包括由西方传入的近代体育。从时间和区域结合分析，主要有晚清时期的体育、民国初期和北洋政府时期的体育、抗战前后民国时期的体育，中国共产党领导下的革命根据地体育。鸦片战争以后中国开始接触西方体育，并开始了漫长的体育近代化历程。鸦片战争后，清政府洋务派的“新军”和“新学”中的“体操”，开创了近代体育之先河。清末民主主义者利用体育与军事相联系的特点，以体育作为培训革命军事力量的重要途径，同时西方教会的文化教育活动，也成为西方体育传入中国的重要渠道。比如排球就是由基督教青年会的传教士传入我国的。辛亥革命，尤其是新文化运动和五四运动，为中国的思想文化领域带来了变革，也推动中国近代体育发生了重大的变革。如：在学校体育中，以体操为主要内容的体育课，发展为以球类、田径等多种体育项目为主要内容；培训体育师资的工作在较大范围内展开；受远东运动会的影响，全国省市等不同级别的体育赛事已粗具规模；体育竞赛的组织等工作也逐渐开展起来。1927 年以后，近代中国体育业进入了一个发展较快的时期。这一时期，国民政府在教育部成立了体育委员会（1941 年改为国民体育委员会），下设学校体育组，作为专门管理体育的组织，诞生了中国第一部体育法和其他许多体育方面的法律法规；体育运动竞赛在这一时期空前发展起来，举办了 4 届全国运动会，派运动员参加了 3 次奥林匹克运动会；在体育理论界，不同的体育思想学说在中国得以发展和形成；学校体育开始比较系统和有序地发展起来。1937 年后，中国社会进入一个错综复杂的社会环境，在体育领域也出现了沦陷区的殖民地体育、国统区的战时体育和根据地的新民主主义体育。总之，这一时期出现了近代体育的兴起、繁荣，促进了群众军事体育的产生；既引入了近代西方体育形式如兵操、户外运动等，也激发了人们对传统体育如武术、养生导引等运动项目的强烈发掘和保护；既介绍了西方先进的体育教育思想，也引发了中西体育思想的激烈碰撞，如“土洋体育之争”等学术争论。这一时期，是我国引入西方体育运动项目、体育思维、教育观念和体系的高潮时期，也是我国传统体育项目、体育思想和意识与近代体育项目、体育思想和意识矛盾结合的时期。

（三）中国现代体育发展概况

中国现代体育，是指中华人民共和国成立以来中国的体育发展及状况。这一时期中国的体育发展，依据时间和不同阶段的主要特征又可以划分为几个时期，具体包括新中国成立后完全学习苏联训练模式时期、1966—1976 年的停滞不前时期、20 世纪 80 年代的举国体制、竞技时期，1992 年市场经济以后举国体制、全民健身和体育经济时期，新世纪以后的体育强国和全面发展时期。新中国成立后，尤其是 1953 年，随着社会主义改造的开始，中国全面学习苏联，在体育方面全面引进和借鉴苏联的训练模式和体育理论，实施体育劳卫制，出现了急功近利和浮夸风。在这一阶段，整个体育事业受当时特殊的思想、政治、经济和文化的影响，出现了短暂的群众体育高潮。这一时期，体育思想进一步被扭曲，竞技体育、学校体育急剧衰落，群众体育也滑入低谷。到20世纪80年代，人们在思想上解放了，体育以经济社会改革为背景迎来了具有开拓性意义的年代。在体育理论方面，熊斗寅“体育整体观”与林笑峰“真义体育观”之争，引发了体育概念的大讨论，迎来了我国体育概念的第二次讨论高峰；在实践方面，形成和实施了竞技体育的“举国体制”，创造了中国在竞技体育领域的卓越成绩。这一时期，在体育理论和体育竞技成绩方面，我国都取得了极大的历史突破。1992年以后，我国开始实施市场经济改革，我国体育发展进入了一个新的历史阶段。1995年《体育产业发展纲要》《全民健身计划纲要》《奥运争光计划》和《中华人民共和国体育法》的颁布，我国体育发展逐渐制度化、规范化，同时体育经济的发展也逐渐得到认可和重视。这一时期，我国竞技体育得到了长足发展，同时群众体育发展缓慢，竞技体育异化，竞技体育工具化、政治化等弊端和不足也逐渐显现，我国体育全面、健康发展面临着巨大的挑战和危机。随着我国举办亚运会等重大国际赛事，尤其是2008年北京奥运会以后，对比我国体育发展状况和体育理论发展情况，我国体育发展的不足和缺陷进一步显现，如群众体育发展明显迟缓、学校体育举步维艰、青少年体质下降、体育资源分配不均等。实现体育强国的愿望，提升国民素质，促进国民身心健康，满足人们娱乐、欣赏的需求，提高体育产业在国民经济增长中的地位，合理对接和融合国际体育发展潮流和理论交流等，无疑是2008年北京奥运会以后我国体育面临的新局面，由此我国体育发展也进入了国际化、全民化、全面化、均衡化、协调化、持续化发展的新时期。

二、欧洲国家体育发展概况

（一）欧洲国家古代体育发展概况

欧洲国家古代体育，是以古希腊体育和古罗马体育为代表的。当然，在古代希腊体育和古罗马体育存在或传播的同时，其他文明领域的体育活动也在逐渐形成和传播，如古代埃及、古代印度等。古希腊体育和古罗马体育也是欧洲体育形成的基础和来源。

古希腊位于地中海东部，巴尔干半岛南部。公元前12—前9世纪，希腊处于原始社会向奴隶社会过渡的时期，史称荷马时代。从公元前8世纪开始整个希腊建立了200多个城邦国家，前期以斯巴达（公元前8—前6世纪）为代表，后期以雅典（公元前5—前4世纪）为代表。公元前4世纪，古希腊开始衰落，到公元前146年被罗马占领而结束。古代希腊的体育主要包括尚武教育和古代奥林匹克运动会。古希腊城邦之间战争不断，各个奴隶主都重视尚武教育，因此这一时期的体育项目基本都与战争格斗相关，如马车赛、摔跤、拳击、标枪等，人们把体育作为造就公民、增强国力、抵御外敌的手段而大力发展。这一时期，斯巴达大力兴建体育设施、培养身体素质良好的公民。9 000户斯巴达人统治着25万人，为维护统治，斯巴达全民皆兵，每个儿童都属于国家，7岁以后就被送往国家设立的学校接受教育，12岁以下的儿童主要学习游戏、投掷、赛跑、跳跃；18岁接受正规军事训练；20岁服兵役等，直到60岁以后年老病多退出军队；妇女也要参加军事训练。而雅典是全希腊教育和体育最发达、最先进的城邦。雅典把体育与德育、智育和美育结合起来，培养身心和谐发展的人，形成了较为完整的教育体育。雅典人进行身体练习不仅着眼于军事准备，而且重视身体的匀称健美、动作协调灵活，还重视培养勇敢、果断、谦让等品质。他们视肌肉松弛、身体虚弱、发育不良为耻辱，而把裸体竞技优胜者视为人体美的代表。古希腊人把体育看作纠正性格上优柔寡断和怯弱的方法，同时也认识到在运动中适当地把握运动量的问题。除了尚武精神，古希腊体育还注重对身体素质的训练，形成了身体教育培养的体系，古希腊对后世体育最大贡献则是古代奥运会的举办。据考证，自公元前 776 年起，到公元 394 年被罗马所取代，古希腊共举办 293 届古代奥运会，这一为祭祀而定期举行的体育竞技活动对后世产生了深远影响，也奠定了现代奥运会的起源。

古罗马位于地中海北岸意大利半岛的中部。公元前 6 世纪以后，罗马逐渐强大起来，公元 1 世纪前后扩张成为横跨欧亚非三洲罗马帝国。从原始部落发展成为罗马帝国约经历了王政（公元前 753—前 509 年）、共和（公元前 509—前 27 年）和帝国（公元前 27—公元 476/1453 年）三个历史时期。古罗马在物质和精神文化方面，吸收了古代希腊和古代东方文化的成果，对后世的西方文明产生了很大的影响。古代罗马体育根据其特点可分为前期和后期两个阶段。前期为罗马帝国以前，后期为进入帝国以后。由于当时的教育目标是培养既能劳动又能打仗的农民士兵，所以古罗马前期的体育，一直反对针对肌肉的希腊式体育锻炼，而是强调针对军事的身体训练。对讲求现实的罗马人来说，单纯体态匀称、动作协调优美是没有意义的，锻炼是为了战斗，军中严格的训练使青年人拥有强健的身体和军事素质。训练的主要内容有跑、跳、游泳、掷标枪、格斗、角斗等。进入帝国时期，军人逐渐职业化，普通人不再参加军事训练。奴隶主上层只需要擅长演讲和辩论的人才，文法学校、修辞学校应运而生。罗马公民过着腐朽的享乐生活，对体育的军事价值和达到的目标已不感兴趣，只热衷举办豪华的竞技活动，观看残忍激烈的角斗和模拟海战，或为了个人健康和消遣娱乐而进行一些轻松的活动。这些也导致古代罗马体育领域出现了两大特色：竞技场和浴室。当时的医学家盖伦（公元 129—199 年）对职业选手的剧烈和过度训练提出批评，认为体育应当使人全面发展、行动机敏，才能承担国家公务和军事重任；体育是既能锻炼身体又能使人心情愉快的方法。

从公元 476 年西罗马帝国灭亡到文艺复兴（约 1453 年）这一时期，被称为欧洲历史的中古时期，通常也叫中世纪。这一时期也是欧洲封建制度在古罗马文明的废墟上逐渐形成，基督教渐渐成为统治欧洲的精神支柱并垄断了文化教育。基督教宣扬"身体罪恶论""肉体是灵魂的监狱"等，反对舞蹈和其他身体活动。在教会学校中，体育被取缔，卫生教育被忽视，严重阻碍了体育活动的开展，使中世纪成了体育的"黑暗时代"。但同时，教会和王权的统治者为了维护利益，相互勾结，肯定了以军事为目的的骑士教育（规定了骑士七技，即骑马、游泳、投枪、击剑、行猎、下棋和吟诗），使古希腊罗马体育活动和竞技得到了一定继承和发展。在中世纪后期，随着工商业的发展和农奴地位的改善，一大批工商业城市发展起来，城乡的生活开始发生变化。在农闲时期和重要的宗教节日期间，以村社为中心的各种民俗活动逐渐增多。如 9 世纪英国足球原型的出现、荷兰的高跷和滑冰、瑞士等国的投石游戏等等。总之，中世纪欧洲的体育特征可以概述为：体育全面衰退；教会学校取消体育；民间体育发展受到严重阻挠。

(二)欧洲国家近代体育发展概况

欧洲国家近代体育是随着资本主义文化、政治革命、工业革命、近代教育理论和实践的产生、发展而逐渐兴起的。欧洲的三大文化运动,即文艺复兴、宗教改革和启蒙运动,促使了欧洲近代体育的形成和发展。宗教的解禁,文艺复兴运动形成了近代体育思想的萌芽,启蒙运动促使了近代体育思想的形成。19 世纪前期,从德国、瑞典、丹麦等国家开始,近代体育从学校逐渐发展到军队和社会,而德国体操、瑞典体操和英国户外运动一起构成了近代体育的三大基石。这一时期的德国体操又以杨氏体操和施皮斯体操最具代表性。杨氏(费里德里希·路德维格·杨,1778—1852 年)创立的体操具有强烈军事性质,主要包括提高纪律性和战斗能力的队列、器械体操和手持武器的练习以及为提高身体素质的跑、跳、攀登、跃障碍等练习。杨氏体操传遍欧美,杨氏也以“德国国民体操之父”被载入史册。同样,施皮斯(阿道夫·施皮斯,1810—1858 年)为适应反法战争后德国发展的需要,将杨氏体操经过合理改造引入学校,创造了分段教学法、完整教学法,并把音乐和体操练习结合起来,使学校体育内容更加系统化、专业化,他被称为“德国学校体育之父”。瑞典体操是 18 世纪末 19 世纪初,在瑞典面临法、俄侵略的背景下产生的,以军事、教育、医疗为目的,具有较强的军事性质,同时又以解剖学、生理学等为基础,而逐渐流行起来的一种体操。瑞典体操在内容上可以分为徒手和器械两大部分,瑞典体操更注重人体的健美和动作的艺术性。瑞典体操的创始者林氏(佩尔·亨里克·林,1776—1836 年),把体操分为教育体操、兵式体操、医疗体操和健美体操。林氏在把体操引向科学化方面做出了不可磨灭的贡献。18 世纪末,在欧洲大陆的德国体操粗具规模并向外传播的时候,老牌资本主义国家英国却没有大力发展自己的体操运动,英国为适应社会生活和个人需求,加之地理位置、天气等综合原因,一些户外运动和竞技休闲类项目逐渐得到认可和推广,如钓鱼、射击、登山、划艇、帆船、游泳、拳击、足球、高尔夫球、网球等。德国体操、瑞典体操和英国户外运动促进了欧洲近代体育的形成和发展,并促进了欧洲现代体育的诞生和形成。

(三)欧洲国家现代体育发展概况

第二次世界大战以后,世界稳定发展,现代体育初步形成,并呈现迅猛的发展态势。尤其是奥运会的全球化拓展,各类国际赛事的品牌确立和推广,商业化的渗透与包装、区域民族大众化的蓬勃发展,使现代体育呈现商业化、大众化、专业化和全球化的特征。世界各民族、区域的体育交流日益增多,体育全球化的趋势进一步明显,体育人文化关怀更为明显,体育科技化程度日益加深。同时,我们应该看到,竞技体育异化、区域发展失衡、科技作弊渗透、体育资源垄断、职业体育腐败、体育法规失范等现代体育的丑恶一面也如影相随。现代体育的过度功利化、商业化、垄断化也使竞技体育背离了初衷和信仰,沦为商业、娱乐的附属。当然,随着现代体育的发展,人们正在竭力消除或避免其不利的一面。现代体育无论是影响力、商业能力、产业化水平,都与当今世界经济一体化、全球发展一体化的现状相辅相成。

纵观国内外体育的发展概况,我们可知,体育伴随着人类社会的出现而出现,同时也跟随时代的发展而呈现出不同的表现形式和实质内容。从人类的生存需求,到人类的发展需求；从通过身体的锻炼和培养，到运动知识的完备和人的发展，“体育”以其独特的魅力，多变的存在形式，多维的功能价值，使得人类无意识或有意识地用于其改变自我的躯体状况、心灵结构、意识构造，甚而是存在形式、认知维度和生活方式。尤其是在经济全球一体化、科技日新月异化、信息瞬间化、社会透明化的大背景下，体育已经成为人类生活必不缺少的元素。因而，现代体育无处不在、无人不晓。

思考题

1.谈谈对体育起源之劳动起源说的认识？

2.分析体育产生的原因？

3.简述体育概论的研究对象、范畴。

4.确定体育目的的依据是什么？

5.中国体育发展分为哪几个时期？

第二章　高校体育概述

章节内容提要

本章明确了体育的概念，介绍了体育的组成成分；阐述了体育的功能，并对高校体育的健康功能进行讲解；通过介绍高校体育的概况，学生可了解高校体育，认识到高校体育的地位和作用。

学习目标

1.掌握体育的概念，了解体育的组成及功能。

2.认识高校的体育工作，明白高校体育在体育工作中的地位及作用。

第一节　体育的概念和组成

一、体育的概念

体育是一种特殊的社会现象，是以发展身体、增强体质、增进健康为基本特征的教育过程和社会文化生活。它包括体育教育、竞技运动和身体锻炼三方面内容。

二、体育的组成

体育由学校体育、竞技体育和社会体育三个部分组成。

（一）学校体育

学校体育是指以在校学生为参与主体的体育活动，通过培养学生的体育兴趣、态度、习惯、知识和能力来增强学生的身体素质，培养学生的道德和意志品质，促进学生的身心健康。学校体育是学校教育的重要组成部分，是计划性、目的性、组织性较强的体育教育活动过程。学校体育是全民教育的基础，它作为教育和体育的交叉点和结合部，又是国家体育事业发展的战略重点。

1.组成要素

（1）体育教学（以体育课为主要形式）。

（2）课外体育活动（由学校或学生自行组织，以学生体育锻炼为主要内容）。

（3）运动代表队训练和各种形式的体育比赛（如班级赛、校际赛、各类选拔赛，以及参加地区和全国性比赛等）。

(4)早操和课间操(前者多由学生个人自由锻炼或学生自由组合锻炼,后者多为有组织的徒手体操活动)。

(5)科学的作息和保健措施(旨在保证学生足够的睡眠、休息和锻炼时间,同时要讲究卫生,注意营养,预防疾病发生等)。

2.学校体育的目的

我国学校体育的目的是促进学生身心发展,增强他们的体质,并对他们进行道德品质的教育,使他们能很好地完成学习任务,从事社会主义建设和保卫祖国。

3.学校体育的任务

(1)全面锻炼学生的身体,促进身体形态结构、生理机能和心理的发展,提高身体素质和人体基本活动能力,提高对自然环境的适应能力。

(2)使学生掌握体育的基本知识、技术和技能,学会科学锻炼身体的方法,培养学生从事体育运动的态度、兴趣、习惯和能力,养成终身体育锻炼的习惯。

(3)促进学生个体社会化,对学生进行思想品德教育,培养良好的道德和意志品质。

4.主要特征

(1)基础性。首先,学校体育在整个教育中具有基础性地位,是德智体美教育的重要组成部分;其次,学校体育的对象是在校学生,他们的身心发育正处于关键时期,体育有助于他们的健康成长;最后,学生阶段是生活习惯和行为养成的重要阶段,体育知识的掌握与体育习惯的养成,将为竞技体育和大众体育打下坚实的基础。

(2)普及性。学校体育以全体学生为对象,以全面传授体育知识、普及体育活动为宗旨。

(3)系统性。学校体育遵循儿童青少年发育成长的基本规律,并根据教学规律设计教学活动;教师按照循序渐进的原则有计划地指导学生;课余体育同课堂教学一起构成体育活动体系,在潜移默化中实现教学目标。

(二)竞技体育

竞技体育是指在全面发展身体,最大限度地挖掘和发挥人(个人或群体)在体力、心理、智力等方面的潜力的基础上,以攀登运动技术高峰和创造优异运动成绩为主要目的的一种运动活动过程。竞技体育是一种制度化、体系化的竞争性体育活动,具有正式的历史记载和传说,以打败竞争对手来获取有形或无形的价值利益为目标,在正式组织起来的体育群体的成员或代表之间进行,强调通过竞赛来显示体力和智力,在对参加者的职责和位置作出明确界定的正式规则所设立的限度之内进行。

1.主要组织形式

运动员选材:这是训练与竞技的基础,根据项目特点要求,使用现代技术手段挑选运动天赋良好的青少年成为竞技体育的后备力量。

运动训练:运动员在教练员指导或自我选择的条件下,为提高竞技能力和成绩进行的有组织、有计划的运动过程,是实现竞技体育目标的最重要途径。

运动竞赛:这是联系竞技体育环节的核心要素,既是训练检验的平台,又是使竞技体育与社会发生关系、作用于社会媒介的平台。

竞技体育管理:这是指提供良好的、有组织的环境以促进竞技体育发展,其管理水平是衡量竞技体育水平的重要指标。

2.竞技体育的主要特征

(1)竞争性:激烈的竞争是竞技体育区别于学校体育和社会体育的本质特征。竞技体育也因竞争性而具有排他性。

(2)规范性:现代竞技运动为保障运动员发挥技战术,制订了大量规则以维护比赛的正常进行。同时运动员的技战术训练是建立在规范要求的基础之上的,且运动员需按照统一的规则进行比赛。

(3)公平性:竞技运动不偏袒任何参赛者,对比赛项目、时间、地点、场地器材、运动员参赛资格都进行了明确规定,并要求比赛相关主体遵守共同的行为规范。

(4)公开性:这一特征使运动员更注重整个体育竞技的过程,使体育具有更强的传播能力和更大的影响力,促进了运动技战术的交流和竞赛的公平。

(5)功利性:竞技体育具有明确的功利目的,伴随胜利会有多种形式的收益。同时,竞技体育的比赛结果产生于对抗之中,结果产生直接而迅速,不容置疑。

(6)不确定性:比赛中突发和不可预料的情况经常发生,是竞技体育的魅力所在。

(7)观赏性:竞技体育是作为一种以娱乐为目的的游戏发展而来的,随着社会的不断发展,竞技体育已经发展得越来越成熟、越来越规范,观赏性也不断加强了,而随着各种运动的不断普及,喜爱和观看竞技运动的人也逐渐增多,对观赏者来说可以获得一种独特的轻松感和美的享受。

(三)社会体育

社会体育,是中国普通高等学校专科专业,主要研究社会体育方面的基础理论知识,掌握指导大众体育、养生健身、休闲娱乐及特殊人群体育的运动技术。社会体育也称为大众体育,健身、娱乐、休闲体育、余暇体育、养身体育和医疗体育等均可列入社会体育的范畴。

第二节 体育的功能

体育的功能是指体育以其自身特点作用于任何社会所能产生的良好影响和效益。它是在体育的生物效应和社会效应上衍生出来的,是动态的。千百年来,体育之所以能不断地发展,而且越来越受到世界各国人们的重视,正是因为人们对体育功能的认识和利用的结果。随着人们对体育功能认识的进一步深入和提高,体育的功能将会越来越多地被发现和发挥,并更好地为人类的物质文明和精神文明建设服务。

一、体育的健身功能

强身健体是体育的本质功能。体育以身体运动为基本形式,通过科学组合的身体锻炼给予各器官、系统以一定量和强度的刺激,促使身体在形态结构、生理机能等方面发生一系列适应性反应和趋优变化，从而增强体质、增进健康。

二、体育的教育功能

教育功能是体育最基本的社会功能，人们高度重视体育在教育中的作用。体育的教育功能主要体现在：体育运动可以促进良好生活习惯的形成；通过提供社会规范教育、社会角色尝试来促进人的社会化；通过促成个性形成、约束个性发展和养成进取精神来发挥体育在促成个性形成和发展中的作用。

三、体育的娱乐功能

体育的娱乐功能是让人们在和谐的氛围中获得精神快感，使工作和劳动中造成的精神紧张、脑力疲劳和紊乱的情绪得到调解，最终达到“净化”感情和充分享受生活乐趣的目的。

四、体育的军事功能

如游泳、爬山、攀岩、滑雪、划船、摔跤、格斗、骑马、拳击及队列操练等，已成为军事训练必需的内容，专门为军事服务的军事体育就应运而生了。军事体育是我军院校教育训练的重要组成部分，是培养适应高技术条件下局部战争需要的高素质军事人才不可缺少的重要方面，对促进军队建设具有重要作用。体育的军事功能则主要体现在军事体育中。

五、体育的经济功能

体育的经济功能是近期被认识和开发的社会功能，体育对经济发展有促进作用。体育与经济相联系是伴随着现代市场经济的发展而开始的。体育的经济功能主要体现在：体育运动可以提高劳动者素质，促进生产力的发展；体育运动可以促进消费，拓展经济增长点。

六、体育的政治功能

体育在维护国家主权和民族尊严方面所显示的政治立场比较鲜明。为提高国际地位和达到某种政治目的，利用体育为本国外交政策服务也不乏其例，如“乒乓外交”。但是，我们讲体育的政治功能并不等于用政治代替体育。

七、体育的文化功能

体育的文化功能是指某国或某地区可以通过举办相关体育赛事或活动传播当地优秀文化，同时与各参赛方进行文化交流。如每届奥运会，从一定意义上来讲，也是一场辉煌的文化盛宴。

第三节　高校体育的概况

一、高校体育的目的

高校体育以"育人"为宗旨,以运动和身体练习为基本手段,对大学生机体进行科学的培育,在提高其生物潜能和心理潜能的过程中促进德、智、体、美全面发展,达到身心健康、全面发展的教育总目的。

二、高校体育的任务

(1)增强学生体质,促进学生身心健康。

(2)促使学生努力掌握体育的基本知识、技术和技能。

(3)培养学生的道德意志品质。

(4)培养学生审美和创造美的能力。

(5)培养高水平的运动员。

三、高校体育形势

1.素质教育与高校体育

(1)素质教育的基本要求。素质教育即为人生做准备的公民教育,使受教育者学会做人、学会学习和学会生活。人的素质是在先天遗传和后天获得的基础上形成的。

(2)高校体育与素质教育的关系。高校体育正在从知识传授型教育向素质型教育转变。

2.高校体育的发展方向

(1)教育指导思想——健康第一。

(2)教育目标——培养适应现代化生产和生活的人。

(3)教学内容——丰富多彩。

(4)教学方法——灵活多样。

(5)教学组织形式——全园化。

(6)考核方式——科学化。

(7)高校体育与社会体育接轨,主要体现在各种体育俱乐部和体育协会。

四、大学生的生理特点

青年期是个体生理发育成熟的时期,主要表现在以下五个方面。

1.生长发育形态

生长发育形态完全成熟的年龄在 22 岁左右,此时身高、坐高均达到最大值。

2.生理功能

脉搏频率随年龄的增长而逐渐减慢,18~19 岁时趋于稳定。18~25 岁青年的脉搏频率:男子平均为 75.2 次/分钟,女子平均为 77.5 次/分钟。肺活量随年龄增长而增大,12~13 岁起增长加快,19~20 岁趋于稳定,18~25 岁男青年的肺活量平均为 4 124 毫升,而女青年的肺活量则小得多,平均只有 2 871 毫升。

3.身体素质

中国青少年身体素质的各项指标,男性的发展高峰均在 19~22 岁,23 岁后缓慢下降,是单峰型;女性在 11~14 岁出现发展的第 1 波峰,14~17 岁趋于停滞或有所下降,18 岁后回升,19~25 岁出现发展的第 2 波峰,是双峰型。

4.青春发育期特征

青春发育期的第二性征,男女均在 19~20 岁发育完成。

5.脑的发育

进入青春期后,脑的发育不论在形态上还是功能上都已成熟。

五、大学生的心理特点

心理学家将大学生心理健康的标准描述为以下几点:

(1)有适度的安全感,有自尊心,对自我的成就有价值感。

(2)适度地自我批评,不过分夸耀自己,也不过分苛责自己。

(3)在日常生活中,具有适度的主动性,不为环境所左右。

(4)理智,现实,客观,与现实有良好的接触,能容忍生活中挫折的打击,无过度的幻想。

(5)适度地接受个人的需要,并具有满足此种需要的能力。

(6)有自知之明,了解自己的动机和目的,能对自己的能力做客观的估计。

(7)能保持人格的完整与和谐,个人的价值观能适应社会的标准,对自己的工作能集中注意力。

(8)有切合实际的生活目标。

(9)具有从经验中学习的能力,能适应环境的需要改变自己。

(10)有良好的人际关系,有爱人的能力和被爱的能力。在不违背社会标准的前提下,能保持自己的个性,既不过分阿谀,也不过分寻求社会赞许,有个人独立的意见,有判断是非的标准。

第四节　高校体育的地位和作用

一、高校体育的地位

高校体育是高等教育的重要组成部分,是实现高校高素质人才培养目标中不可缺少的重要方面。高校体育在帮助学生掌握体育知识、技能、能力,促进身心健康发展,不断提高健康水平,实现高等教育目标方面发挥着独特的作用。高校体育作为学校体育与社会教育的交叉点和结合部,既是全民健身的基础,也是国家体育事业发展的战略重点。《全国普通高等学校体育课程教学指导纲要》明确指出:“体育课程是大学生以身体练习为主要手段,通过合理的体育教育和科学的体育锻炼过程,达到增强体质、增进健康和提高体育素养为主要目标的公共必修课程;是学校课程体系的重要组成部分;是高校学校体育工作的中心环节。体育课程是寓促进身心和谐发展、思想品德教育、文化科学教育、生活与体育技能教育于身体活动并有机结合的教育过程;是实施素质教育和培养全面发展的人才的重要途径。”

二、高校体育的作用

高校体育作为全民健身的基础,在人才培养中发挥了独特的作用。

(一)增强体质、增进健康

增强体质、增进健康是高校体育最主要的功能,体育以身体运动为基本表现形式,由它构成的体育锻炼过程,给各器官系统一定的强度和量的刺激,使身体在形态结构、生理机能和生物化学等方面发生一系列适应性反应。这种适应性反应对机体产生积极的影响,有利于增强体质和增进健康。

1.有效地促进身体正常生长、发育

大学生的身体可塑性很强,根据他们的生理特点,选择合适的体育锻炼内容,掌握适宜的运动负荷,坚持经常锻炼,能有效地促进大学生的正常生长、发育。例如,体育锻炼可以使骨骼的血液供应充分,骨细胞生长能力增强,身高增长加快,肌纤维变粗,体重增加,胸围、肩宽、臂围和腿围都增大,还可以使血液循环得到改善,心血管及各器官系统的功能不断提高。对于个别学生身体的某些畸形(如脊柱侧弯、驼背,平足等),也可以用特定的锻炼手段加以矫正,有助于学生形成健壮、均匀的体形。

2.促进身心全面发展

目前在校大学生的年龄一般在17~22岁,生理上急剧变化,主要表现在身体形态、身体机能、身体素质等方面向成人化发展并基本定型。随着生理上的急剧变化,大学生的心理也会发生变化。研究发现,目前在校大学生的生理发展超前,心理发展滞后,在这个时期加强大学生体育教育,通过大学体育的课堂教学、课余锻炼和运动竞赛,能够促进大学生身体的正常发育,从而增强体质、强健体魄,提高学生的体能和对环境的适应能力,促进其身心全面发展。这样不仅能够保证大学生在校期间身心健康,而且为大学生的终身健康奠定了基础。

(二)奠定学生终身体育的基础

在体育锻炼过程中,学生可以复习巩固体育课教学的内容,从而促进体育课教学质量的提高。另外,学生可以从事自己所喜爱的体育活动,体验成功的喜悦,对锻炼效果产生满足感,逐渐培养兴趣,形成爱好,养成锻炼习惯。体育锻炼往往由学生自主进行,因此,特别有助于培养学生的能力。通过体育锻炼,学生自学、自练、自评能力,组织、裁判、交往能力,运动能力等都会得到发展，学校可以培养出许多未来社会需要的体育骨干。按作息制度安排的早操、课间操、班级体育锻炼等，是学校课外体育锻炼基本的、重要的组成部分，是学生每天学习生活中必不可少的内容，持之以恒坚持锻炼，又会促进学生养成良好的锻炼习惯。

高校体育是终身体育的组成部分，是打基础的阶段。课外体育锻炼在培养学生体育兴趣和能力、养成锻炼习惯等方面有着重要的作用，能为终身体育奠定良好的基础。

（三）加强校园精神文明建设

高校体育是大学生文化娱乐活动的组成部分，是一种外向型的文化活动，能使学生热情乐观，精力充沛，学习生活充满生机与活力。高校体育锻炼内容丰富、具体翔实、直观形象，很符合学生的身心特点，易被学生理解接受，也能取得较好的效果。高校体育在陶冶学生的情操、锻炼学生的意志、培养学生的爱国主义和集体主义精神、增强学生的组织纪律性、提高学生的思想品质等方面发挥着重要的作用。例如：小型多样的游戏活动可以培养学生团结友爱、互相帮助、集体主义精神；班级乃至全校统一的课外体育锻炼，可以培养学生服从指挥、遵守纪律的意识；各种身体练习可以培养不怕困难、坚韧顽强、积极进取等思想意志品质；各种竞赛可以培养学生诚实、公正和公平的竞争意识。高校体育对加强学生思想品德教育，促进校园精神文明建设都具有重大意义。

思考题

1.简述体育的概念。

2.体育由哪三个部分组成？

3.学校体育的目的及任务是什么？

4.体育有哪些功能？

5.如何理解高校体育的地位？

6.高校体育的作用是什么？

第三章 运动性损伤和运动性疾病

章节内容提要

本章讲解了什么是运动性损伤,造成运动性损伤的原因,介绍了常见运动性损伤类型以及处理方式;通过病因、征象、处理、预防四个方面讲解了常见的不同类别的运动性疾病。

学习目标

1.了解运动性损伤的概念,明白常见运动性损伤的征象,掌握运动性损伤的处理方法。

2.认识产生运动性疾病的原因,做好相关预防工作,学会过度紧张、低血糖症、运动性腹痛、肌肉痉挛等的处理方法。

第一节 常见运动性损伤及处理

一、运动性损伤概述

体育运动过程中发生的损伤,称为运动性损伤。运动性损伤的分类较多,常见的有以下几种。

(1)按损伤组织的种类,可分为肌肉肌腱损伤、滑囊损伤、关节损伤和韧带损伤、骨折、关节脱位、内脏损伤、脑震荡、神经损伤等。

(2)按损伤组织创口界面,可分为开放性损伤和闭合性损伤。开放性损伤是指损伤组织有裂口与外界空气相通,如擦伤、刺伤、切伤与开放性骨折等;闭合性损伤是指损伤组织无裂口与外界空气相通,如挫伤、肌肉韧带损伤与闭合性骨折等。

(3)按运动能力丧失的程度,可分为轻伤、中等伤和重伤。伤后仍然能够按教学训练计划进行体育锻炼的为轻伤;伤后不能按教学训练计划进行体育锻炼,需要减少或停止患部活动的为中等伤;伤后完全不能运动的为重伤。

(4)按损伤病程,可分为急性损伤和慢性损失。急性损伤是指人体在一瞬间遭受直接暴力或间接暴力的损伤;慢性损伤又分为劳损和陈旧性损伤。劳损是因局部负荷过大或多次微细损伤积累而成的;陈旧性损伤常因急性损伤处理不当转变而成。

二、运动性损伤发生的原因

了解运动性损伤发生的原因是预防运动性损伤的前提,造成运动性损伤的原因很多,归纳起来主要有以下几个方面。

(1)思想上不够重视。

(2)准备活动缺乏或不合理。

(3)技术上的错误。

(4)运动负荷(尤其是局部负担量)过大。

(5)身体功能和心理状态不良。

(6)动作粗野或违反规则。

(7)环境等因素的影响。

三、运动性损伤的预防

1.预防运动性损伤的意义

体育锻炼对身体的影响分为有益、无益或有害三种结果。只有把握科学锻炼身体的方法,才能真正达到有益的效果。在体育锻炼过程中,预防是主动的,通过提高预防意识、加强预防措施,可以把运动伤害事故消灭在萌芽状态。如果在体育锻炼时,不重视预防工作,不采取积极的预防措施,就可能发生各类损伤事故,轻者影响学习和工作,重者造成残疾甚至危及生命,对国家和个人都带来不应有的损失。大量事例表明,人为因素是发生伤害事故的根本原因,因此,积极主动地预防运动性损伤,就要提高思想认识和预防意识,并采取切实有效的措施,努力消除各种致伤因素,从而达到以防为主、防患于未然的目的。

2.预防运动性损伤要求

(1)树立安全观念,克服麻痹思想,发扬互相帮助、互相保护的风尚。

(2)针对个体特点,合理安排运动量,防止过度疲劳或局部负担过重。在学习新动作时,要遵循从易到难、从简到繁、从分解到完整的学习过程原则。

(3)做好准备活动,提高中枢神经系统的兴奋性,加强各器官系统之间的活动,克服各种功能惰性,增强肌肉弹性,提高运动能力并保持准备运动和正式运动的内容一致。

(4)加强保护与帮助能力及自我保护能力的培养。保护与帮助能力及自我保护能力是预防运动性损伤的重要手段。

(5)加强保健指导。

(6)注意环境和场地设备安全。

四、常见运动性损伤及处理

这里主要介绍软组织损伤及处理。软组织损伤是一种常见的运动性损伤,根据损伤组织是否有创口与外界相通,可以分为闭合性软组织损伤和开放性软组织损伤两大类。

1.闭合性软组织损伤的处理

(1)急性软组织损伤。急性软组织损伤是遭受一次较大外力作用所致。发病急,病程短,临床症状和体征较明显。若处理不当,常可演变成慢性损伤或留下不同程度的功能障碍。因此,及时而正确地处理急性软组织损伤是避免伤势扩大和减少后遗症(重者出现关节僵直和运动功能受限)的重要环节。

根据损伤的病理发展过程,急性软组织损伤的处理大致可分为早、中、后三个时期。

①早期，也称为急性炎症期。此期间组织内出血和局部出现红、肿、痛、热及功能障碍等征象。处理原则主要是制动、止血、防肿、镇痛和减轻炎症。处理方法一是采用冷敷，即受伤局部用冷水冲淋10分钟或用冰水、冰袋、白酒、50%~75%酒精冷敷。应急时，可就近买冰棒捆绑在肢体受伤部位。有条件时可用冷镇痛气雾剂、“好得快”等喷射受伤部位，喷射距离约1厘米，喷射时间为3~5秒，重复使用至少间隔半分钟（此方法不宜用于面部和创口）。冷敷时要注意防止冻伤，尤其是在寒冷的冬天。急性软组织损伤原则上1~2天不能搓拿和热敷。处理方法二是加压包扎，这是处理急性软组织损伤的关键，包扎得当可止血、防肿和缩短伤后康复时间。冷敷后，伤处可用绷带、手帕、布条加压包扎约24小时。包扎时要注意松紧适当，包扎太松起不到加压作用，太紧会引起局部血液循环障碍。一旦出现肢端青紫、麻木感，应及时松开，重新包扎。处理方法三是制动和抬高伤肢，当肢体受伤较重时，为防止局部继续出血，减少肿胀和疼痛，一般应限制肢体活动和抬高患肢数日，促进血液、淋巴回流，有利于消肿。然后外敷伤药，疼痛较重者，可服止痛片，淤血较重者可服跌打丸、七厘散等。在损伤急性期，伤后一般不做按摩，否则会加重出血和组织液渗出，使肿胀加重。

②中期。此期间伤部出血停止，急性炎症逐渐消退，但仍存淤血、肿胀和功能障碍。处理原则主要是改善伤部的血液和淋巴循环，促进组织的新陈代谢，使淤血与渗出液迅速吸收以及坏死组织及时消除，促进再生修复。处理方法有理疗按摩、针灸、痛点注射药物、外贴活血膏或外敷活血药等综合治疗，其中热疗、按摩在此期间治疗中极为重要。同时根据伤情的好转情况，尽早进行伤部的功能锻炼，以促进愈合和功能恢复。

③后期。此期损伤组织基本修复，肿胀、压痛等局部征象已经消失，但可能有粘连或瘢痕形成，功能尚未完全恢复，锻炼时或运动后仍感疼痛、酸胀无力，个别严重者会出现伤部僵硬或活动受限等现象。处理原则是恢复和增强肌肉、关节功能。处理方法以按摩、理疗和功能锻炼为主，并配合中药熏洗和保护支持带的应用等。

（2）慢性软组织损伤。慢性软组织损伤可由急性软组织损伤因处理不当或运动过早转变而来，或因长期局部负荷过度，由细微损伤的积累形成劳损。慢性软组织损伤的处理主要是减轻患部肢体负担，改善伤部的血液循环和新陈代谢。处理方法与急性软组织损伤中后期基本相同，以按摩和痛点注射药物的治疗效果较好。

2.开放性软组织损伤的处理

开放性软组织损伤是指局部皮肤破裂，伤口与外界相通，常有组织液渗出或血液自创口流出。应急处理的要点是及时止血和处理创口，预防感染。先止血后处理创口是处理开放性软组织损伤的基本原则。在体育运动中，常见的开放性软组织损伤有擦伤、切伤、撕裂伤和刺伤。

（1）擦伤。皮肤受到外力急剧摩擦引起表面被擦破出血或有组织液渗出称为擦伤。创口较浅、面积较小的擦伤，可用生理盐水或冷开水洗净创口或用70%酒精棉球消毒，然后涂抹红汞或紫药水，待干即可。不必包扎，使之在空气中很快形成干痂，避免细菌侵入和繁殖。创口内若存有煤渣、细沙等异物时应由医生处理。

（2）切伤、撕裂伤和刺伤。切伤是因锐器切入皮肤所致。若伤口小，经止血，消毒处理后，可用胶带黏合；伤口较大则需赴医院缝合，使用抗菌素治疗等。撕裂伤是因钝物打击引起皮肤和软组织的撕裂，伤口边缘不整齐，组织损害广泛，严重者可导致组织坏死。刺伤是尖细物件刺入人体所致。

五、常见运动性损伤的症状及处理

1.胫腓骨疲劳性骨膜炎

胫腓骨疲劳性骨膜炎是初参加运动训练的人或因跑跳练习过多而引起小腿骨疼痛的常见损伤。

（1）损伤机制。目前公认胫腓骨疲劳性骨膜炎是局部骨组织负荷过度所致，但对引起负荷过度的外力来源及作用方式解释不一。患单纯性骨膜炎后，若能及时调整下肢负荷量，减少跑跳运动，在炎症消退和组织修复过程中，同样可以产生适应性变化，使骨组织的负荷能力提高。

（2）征象。一般无直接外伤史，但有跑跳运动过多的经历，发病缓慢，征象逐渐加重，疼痛是本病的主要自诉症状。初期多在运动中或运动后出现小腿骨疼痛，休息后症状可消失，若再继续参加负荷较大的跑跳运动，疼痛逐渐加重，部分患者会出现夜间疼痛现象，个别严重者跛行。急性期多有局部凹性水肿，以小腿下段较明显。胫骨内侧面、内后缘或胫骨下端有压痛。病程较长的患者，在胫骨内侧面常能触摸到小结节或肿块，压之锐痛。

（3）处理。早期症状较轻的病人，无须特殊治疗，仅用弹力绷带裹扎小腿，减少下肢运动，休息时抬高患肢，多可痊愈。经常疼痛或运动后疼痛较重的患者，应休息并用弹力绷带裹扎小腿，抬高患肢，可配合中药外敷或熏洗、理疗、按摩、针灸、碘离子透入等。治愈后重新参加锻炼时，运动负荷要逐步增加，以免再发生损伤。

（4）预防。这类损伤主要是训练方法和运动量安排不当所致。因此要合理安排运动负荷，全面发展，避免局部负荷过度；正确掌握跑跳技术，注意动作的放松和落地缓冲；避免在过硬场地上进行跑跳练习；做好准备活动；防止受寒，运动后采用自我按摩等手段及时消除小腿肌肉的疲劳，是预防胫腓骨疲劳性骨膜炎的重要措施。

2.肌肉损伤

肌肉损伤除由直接外力作用引起肌肉挫伤外，主要是在间接外力作用下使肌肉发生拉伤。常见的损伤肌肉是大腿后群肌、腰背肌、大腿内侧肌肉等。

（1）损伤机制。肌肉损伤可分为急性和慢性两类。急性肌肉损伤分为主动用力拉伤和被动拉伤。主动用力拉伤是指肌肉做主动的猛烈收缩时，收缩力超过了肌肉本身的承担能力所致。被动拉伤是指肌肉受力牵伸时超过了肌肉本身的伸展限度所致。

（2）征象。肌肉损伤后，伤处疼痛、肿胀、压痛或痉挛，触之发硬。损伤的肌肉做主动收缩或被动拉长的动作时疼痛加重。严重损伤时，患者在受伤当时可听到断裂声，疼痛和肿胀明显，皮下淤血显著，运动功能发生严重障碍，肌内会出现收缩畸形。肌纤维部分断裂时伤处可摸到凹陷。若肌腹中间完全断裂，会出现“双驼峰”畸形；一端完全断裂时，肌肉收缩成“球状”畸形。

（3）处理。肌肉微细损伤或少量肌纤维断裂时，应立即冷敷，加压包扎并抬高伤肢。24小时后可外敷中药，痛点进行药物注射、理疗或按摩等。肌纤维大部分断裂或肌肉完全断裂时，经加压包扎等急救处理后，应立即将患者送至医院及早做手术缝合。

(4)预防。在剧烈运动前，要充分做好准备活动，尤其是要结合练习的部位做热身活动。锻炼过程中要注意肌肉的状况，若出现肌肉僵硬或疲劳时，可进行按摩并减少运动强度；要合理、科学、正确地掌握运动技术要领；注意锻炼环境的温度、湿度和运动场地情况。治愈后再参加锻炼时要注意循序渐进，以防再损伤。

3.**脑震荡**

(1)损伤机制。脑震荡是脑损伤中最轻且较多见的一种。脑受到外力打击后神经细胞和神经纤维引起的意识和功能的一时性障碍，不久即可恢复，多无明显的解剖病理的改变。在体育运动中，足球撞击、棒球打击或体操练习时从高处跌下撞地等，都可能发生脑震荡。

(2)征象。伤后立即出现意识障碍。一般意识障碍都较轻，有短时性意识丧失(昏迷)或神志恍惚。意识障碍的时间长短不一，短则几秒钟，长则几分钟乃至20~30分钟不等。在意识丧失时，伤员呼吸表浅，脉率缓慢，肌肉松弛，瞳孔稍放大但左右对称，神经反射减弱或消失。意识清醒后出现逆行性健忘，患者不能回忆受伤经过和情境，但能清清楚楚地回忆受伤以前的事情。头痛、头晕，在伤后数日内较明显，表情紧张，活动或变换体位时，症状加重。恶心、呕吐，伤后数天内多可逐渐减轻和消失。此外，还伴有情绪不稳、易激动、不耐烦、注意力不集中和耳鸣、心悸、多汗失眠等植物性神经功能紊乱的症状。诊断脑震荡的依据是头部有明确的外伤史，伤后即刻有短时间的意识障碍，意识清醒后出现逆行性健忘，神经系统检查和血压、脉率、呼吸、脑脊液压及其细胞数等均正常。

(3)处理。急救时，应让患者平卧、安静，不可坐起或站立。头部冷敷，身体保暖。若有昏迷可指掐人中、内关穴，呼吸发生障碍时，可施行人工呼吸。伤员昏迷的时间超过4分钟或两侧瞳孔大小不对称或耳、鼻、口内出血及眼球青紫或伤员清醒后剧烈头痛、呕吐或再度昏迷，都说明损伤较严重，应该立即送医院进行处理。在转送医院时，患者要平卧，头两侧要用枕头或衣服垫起使之固定，避免颠簸震动。意识不清者，要注意保持呼吸道的通畅，患者侧卧，以防止呕吐物吸入气管或舌头后坠而发生窒息，要密切观察病情的变化。

对无严重征象、短时间意识丧失后很快恢复的患者，经医生诊断后，也应平卧送回休息，并应卧床休息到头痛、头晕等完全消失。可用“闭口举臂单腿站立平衡试验”来决定可否参加体育活动，切忌过早参加体育活动和过多的脑力活动。

4.**骨折**

骨或骨小梁发生断裂称为骨折。按骨折的原因，分为外伤性骨折和病理性骨折，体育运动中所发生的骨折，多为暴力作用引起的外伤性骨折。按骨折的时间，分类新鲜骨折和陈旧性骨折。按骨折的程度，分为完全骨折和不完全骨折。按骨折周围软组织的病理，分为闭合性骨折和开放性骨折。按骨折线的开头，分为横形骨折、斜形骨折、螺旋形骨折等。

(1)损伤机制。引起外伤性骨折的暴力，按其作用的性质和方式可分为直接传达、牵拉和积累性暴力三种。

(2)征象。骨折可分为局部征象和全身征象两个方面。局部征象有疼痛、肿胀和皮下淤血，功能障碍、畸形(完全骨折时，骨折断端移位，出现伤肢缩短、侧突或成角或旋转畸形)，异常活动和骨擦声、压痛与震痛等。最后确诊需经X线拍片，进一步了解骨折局部的病理变化。严重的骨折常伴有明显的出血剧痛、神经损伤而发生休克及发烧、口渴、便秘等全身征象。

(3)处理。①防止休克。严重骨折、多发性骨折或同时发生其他并发症的患者，易发生休克。急救时要注意先预防休克，再处理骨折。②就地固定。骨折后经固定，可避免断端移动，防止加重损伤，减轻疼痛，便于患者转运。因此，未经固定，不可随意移动患者，尤其是大腿、小腿和脊柱骨折的患者，避免伤势加重。③先止血再包扎伤口。患者有伤口出血时，应先止血，清洗创面，再包扎伤口并固定。

(4)注意事项。固定用的夹板的长短、宽窄要适宜，便于骨折处上下两个关节都固定，若无夹板时，可用树枝、竹片等替代，夹板要用绷带或软布包垫，夹板的两端、骨突部和空隙处要用棉花或软布填妥，防止引起压迫性损伤。

5.膝关节半月板损伤

半月板是膝关节内的半月形软骨板。损伤多发生于足球、篮球、体操和田径等项目。

(1)损伤机制。膝关节屈伸过程中若同时伴有膝关节的扭转内外翻动作时，半月板就会出现不一致的矛盾活动，使半月板在股骨、胫骨平台之间发生剧烈摩擦，造成损伤。当膝关节屈曲，小腿固定于外展、外旋位，大腿突然内收，内旋并伸直膝关节时，就可能引起内侧半月板损伤。若小腿固定于内收、内旋位，大腿突然外展，外旋并伸直膝关节时，就可能引起外侧半月板损伤。此外，膝关节突然猛力过伸及肌腱的前后割裂，可引起半月板前角损伤或半月板边缘分离。

(2)征象。多数患者有明确的外伤史。半月板损伤时常合并滑膜损伤或半月板活动牵拉滑膜而产生剧烈疼痛。受伤早期由于产生急性创伤性滑膜炎和韧带损伤，出现关节积血肿胀；慢性期因半月板异常活动牵扯滑膜而出现少量积液，膝关节活动时，伤侧可听到清脆的响声，并伴有疼痛。在行走或做某个动作时，由于破裂的半月板突然移位，卡在股骨髁与胫骨平台之间，出现膝关节突然不能屈伸的“绞锁”现象。一些可疑病例可做关节照影、超声波和关节镜检查，以进一步确诊。

(3)处理。急性期，主要目的是治疗急性创伤性骨膜炎，以制动、消炎、止痛为主，若关节血肿明显者，应在无菌条件下用粗针头抽出积血，然后用石膏或棉花夹板加压包扎固定 2~3 周，同时局部可以外敷活血、消肿、止痛的中草药。慢性期，应根据症状的轻重不同，首先要严格避免做重复受伤动作，以免再次受伤，影响愈合；其次可采用按摩、理疗、外敷中草药等。若症状严重，肿痛明显，经常“绞锁”妨碍体育锻炼和活动，应手术切除受伤的整个半月板，以免引起继发性滑膜炎和关节软骨损伤。

(4)预防。锻炼前，应充分做好准备活动，提高关节的灵活性和协调性，在锻炼中要掌握自我保护的方法。疲劳时避免剧烈的运动或减少运动量和动作难度。平时要加强下肢肌肉的力量训练，提高关节的稳定性和灵敏性。伤病初愈后参加体育锻炼时，运动负荷要循序渐进，以免再次受伤。

6.腰闪伤

腰闪伤包括肌肉、韧带、筋膜及关节扭伤等，主要发生于腰髋部和骶髂关节。

(1)损伤机制。重力超越了躯干一时所能承担的能力，在挑、搬、拉、举重物时腰部突然用力，引起部分纤维撕裂，造成腰肌急性拉伤。脊柱运动一时超越了正常的生理范围，尤其是动作错误和疲劳时更易发生腰闪伤。突然用力过猛或举重时负重过大，腰腹肌力量不足，支持不住重物，使身体重心不稳而发生突然扭转引起腰部扭伤。肌肉发生不协调的收缩或腰部受到力的作用而发生突然的不协调运动，即可引起腰闪伤。

(2)征象。部分症状较重病例在受伤时自感腰部有撕裂响声，有剧烈的疼痛感，腹压加大的动作，如咳嗽、喷嚏都可以使疼痛加重；症状较轻者受伤时常无疼痛感，运动结束后或次日晨间起床时才感疼痛。损伤在骶骼部，疼痛可放射到大腿内侧或小腿外侧。伤侧下肢活动功能将受影响，甚至出现神经性间歇性跛行。椎间关节扭伤或错位，间盘突出症患者，常有棘突偏歪现象。

(3)处理。腰部急性扭伤后，一般需卧硬板床休息，腰后垫上一小枕头，使肌肉、韧带处于松弛状态，可采用按摩、药物、针灸等方法进行治疗。轻度腰闪伤可悬垂摆动放松或仰背抖动放松，重度腰闪伤应到医院治疗。

(4)预防。运动前要充分做好准备活动，提高肌肉的力量和协调性。在进行负重力量练习时，注意力要高度集中。要及时纠正技术动作上的缺点或错误，注意搬运重物时的姿势，使重物慢慢离开地面。要加强腰腹肌力量的锻炼，增强肌肉韧带的伸展性。要合理安排运动量，避免在疲劳情况下练习腰部的高难动作。腰部损伤后应及时治疗，并在彻底治愈后才能参加剧烈运动。

第二节　常见运动性疾病的预防和处理

运动性疾病是指运动负荷安排不当、体育卫生知识缺乏、自我保健意识不强等造成体内功能紊乱所出现的疾病或症状。常见的有过度紧张、低血糖症、运动中腹痛、肌肉痉挛、中暑、游泳性中耳炎、昏厥、运动性贫血、运动后肌肉酸痛等。

(一)过度紧张

过度紧张是运动训练和比赛中一时运动量过大，超过了机体承受能力而引起的一种病理状态。

1.病因

过度紧张多见于锻炼较少、训练水平不高、生理状态不良或伤病中断训练后突然参加剧烈活动，机体不适应或过分疲劳引起紧张反应，也可为饭后不久即进行剧烈运动而引起。

2.征象

过度紧张常在剧烈运动或比赛后即刻或短时间内发病，表现为头晕、眼前发黑、面部苍白、全身无力、站立不稳，严重者有恶心呕吐、脉搏快速细弱、血压明显下降、嘴唇青紫、呼吸困难、心前区痛、心脏扩大等急性功能不全等征象，甚至昏厥。

3.处理

轻度的过度紧张患者应安静平卧，注意保暖，可服用热糖水或镇静剂，一般经短时间休息即可恢复。对于严重心功能不全的患者应使其处平卧位，保持安静，并针刺或掐点内关、足三里等穴位；若昏厥时，可加用指掐人中、百会、合谷、涌泉等穴位。对于呼吸或心跳停止者，应实施人工呼吸与胸外心脏挤压术，并迅速请医生处理。

4.预防

体育锻炼基础较差者，不可勉强参加紧张的训练或比赛，应加强体育锻炼的医务监督。锻炼或比赛前要充分做好准备活动，平时要加强身体全面锻炼，遵循循序渐进的原则。伤病初愈或其他原因中断体育锻炼后重新参加锻炼时，要逐渐增加运动量，避免立即进行高强度训练或剧烈比赛。

（二）低血糖症

正常人每 100 毫升血液中的葡萄糖含量为 80～120 毫克。当每 100 毫升血液中的葡萄糖含量低于 55 毫克时，就会出现一系列症状，称为低血糖症；当低于 10 毫克时，就会出现深度昏迷，称为低血糖性休克。本病多发生于长跑、超长跑、自行车、长距离滑冰、滑雪等项目的比赛过程中或比赛结束后不久。

1.病因

长时间进行剧烈运动使体内血糖大量消耗和减少；运动前或运动时饥饿，体内肝糖储备不足，且不能及时补充血糖的消耗；赛前补充糖过多、精神过于紧张、赛后强烈的失望情绪或患病（如胰岛疾病、严重肝脏疾病），引起中枢神经系统调节糖代谢的功能紊乱，使胰岛素分泌量增加等，是运动时发生低血糖症状的重要原因。

2.征象

轻度者有强烈的饥饿感、疲乏无力、心慌、头晕、面色苍白、出冷汗。较重者神志模糊、言语不清、烦躁不安或精神错乱（如赛跑者返身向反方向跑）、四肢发抖、步态不稳甚至昏倒。

3.处理

让患者平卧、保暖，神志清醒者可饮糖水或进食少量流质食物，一般经短时间处理后症状就能消失。昏迷者可静脉注射 10%葡萄糖 40～100 毫升，同时针刺（或指掐）人中、涌泉、合谷等穴位，并迅速请医生来处理。

4.预防

平时缺乏锻炼、空腹饥饿或患病未愈者，不要参加长时间的剧烈运动。进行长时间耐力运动（2 小时或赛前 10 分钟）可按每千克体重进食 1 克糖。参加长距离跑（10 000 米跑、马拉松等）的训练者，途中应有含糖饮料的供给。

（三）运动中腹痛

运动中腹痛是指体育运动引起或诱发的腹部疼痛。发病率较高的是中长跑、马拉松、竞走、自行车、划船等项目，多发生在运动过程中或运动结束时。腹痛的部位多在心窝部、右上腹，其次是左上腹和脐周部。一般男性多发于女性。

1.病因

运动中腹痛的原因，大致可分为腹腔内疾患、腹腔外疾患和与运动有关的运动性腹痛三大类。发病原因与缺乏锻炼有关，特别是初参加体育锻炼的人，由于心脏功能差、心脏搏动无力，影响静脉血回流从而引起肝、脾郁血肿胀，增加肝脾被膜的张力而发生腹痛。饭后过早参加运动、运动前吃得过饱、喝水过多或空腹运动都可引起胃部胀痛。运动前不做准备活动或准备活动不充分即进行剧烈的运动，运动负荷增加过快，心肺功能跟不上肌肉工作的需要，会致使呼吸肌缺氧，加剧腹痛的产生。内脏器质性病变（如胆囊炎、溃疡病、慢性阑尾炎和肝脾疾病等），运动时可使病位受到刺激而产生腹痛。

2.征象

腹痛的部位主要据发病原因而定，由肝脾郁血引起的腹痛，肝痛在右肋部、脾痛在左肋部，疼痛性质为胀痛或牵扯性痛。饮食时间安排不当，可能引起胃痉挛，其疼痛部位在上腹部，腹痛大多在运动中或运动后不久出现。

3.处理

运动中出现腹痛时，应适当减慢速度，加强呼吸，调整呼吸与运动节奏（如 3 步一吸气或 4 步一吸气），按压疼痛部位或弯腰慢跑一段距离，一般疼痛可减轻或消失。如疼痛仍不减轻，就应停止运动，口服解痉药物（如普鲁本辛等），点掐或针刺足三里、内关、大肠俞等穴位，并热敷腹部。如仍无效果，应请医生进行诊断和处理。

4.预防

要遵守科学锻炼原则，循序渐进地增加运动负荷，全面提高心肺功能。要合理安排膳食和运动时间，饭后应休息 1.5~2 小时才可进行剧烈运动。运动前要充分做好准备活动，内脏器官疾病患者，应及早就医，彻底治疗。在疾病未愈前不要参加剧烈的、长时间的运动或应在医生指导下进行体育活动。

（四）肌肉痉挛

肌肉痉挛（俗称抽筋），是肌肉不自主地强直性收缩。运动中以小腿腓肠肌最易发生肌肉痉挛，其次是足底的屈拇肌和屈趾肌。肌肉痉挛在游泳、足球、篮球、长跑运动中较为多见。

1.病因

在寒冷的环境中运动时，若不做准备活动或准备活动不充分，身体因突然受寒冷的刺激，通过神经系统传至肌肉，使肌肉兴奋性增高，造成肌肉强直性收缩而引起肌肉痉挛。

2.征象

痉挛的肌肉僵硬，疼痛难忍，所涉及的关节暂时屈伸功能受限，一时不易缓解。痉挛缓解后，局部仍有酸痛不适感。

3.处理

解除肌肉痉挛的有效方法是被动伸展痉挛的肌肉。此外，还可配合点穴或针刺（承山、委中、阿是穴等）缓解肌肉痉挛。游泳时发生肌肉痉挛，不要惊慌，如果自己无法处理或缓解，要立即呼救。

4.预防

要加强体育锻炼，提高身体对寒冷的适应能力。运动前必须充分做好准备活动，尤其是对易发生痉挛的肌肉，运动前做适当的按摩，夏季运动出汗过多，要及时补充水、盐分和维生素 B_1。游泳下水前，应用冷水淋湿全身，使人体对冷水的刺激有所适应，水温较低时，游泳时间不宜太长。冬季运动要注意保暖，疲劳时不要进行剧烈运动。

（五）中暑

中暑是高温环境或受到烈日的暴晒而引起的疾病。

1.病因

当人在运动时，体内代谢过程加速，产生热量增加，人体借助皮肤血管扩张、血液流动加速、汗腺分泌增加以及呼吸加快等，将体内产生的热量送达体表，通过辐射、传导、对流、蒸发等方式散热，以保持体温在正常范围内，当气温超过皮肤温度（一般为 32 ℃以上），或环境中有热辐射源（如电炉、明火），或空气中温度过高通风又不良时，人体内的热难以通过辐射、传导、对流、蒸发等方式散发，甚至还会从外界环境中吸收热，造成体内热量蓄积，从而引起中暑。

2.征象

中暑的临床表现，按病情轻重可分为先兆中暑、轻度中暑和重症中暑。

（1）先兆中暑。患者大量出汗、口渴、头昏、眼花、耳鸣、胸闷、心悸、恶心、四肢无力、注意力不集中、体温在 37.5 ℃以下，称为先兆中暑。

（2）轻度中暑。除有先兆表现外，体温超过 38 ℃，面部潮红、皮肤灼热、面色苍白、呕吐、皮肤湿冷、血压下降、脉搏细弱及有早期循环衰竭的表现，称为轻度中暑。

（3）重症中暑。除轻症症候群中暑的表现外，伴随昏迷、痉挛或高热，称为重症中暑。

3.处理

当有先兆或轻度中暑时，应让患者迅速离开高热环境，移至阴凉通风处休息，解开衣领，并给予清冷饮料、浓茶、淡盐水和人丹、解暑片（每次 1~4 片）或霍香正气丸（每次 1 粒）等解暑药物。对于有早期周围循环衰竭表现的患者和重症中暑患者，头部应垫高，松解衣服、扇风、头部冷敷，用 50%酒精或白酒擦身，少量多次地给予淡盐凉开水或清凉饮料，如有昏迷，可指掐人中、涌泉等穴位，应一面急救，一面迅速送医院治疗。

4.预防

在高温炎热的夏天，应合理安排好生活作息制度，保证充足的睡眠和休息。平时要坚持在较热的环境中锻炼，逐步提高身体的耐热能力。运动量大的项目应放在早晚进行，运动时间不宜过长。在烈日下锻炼宜穿浅色、单薄、宽松的服装，场地应有良好的通风和降温设备。身体疲劳或患病时，不宜参加剧烈运动。

（六）游泳性中耳炎

中耳的普通炎症性疾病统称为中耳炎。中耳炎是最常见的耳部疾患，以慢性居多。游泳性中耳炎是游泳时水进入中耳而引起的中耳炎症。

1.病因

游泳时，水进入外耳道，外耳道积水时间较长，鼓膜泡软，此时如用棉花棒或用手指去耳道内盲目乱掏，极易损伤鼓膜，水中的致病菌便会侵入鼓膜，从而引起中耳炎。

2.征象

急性中耳炎早期一般无全身症状，外耳道皮肤因感染发生肿胀时，将直接压迫皮肤下的神经末梢，可引起耳内剧烈疼痛。尤其是在张口咀嚼、打哈欠或压迫耳屏时，疼痛会加重，并伴有听力减退，有时还会引起发热和头痛。当鼓膜破裂时，则有黄色脓液自外耳道流出。急性中耳炎如治疗不及时、彻底，可转变成慢性中耳炎。

3.处理

患中耳炎后要及时请医生治疗。一般可卧床休息，适当多喝开水，口服止痛片，同时注射抗生素。如鼓膜已破，可用3%双氧水清洗脓液，外用消毒剂等，或用抗菌素溶液滴耳，然后用消毒棉条填外耳道。此外，在乳突部做热敷及红外线照射，也可加快患部血液循环，促使消肿消炎。

4.预防

不要在不清洁的江河湖中游泳。游泳时，必须注意正确的呼吸方法，不能在水中嬉戏，避免呛水。游泳之前应用涂有凡士林的棉花球或橡皮耳塞将外耳塞好，以防污水进入。游泳后若耳内灌水，可采用头偏向耳朵有水的一侧，进行原地跳，水即流出，再小心地用棉花擦干外耳道，或在耳内滴入几滴硼酸酒精，切忌挖耳。凡患感冒、上呼吸道感染、中耳炎时不能游泳。

（七）昏厥

脑部一时性供血不足或血中化学物质变化所致的意识短暂丧失的现象，称为昏厥。

1.病因

情绪过于激动、受惊、恐怖、悲伤或看到别人出血，都可反射性引起血管急性紧张、血压下降，产生一时性脑部缺血。长时间站立或过久下蹲后骤然起立，使肌肉泵和血管调节功能失调，致使回心血量骤减以动脉血压下降，也会引起一时性脑缺血。疾跑后急停，下肢肌肉内的毛细血管和静脉失去肌肉收缩对它们的节律性挤压作用，加上血液本身的重力关系，大量血液积聚在下肢血管中，使回心血量和心输出量骤减，导致脑供血不足，造成重力性休克。此外，低血糖、低碳酸血症、中暑、心或脑血管疾病等，亦可引起昏厥。

2.征象

昏厥前病人面色发白、头晕、眼前发黑、出冷汗、全身无力。昏倒后，意识丧失、手足发冷、血压降低或正常、脉率增快或正常、呼吸增快或缓慢。一般昏倒数秒钟，经平卧休息，脑缺血消除，知觉迅速恢复。有可能清醒后精神不佳，仍有头晕、全身无力等暂时现象。

3.处理

患者处于仰卧位和下肢抬高，松解衣领和腰带，注意保暖，并做双下肢向心性重推拿或揉捏，必要时嗅以氨水或点掐(针刺)人中、百会、涌泉等穴位。有条件的应给予氧气和静脉注射25%~50%葡萄糖40~60毫升。如有呕吐，应将患者头偏向一侧，以免因舌头后坠及呕吐物堵塞气道而妨碍呼吸。若呼吸停止，立即进行人工呼吸；若伴有心跳停止，应同时进行胸外心脏挤压。醒后可给以热饮料，注意休息。若神志未能迅速恢复者，应送医院做进一步处理。

4.预防

要坚持体育锻炼，增强体质，提高心血管功能。疾跑后，尤其是长距离跑后不要站立不动，应继续慢跑并做深呼吸，慢慢停下来。对发生过昏厥者应做全面的检查。进行剧烈运动后，应休息约半小时后再洗澡或淋浴(立即淋浴有可能造成心肌缺血、心排血量减少)，以防昏厥的发生。若有昏厥先兆时，应立即平卧。

(八)运动性贫血

我国健康成年人每100毫升血液中含血红蛋白量男性为12.5~16克、女性为11.5~15克。若低于这一生理数值，则被视为贫血。运动引起的这种血红蛋白量减少，称为运动性贫血。

1.病因

运动时人体对蛋白质与铁的需求量增加，一旦需求量得不到满足，即可引起运动性贫血。运动时，脾脏释放的溶血卵磷脂能使红细胞的脆性度增加，加上剧烈运动时血流加快，易引起红细胞破裂，从而导致运动性贫血。少数人由于偏食或爱吃零食，影响正常营养摄入，或长期慢性腹泻，影响营养吸收，运动时也常出现贫血现象。

2.征象

运动性贫血发病缓慢，平时表现有头晕、恶心、气喘、体力下降，运动后出现心悸、心率加快、脸色苍白等。

3.处理

如运动中(后)出现头晕、无力、恶心等现象时，应适当减少运动量，必要时暂停运动。补充富含蛋白质和铁的食物，口服硫酸亚铁片剂和维生素C，对缺铁性贫血的治疗有明显的效果。

4.预防

锻炼时，要遵循循序渐进原则，并克服偏食的习惯。

(九)运动后肌肉酸痛

在一次活动量较大的锻炼以后，或是隔了较长时间未锻炼，刚开始锻炼后，常常会出现运动后肌肉酸痛，这种酸痛不是发生在运动中或运动后即刻，而是发生在运动结束1~2大后，因此也称为肌肉延迟性疼痛。

1.病因

一是肌肉对负重负荷及收缩放松活动未完全适应，引起局部肌纤维及结缔组织的细微损伤，以及部分肌纤维产生痉挛所致。二是代谢物积聚过多(如乳酸)，以致肌纤维的化学成分有变化，神经末梢受刺激引起酸痛感。酸痛后，经过肌肉内局部细微结构的修复或积聚代谢产物的排除，肌肉组织会变得较前强壮，以后再经历同样负荷就不易再发生酸痛。

2.预防与消除方法

（1）预防肌肉酸痛。①根据不同体质、不同健康状况科学地安排运动负荷。②锻炼时，尽量避免长时间集中练习身体某一部位，以免局部肌肉负担过重。③准备活动中，注意对即将练习的负荷重的局部肌肉活动得更充分，这对损伤有预防作用。④整理活动除进行一般性放松练习外，还应重视进行肌肉的伸展牵拉练习，这种伸展牵拉练习有助于预防局部肌纤维痉挛，从而避免酸痛的发生。

（2）缓解和消除肌肉酸痛。①热敷。可对酸痛的局部肌肉进行热敷，促进血液循环以及代谢过程，有助于损伤组织的修复及痉挛的缓解。②伸展练习。可对酸痛的局部肌肉进行静力牵拉练习，保持伸展状态 2 分钟，然后休息 1 分钟，重复进行。每天做几次这种练习，有助于缓解痉挛，但做时注意不可用力过猛，以免牵拉时再使肌纤维损伤。③按摩。按摩有使肌肉放松、促进肌肉血液循环的作用，有助于损伤的修复及痉挛的缓解。④口服维生素 C。口服维生素 C 有促进结缔组织中胶原合成的作用，有助于加速受损伤结缔组织的修复，从而减轻和缓解酸痛。⑤针灸、电疗等手段对缓解酸痛也有一定作用。

思考题

1.简述常见运动性损伤有哪几类。

2.简述常见运动性损伤的症状和处理方法。

3.如何预防常见运动性损伤?

4.简述常见运动性疾病有哪些。

5.简述常见运动性疾病的处理方法。

第四章　运动健康与体育卫生

章节内容提要

本章讲解科学锻炼的原则与方法，指出不同的时间节点适宜不同的运动项目。讲解了体育锻炼效果的评定，从身高标准体重、身体机能指标、身体素质指标直观地将评定数据展示出来，便于学生认识体育锻炼的效果。章节末尾讲述了体育卫生保健的常识，使学生掌握运动中的卫生保健知识。

学习目标

1.掌握科学的锻炼方法。

2.学会体育锻炼效果的评定，掌握体育卫生保健的常识。

第一节　科学锻炼的原则和方法

科学地进行体育锻炼不但能保证高职学生身体全面健康地发展，而且有助于其顺利完成国家和学校规定的各项任务。当代高职学生应该掌握体育锻炼的基本理论，了解科学锻炼身体的方法，努力提高基本身体素质，养成终生参加体育锻炼的习惯。

一、科学锻炼的基本原则

1.自觉性原则

自觉性来源于目的性，正确确定体育锻炼的意义：有利于调动体育锻炼的积极性，有利于正确确定体育锻炼的内容、方法和运动负荷。自觉性原则指进行身体锻炼，出自锻炼者内在的需要和自觉的行动。锻炼在于自觉，锻炼者应把锻炼的目的与动机和树立正确的人生观联系起来。这样才能形成或保持对身体锻炼的兴趣，调动和发挥更大的主动性和积极性，使体育锻炼建立在自觉的基础上，以期取得更好的锻炼效果。

2.全面性原则

全面性原则是指通过体育锻炼使身体形态、机能、素质和心理品质等都得到全面和谐的发展。人体是统一的有机体，因此要全面提高身体机能水平，全面发展身体素质，掌握多种运动技能。我们锻炼身体是为了把身体练得结实健壮，为以后的学习、工作打下良好的身体基础。所以在选择锻炼项目时，应从这个目的出发，不能单凭个人的爱好和兴趣，要全面锻炼。例如，把跑、跳、投掷、攀登、爬越等基本活动能力项目作为锻炼主要项目，还要根据性别、年龄、季节、环境来确定项目，不要过分单一地锻炼某一项目。

3.渐进性原则

体育锻炼是一个适应的过程。渐进性原则是指体育锻炼的要求、内容、方法和运动负荷等都要根据每个人的实际情况,由易到繁,运动负荷由小到大,逐步提高。它既体现在整个锻炼全过程中,也体现在每一次锻炼过程中。运动负荷,是指体育锻炼时身体的生理负荷量,它是由许多因素决定的。体育锻炼之所以能够增强体质,是因为具有一定运动负荷的刺激作用使机体产生相应的变化。如运动负荷过小,不可能促进机体发生变化,达不到锻炼身体的目的。如运动负荷过大,超过了机体能承受的范围,就会引起不良的反应,出现血压降低、脉搏急促而微弱、面色苍白、出冷汗、头晕、恶心、睡眠不好、食欲不振、长期不能消除疲劳等现象。怎样才能使运动负荷比较合适呢?一般来说,每次体育锻炼以后感到有些累,但没有上述不良反应,通过休息恢复较快,这样的运动负荷基本是合适的。

4.经常性原则

经常性原则是指应长期不间断地、持之以恒地进行体育锻炼。根据"用进废退"的法则,如果长期停止锻炼,各器官系统的机能就会慢慢减退,体质就会逐渐下降。因此,参加体育锻炼必须持之以恒,不能"三天打鱼,两天晒网"。

5.实事求是原则

实事求是原则是指每个参加体育锻炼的人,应根据自己的实际情况,选定锻炼内容和方法,安排运动负荷。每个参加体育锻炼的人,情况都不尽相同,如年龄、性别、健康状况、锻炼基础、营养条件、生活及作息制度等,因此锻炼者应根据自身状况,实事求是地进行估计,使锻炼的负荷量适合自己的健康条件,从而取得良好的锻炼效果。

二、体育锻炼的时间与内容

1.选择合理的体育锻炼时间(表 4-1)

表 4-1 合理的体育锻炼时间

早晨	肌体状态欠佳、空气质量差,不宜激烈运动
下午	肌体状态良好,空气质量较好,可作为主要的体育锻炼时间
晚上	肌体状态一般,因接近睡觉时间,不宜激烈运动

2.选择合适的体育锻炼内容

选择合适的体育锻炼内容的要求:重视性别、年龄、健康状况的差异;重视劳动性质和工作条件的差异;充分利用现有的条件,尤其是自然条件。

3.体育锻炼内容的分类(表 4-2)

表 4-2 体育锻炼内容的分类

按能量代谢体系分类	有氧代谢类	长跑、健美操、自行车
	无氧代谢类	短跑、举重、拳击

续表

按目的分类	竞技类	篮球、足球、乒乓球
	健身类	健身走、健身跑、太极拳
	健美类	健美、形体、健美操
	休闲类	保龄球、台球、飞镖
	康复类	气功、医疗保健操
	极限类	登山、攀岩、潜水

三、科学锻炼的方法

1.科学把握适宜的运动负荷

(1)运动强度:锻炼者练习时用力的紧张程度。一般通过测量脉搏监控运动强度。运动强度以最大摄氧量的百分比表示。最适宜的健身运动强度是在有氧代谢条件下运动的强度。

(2)运动密度:运动中用于各项活动的时间(包括教师指导、学生练习、相互帮助与观察、练习后的休息及组织措施等)与运动的总时间的比例。

(3)运动持续时间:运动持续时间与运动强度直接相关,强度越大持续时间就越短,强度越小运动持续时间就越长。

(4)运动频率:每日或每周运动的次数。每日可以一次或两次;每周运动次数可以每天一次或隔天一次,但应根据运动量的大小和身体的状况而定。有氧运动的项目最好隔天一次效果更佳。

2.掌握适当的运动时间

运动时间一般根据运动强度而定。每次 5 分钟以上都属于有效范围。青少年可采用大强度、短时间的练习。体弱者及老年人宜采用低强度、长时间的练习。条件允许的话,每次运动以 30 分钟至 1 小时为宜。运动时间与运动强度的组合见表 4-3。

表 4-3　运动时间与运动强度

运动时间	5 分钟	10 分钟	15 分钟	30 分钟	60 分钟
小运动强度	70%	65%	60%	50%	40%
中运动强度	80%	75%	70%	60%	50%
大运动强度	90%	85%	80%	70%	60%

3.合理安排体育锻炼的次数

上一次锻炼产生的疲劳基本消除即可进行下一次锻炼。每周至少锻炼 1 次,最好不少于 3 次。运动量大,间隔长;运动量小,则间隔短。

四、发展身体素质

身体素质是衡量人体体质状况的一个重要指标。它是指人体在体育活动中,各器官系统所表现出的各种能力。它包括力量、速度、耐力、灵敏、柔韧等几个方面,其中力量、速度、耐力是最基本的三项身体素质。身体素质发展得越充分,机体就能发挥出越大的活动能力,越能表现出良好的运动技能。

(一)力量素质

力量素质是指肌肉在用力过程中克服阻力的能力。力量素质根据不同的分类方式可分为:速度力量、力量耐力,或相对力量、绝对力量。

1.影响力量素质的主要因素

(1)肌肉的横断面。肌肉的收缩力与其横断面大小成正比,横断面越大,肌肉的收缩力越大。

(2)肌肉收缩前的初始长度。在一定范围内肌肉收缩前的初始长度越长,收缩力越大。

(3)机体的物质储备与供应条件。

(4)神经系统的调节作用。

2.发展力量素质的方法

发展力量素质的方法见表4-4。

表4-4 发展力量素质的方法

力量素质	绝对力量	速度力量	力量耐力
强度	大(80%~100%)	中(60%~80%)	小(40%~60%)
组数	多(6~10组)	中(4~6组)	少(2~4组)
次数	少(1~5次)	较多(5~15次)	多(15~30次)
速度	混合速度	快速	快速或者慢速
密度	较大	中等	较小

3.发展力量素质的注意事项

(1)肌肉力量提高,必须不断加大负荷,以提高肌肉负荷能力。

(2)练习时间安排,以隔日练习为好。

(3)注意全身协调发展;大肌肉群、小肌肉群、上下肢肌肉群均衡发展。

(4)练习后必须放松肌肉。

(二)速度素质

速度素质是反映人体运动快慢能力的指标。速度素质包括反应速度、动作速度和移动速度。反应速度是指人体对各种信号快速应答的能力。动作速度是指人体或人体某一部分快速完成某一动作的能力。移动速度是人体在特定方向的位移速度。

1.影响速度素质的主要因素

(1)机体能量供应的特点。速度练习时间短、强度大。机体在无氧条件下工作。因此，要求有较强的无氧代谢能力。

(2)肌肉自身的特点。肌纤维有白纤维和红纤维两种。白纤维适于快速用力,但易疲劳。红纤维可长时间工作,但力量小、速度慢。白纤维在肌肉中占优势是良好速度素质的物质基础。

(3)神经系统的调节作用。速度取决于神经系统的灵活性、准确性、协调性和同步作用。

2.发展速度素质的方法

(1)发展快频率练习,如快速高抬腿跑、快速小步跑等。

(2)发展爆发力练习,主要是快速力量练习,即在不降低速度的条件下加大负荷量的练习,如徒手或负重的跳跃练习等。

(3)提高无氧代谢能力的练习,多采用重复跑、间歇跑等方法。

(三)耐力素质

耐力素质是反映人体长时间运动能力的指标。耐力素质可分为肌肉耐力和心血管耐力。肌肉耐力也称为力量耐力,心血管耐力又分为有氧耐力和无氧耐力。有氧耐力是指机体在氧气供应比较充足的情况下,能坚持长时间工作的能力。无氧耐力也叫速度耐力,它是指机体以无氧代谢为主要供能形式,坚持较长时间工作的能力。

影响耐力素质的主要因素有:

(1)心血管系统和呼吸系统的功能。

(2)大脑皮层运动中枢机能的稳定性。

(3)肌肉中红纤维所占的比例。

(4)机体内能量物质储备水平。

(5)心理素质水平。

五、加强体育锻炼的计划性

1.注意事项

(1)从个人实际出发,选择合理的内容、方法、时间,制订切实可行的计划。

(2)个人兴趣与全面发展相结合。

(3)课外体育锻炼、体育课与学生体质健康标准的要求相结合。

(4)计划要注意系统性、科学性,要留有余地。

(5)合理安排运动量。

2.制订体育锻炼计划的步骤

(1)自我测评。

(2)确定目标。

(3)制订计划。

(4)计划实施。
(5)检查评价。
(6)修订计划。
(7)继续实施。

第二节 体育锻炼效果的评定

体育锻炼的目的是增强体质,提高各器官系统的机能,而要验证体育锻炼对身体机能的良好,就要对体育锻炼进行客观的评定。体育锻炼效果是指经常参加体育锻炼者在体育锻炼的影响下,各器官、系统在形态、结构和机能等方面产生的适应性变化和良好反应。评定体育锻炼效果的指标有许多,这里我们主要介绍一些比较容易测定且客观的生理指标。

一、身高标准体重

身高标准体重见表4-5。

表4-5 身高标准体重

标准体重(男)	(身高厘米-100)×0.9(千克)
标准体重(女)	(身高厘米-100)×0.9(千克)-2.5(千克)
正常体重	标准体重±(多少)10%
超　重	大于标准体重10%小于标准体重20%
轻度肥胖	大于标准体重20%小于标准体重30%
中度肥胖	大于标准体重30%小于标准体重50%
重度肥胖	大于标准体重50%以上
体质指数(BMI,Body Mass Index):计算一个人身高和体重比例的工具。BMI的数据对大多数人来说是一种测量身体脂肪含量的可靠的方法。 $$\text{BIM}=\frac{\text{体重(千克)}}{\text{身高}^2\text{(米}^2\text{)}}$$ BMI范围:<18.5体重过轻,18.5~24.9正常体重,25~29.9初期肥胖,>30肥胖	

维尔维克指数:主要反映人体的长度、宽度、围度、厚度和密度,即身体匀称度,并与心肺呼吸机能有密切关系。既可作为营养指数,又能较好地反映体格、体质水平状况。

$$\text{维尔维克指数}=\frac{\text{体重(千克)}+\text{胸围(厘米)}}{\text{身高(厘米)}}\times 100$$

二、身体机能指标评定

1.肺活量体重指数

肺活量体重指数是人体自身的肺活量与体重的比值。肺活量体重指数=肺活量(毫升)/体重(千克)。肺活量体重指数能反映肺活量与体重的相关程度,是评价人体心肺功能的一个重要指标。

2.台阶试验指数

台阶试验指数=[踏台上、下运动的持续时间(s)×100]/[2×(3 次测定脉搏数的和)]。台阶试验指数是反映人体心血管系统机能状况的重要指数。

3.脉搏的测定

(1)安静时的脉搏:一般人约为 75 次/分;运动员,特别是长期从事耐力项目训练的运动员为 40~50 次/分或更少些。

(2)运动时或运动后的即时脉搏:一般人为 160~170 次/分;运动员为 200 次/分以上。

(3)运动后的恢复脉搏:由运动停止的即时脉搏降低到运动前脉搏,其恢复时间应不超过 6 分钟;运动后的次日晨脉,波动次数应不超过通常晨脉的 2 次/分。

三、身体素质指标评定

1.立定跳远

立定跳远主要反映人体下肢肌肉的爆发力及身体协调能力的发展水平。

2.握力体重指数

握力体重指数主要反映人前臂和手部肌肉的力量,同时也与其他肌群的力量有关,还是反映肌肉总体力量的一个很好的指标。

握力体重指数 = 握力(千克)/ 体重(千克) × 100

3.十二分钟跑评定法

十二分钟跑评定法是通过 12 分钟跑的距离来评定一个人的工作能力和锻炼前后的体质变化,见表 4-6。

表 4-6　十二分钟跑评定法

组　别	极　差	差	稍　差	好	极　好
男子 30 岁以下	1 600 米以下	1 600~1 999 米	2 000~2 399 米	2 400~2 799 米	2 800 米以上
女子 30 岁以下	1 500 米以下	1 500~1 799 米	1 800~2 199 米	2 200~2 599 米	2 600 米以上

除上述检查评定方法外,还可以观察锻炼前后的自我感觉如食欲、睡眠、情绪、心率等变化情况来进行锻炼效果评定。

第三节　体育卫生保健常识

一、心理卫生

为保持积极的运动兴趣，预防思想疲劳，促进身心健康发展而采取的措施、手段、方法等都可以纳入体育锻炼心理卫生的范畴。体育锻炼过程中，每个人的性格不同而导致的运动能力上的差异，以及其他因素的影响，一些人可能出现心理障碍。讲求运动的心理卫生，就要做到“二有三无”：有运动欲望，有愉快氛围，无厌恶情绪，无胆怯心理，无自卑心态。

（一）要有强烈的运动欲望

运动前，存在跃跃欲试的运动情绪；运动中，保持积极乐观的运动热情；运动后，拥有酣畅淋漓的运动满足感。一则，可以与朋友、亲人等一起参加体育锻炼，在运动中互相鼓励，良性竞争；二则，可以选择自己较为感兴趣的运动项目，尽量使运动与娱乐、健身与悦心相结合。

（二）要有愉快的运动氛围

人的心理活动会直接影响生理机能。体育锻炼要重视心理调节，包括情绪、心境、意志等的调整，以保持心情舒畅，取得良好的锻炼效果。例如，运动前后，照镜子时，看到面带微笑、身体强健的自己，精神也会为之振奋，这便是一种积极的心理自我调节。

（三）避免厌恶情绪

个人因性格内向或身体基础弱或运动能力差等，不爱运动，缺乏运动意愿和热情，对自己参加的体育锻炼抱着厌恶的态度，表现为“身随而心违”的被动状态。要改变对运动的厌烦，应从培养体育兴趣、确立锻炼目标入手。例如：柔弱安静的女生可以从陶冶气质、完美自我的形体运动入手，可进行体育舞蹈的学习；羸弱自闭的男生则可以从塑形、强魄的健美运动开始。运动贵在坚持，在长期的体育锻炼中，厌恶情绪自然会逐渐减少。

（四）克服胆怯心理

个人因为运动项目过难、运动负荷过大、运动器械不良、意志品质薄弱等，对运动产生恐惧心理，表现为犹豫不决、欲动又止、半途而废等行为。运动中，胆怯心理可以通过与同伴交流，在指导者的示范下逐步克服。教师传授经验，同学支持鼓励，都有助于运动者树立勇敢的信念。

（五）消除自卑心态

自卑是一种轻视自己、认为自己不如他人的消极心理现象。一个人自卑的原因有很多，如自我评价过低、身心存在缺陷、体育成绩较差、别人过多指责等。对于自卑者，应多鼓励和安慰,对其取得的微小成绩也给予肯定和赞扬,并就以前和现在的状况进行比较,使其不断增强自信,消除自卑心态。

二、体育锻炼的一般卫生要求

(一)运动时环境的卫生要求

体育锻炼应选择空气清新、地面平坦、设施安全的场所。植物具有净化空气的作用,公园里、山脚下、绿化区内树木和草坪较多的地方,是开展运动的最佳场所。忽视周围的环境卫生,不但不能达到健身的目的,甚至会危害健康,导致呼吸系统疾病。

(1)马路锻炼不可取。汽车排出的废气中,含有一氧化碳、氮氧化物、碳氢化合物和铅化合物等有毒有害物质。同时,车辆行驶会卷起灰尘,而有害气体或液体都会吸附在灰尘的微粒上,人体将这些微粒吸入肺脏深处后,就会对身体造成不利影响。

(2)小区锻炼需谨慎。人口密集的小区空气流通慢,炊烟中的二氧化硫具有刺激性,强烈刺激人的眼结膜和鼻咽结膜等,可引发急性支气管炎、肺炎和哮喘等。浓度极高时,还会诱发声带水肿、肺水肿或呼吸道麻痹等症状,甚至危及生命。

(3)工厂锻炼是大忌。特别是火力电厂、钢铁厂、化工厂、水泥厂附近,有毒有害气体众多,不宜进行锻炼。如果条件有限,也应尽量选择宽敞、通风和烟囱的上风、侧风方向的地带进行锻炼。

(二)运动时场地器材的卫生要求

检查场地器材的卫生要求,如球场是否有杂物、沙坑是否挖松、单双杠是否牢固等,发现隐患应及时消除。

(三)运动时衣着的卫生要求

运动时的衣着不仅要根据不同时节具有保温、透气等功效,还应满足体育锻炼轻便、舒适的需要。在运动过程中,也应保持着装卫生。例如,锻炼一会儿身体发热出汗后,便将衣服脱下捆在腰间,不但不易散热,还会给运动带来不便。除夏季外,运动后应尽快将衣服穿上,防止感冒。

(四)运动时饮水的卫生要求

运动中出汗较多,需要及时补充水分,否则会造成机体缺水,影响正常的生理机能。

(1)应坚持少量多次的饮水原则,为身体充分补水的同时,有利于水分的快速吸收,并减轻心脏、肾脏等器官的负担。如果饮水过量,一方面,过多的水分聚集在胃肠,使其沉重闷胀,容易引发慢性胃炎;另一方面,血液中水的含量剧增,会产生多排汗症状,带走体内大量盐分,从而破坏体内水平衡并降低血液内盐分的浓度,导致抽筋。

(2)应喝温开水和淡盐水,不宜喝自来水、冰水、饮料等,否则会剧烈刺激食道、胃肠,不利于健康。

(3)运动前后也不宜大量饮水。运动前饮水过多,会使腹部沉重,影响呼吸,不利于运动;运动后,身体消耗的能量较大,人体需要补充大量的营养物质,饮水太多会把胃内的消化液冲淡,直接影响到对食物的消化和吸收。

(五)运动后洗澡的卫生要求

运动后不宜立即洗澡,这是因为停止运动后血液大量流向肌肉的情况仍会持续一段时间,这时如果立即洗热水澡,会导致其他重要器官血液供应不足(如心脏和大脑供血不足),出现头昏、恶心、全身无力等状况,严重的还会诱发其他疾病。运动后立即洗冷水澡更是弊多利少,会导致体内产生的大量热量不能很好地散发,形成内热外凉,破坏人体平衡,极易生病。因此,运动后应休息 10~30 分钟(具体以脉搏恢复到接近正常数为准)后再洗澡,最适宜的水温为 40 ℃左右。

三、运动时的卫生注意事项

(一)"冬练三九"的卫生注意事项

冬季进行体育锻炼有利于增强人体对寒冷刺激的适应能力,增加抗寒力和体温的调节力,预防或减少某些冬季疾病的发生。然而其恶劣的自然环境也为健身运动的卫生带来了一些困难。其注意事项有以下两个方面。

1.勤换湿衣

锻炼过程中可能出汗较多,湿透内衣,要及时到室内用干毛巾擦身,并换上干爽保暖的其他衣服,切记不可穿着汗湿的衣服吹风。

2.正确呼吸

冬季风沙大、气温低,人们锻炼时常会感觉呼吸困难,而张大嘴巴大口吸气会使灰尘、细菌等直接刺激咽喉,可能引起咳嗽,甚至诱发呼吸道疾病。鼻腔黏膜上有丰富的毛细血管,干燥、寒冷的空气在这里及时进行加温、温润,减少了对咽喉的刺激。鼻腔中的鼻毛及黏膜分泌的黏液又能阻挡和吸附灰尘等有害物质。因此,体育锻炼中,应尽量使用鼻子呼吸。当必须使用口鼻协同呼吸时,口宜微张,让冷空气经齿缝适量进入口腔,以减少对呼吸道的刺激。

(二)"夏练三伏"的卫生注意事项

1.切忌"快速冷却"

夏日锻炼后,往往会汗流浃背,不宜马上吹电风扇、洗冷水浴、游泳或进入空调房间。人体在运动时,新陈代谢旺盛、体温增加,皮下血管显明扩张、血量流大,散热加快。这时遭遇"快速冷却"弊端诸多:肌肉血管收缩、血液循环不畅,疲劳的心脑不但无法休息甚至会加重负担;肌肉中的代谢产物不能及时排出,氧气和能量物质也不能及时供应,不但会加重肌肉的酸痛肿胀,而且会推迟肌肉疲劳的恢复;毛孔突然关闭,排汗减少,体内积聚的热量不能及排时出,皮肤表面温度下降但体内温度上升,可能导致发烧和中暑;机体调温机能发生紊乱,身体抵抗病菌的能力降低,极易诱发伤风感冒等疾病。因此,夏日运动后,应先擦干汗液,稍作休息,待体温下降、排汗减少后再进行上述活动。

2.不可即食冷饮

运动时,胃肠的血液供应暂时减少,运动后,立即吃冷饮,极易使胃肠等局部肌肉痉挛而发生腹痛、腹泻等。同时,正处在充血状态的咽喉部和脑部血管受到突然的冷刺激,血管会迅速缩小,以致流向此处的血液减少,使这一部分的机能失调,易出现咽喉嘶哑、头晕、头痛,甚至出现重力性休克。

3.谨防运动中暑

在炎热的夏季进行运动,一方面运动产生热,使体内热量积聚;另一方面气温较高使机体散热受到障碍,体温升高,出现头晕、胸闷、心慌、恶心、呕吐、四肢无力以至虚脱等症状,即“中暑”。夏季锻炼防中暑应注意两方面的问题。第一,合理安排运动时间,剧烈的活动最好在上午 9 点钟以前或下午 5 点钟以后进行,避开一天中较热的时间。第二,夏季运动时不宜赤身裸背,最好穿浅色、薄质、宽松、透气的衣服,以减少身体受热辐射的影响,并防止皮肤被晒伤。

四、女大学生体育锻炼生理卫生

月经是女子的一种正常生理现象。月经期间,骨盆、内脏器官等有不同程度的充血,可能出现轻度腰背酸痛和下腹部胀坠的感觉,情绪易波动,身体易疲劳,个别有轻度头痛、乳房发胀、痛经等不适感觉。月经来潮期间,保持适当体育锻炼,可以改善盆腔的血液循环,减轻不适感。不应长时间卧床休息,应按个人的具体情况,进行与平时有所不同的体育运动。首先,应适当减少运动量,可以做些运动量不大的体育活动,如打乒乓球、做广播操、散步等。经期不宜参加剧烈的运动比赛。此时,神经系统不能适应运动强度较大的锻炼。其次,应注意选择运动项目,避免容易引起腹内压增高的运动,如猛烈的跳跃和收腹动作、用力憋气的静力性动作,以及长时间的耐力性练习。经期不宜游泳。最后,若有严重的经痛,出现食欲不佳、恶心、头痛、全身关节酸痛、失眠、经血量多、经期过长等情况,应立即停止体育锻炼。

思考题

1.简述科学体育锻炼的基本原则。

2.人的身体素质包含哪些方面?

3.制订体育锻炼计划需要完成哪些步骤?

4.人的身体机能是通过哪些指标进行评定的?

5.人的身体素质是通过哪些指标进行评定的?

第五章　竞赛组织与编排

章节内容提要

本章阐述了国际国内大型运动竞赛、体育竞赛的组织工作，田径竞赛的编排和球类竞赛的编排；具体讲解了世界级重大运动竞赛、洲级重大运动竞赛和体育竞赛组织工作的赛前准备、赛中管理、赛后的汇总，田径竞赛的编排准备工作、竞赛日程编排、竞赛分组编排、编印秩序册、赛后汇总，球类竞赛的淘汰法、循环法等编排方法。

学习目标

1.了解国际国内大型运动竞赛和体育竞赛的组织工作。

2.掌握田径竞赛和球类竞赛的编排工作。

第一节　国际国内大型运动竞赛简介

国际国内大型运动竞赛可分为世界级、洲级和国家级三个级别，是依据举办单位的级别来确定的。从比赛内容上可分为综合性运动会和单项比赛两大类。从比赛性质上可分为定期按届举行的传统比赛和具有某种特殊意义的对抗赛、邀请赛三种。

当今世界上的体育组织可分为世界级、洲级、国家级三个级别。例如，国际奥林匹克委员会、国际足球联合会及其他各单项国际联合会，都是国际性的最高体育组织机构，由这些组织机构举办的比赛都可以认定为世界级的重大比赛。在国际体育组织领导下的各大洲的体育组织，例如，亚洲奥林匹克理事会、亚洲足球联合会及其他各单项亚洲联合会所举办的比赛，都可以认定为洲级比赛。各国国内最高体育组织举办的比赛可认定为国家级比赛。

正确认定比赛级别的意义，在于能够准确理解比赛名次的意义和确定成绩纪录的级别。世界冠军只能产生于世界级比赛，而不能产生于洲级比赛或邀请赛。因此，在洲级比赛中战胜了世界冠军队，不能称为世界冠军。对于有纪录的项目，如果成绩超过纪录，必须报请相应级别的体育组织批准，才能称破、创、平某项纪录，未经批准确认的只能称为“超”某项纪录。破，是指超过他人的成绩。创，是指超过自己原有的成绩。平，是指取得与他人或自己过去同样的成绩。在洲级或国家级比赛中取得的成绩，也可以向国际最高级体育组织申报，经批准后，可向世界公布破、创、平某项世界纪录。

一、世界级重大运动竞赛

(一)综合性运动会

1.奥林匹克运动会(简称“奥运会”)

奥运会是由国际奥林匹克委员会举办的世界上规模最大、水平最高、影响最深远的综合性运动会。

2.世界大学生运动会

国际大学生体育联合会的宗旨是:促进大学生体育的发展和进行大学生的体育与德育教育,促进大学生之间的密切联系与合作,促进国际大学生的团结。世界大学生运动会,是国际大学生体育联合会主办的世界性的综合性运动会,只限 17~28 岁在校的大学生参加。原则上每两年举行一届,第 1 届于 1959 年在意大利都灵举行,至 2022 年共举行了 30 届。第 31 届成都世界大学生运动会因全球新冠肺炎疫情影响延期至 2023 年举行。比赛项目与奥运会相同,素有“小奥运会”之称。

中国曾派代表团参加 1959 年的第 1 届世界大学生运动会,第 2—8 届都未能派队参加。1975 年中国大学生体协被接纳为国际大学生体育联合会会员,此后的各届比赛中,中国大学生体育代表团的成绩逐步提高,进入世界体育强国行列。2001 年在中国北京举行的第 21 届世界大学生运动会上,中国大学生体育代表团在 169 个国家和地区中,金牌总数名列第一。2011 年在中国深圳举行的第 26 届世界大学生运动会上,中国大学生代表团凭借 75 枚金牌、145 枚奖牌的成绩独占鳌头,超越 1923 年苏联创造的 69 枚金牌的纪录,成为历史上单届世界大学生运动会夺得金牌最多的国家。

(二)世界级单项比赛

由各单项国际体育联合会举办的世界锦标赛、世界杯赛都是世界级单项比赛。目前,世界级单项比赛已有 20 多个项目,其中规模最大、影响最深远的有田径、篮球、排球、足球、体操等主要项目的世界级大赛。

(三)中国与世界级单项比赛

中国在世界体坛上有些项目是处于领先地位的。体操、乒乓球、跳水、羽毛球、女子篮球、女子排球、女子足球等项目,在世界级比赛中多次荣获冠军或进入前 10 名行列。特别值得一提的是中国女子排球,她们在 1981—1984 年,连续夺得了世界杯、世界锦标赛、奥运会排球赛的冠军,又在 1985 年和 1986 年再次夺得世界杯和世界锦标赛的冠军,实现了“五连冠”,这在世界上是绝无仅有的。中国的乒乓球运动水平在世界上长期处于领先地位,特别是在 1981 年第 36 届世界乒乓球锦标赛上,一举囊括了本届比赛的全部冠军,创造了世界乒乓球锦标赛 55 年历史的新纪录,令世人惊叹不已。可以自豪地说,中国体育健儿在世界体坛上的出色表现,已经彻底改变了中国人在历史上的形象,使中国傲然挺立在世界民族之林。但是,中国有些项目与世界先进水平还有一定的差距,需通过几代人的努力奋斗,逐步缩小差距，赶上世界先进水平。

二、洲级重大运动竞赛

（一）综合性运动会

为了推动本地区体育事业的发展和取得参加世界级比赛的资格，世界上各大洲都要定期或不定期地在本洲范围内举行大型综合性运动会。现仅简单介绍亚洲的大型综合性运动会——亚洲运动会（简称“亚运会”）。

亚运会的前身有两个综合性运动会：一个是远东运动会，另一个是西亚运动会。1948 年亚洲的一些国家和地区提出成立亚洲运动会联合会并举行亚洲运动会。亚洲运动会联合会的宗旨是：“定期举行亚洲运动会，促进亚洲运动水平的提高，引导亚洲各国家或地区广泛开展体育活动，促进会员国组织之间友善、和睦的关系和坦诚的相互了解。”亚运会的格言是：“永远向前。”亚运会是亚洲人民的一个团结、友谊、相互促进、共同发展的盛大聚会。

（二）单项比赛

由世界各大洲各单项运动联合会在本地区举办的各单项比赛为洲级比赛。洲级比赛在级别上虽然不是世界级的，但是运动水平可以与世界水平相当。例如，亚洲乒乓球锦标赛、欧洲“冠军杯”足球赛、南美洲的“解放者杯”足球赛、欧洲的田径锦标赛等著名的洲级大赛。洲级比赛一般是以国家或地区为单位报名参赛，举办时间一般根据世界大赛的时间而定。

（三）邀请赛和对抗赛

邀请赛和对抗赛是由国际、大洲和国家单项体育联合会有目的地组织部分或几个国家、地区举行的单项运动竞赛。邀请赛和对抗赛很难说是世界级还是洲级，只能根据参赛队的数量和水平来评价比赛的影响。例如，香港国际女排邀请赛，被邀请参赛的都是奥运会排球赛、世界杯排球赛和世界排球锦标赛的前几名球队，比赛水平相当高，已被世界体坛公认为世界级高水平的比赛。再如，著名的“丰田杯”足球赛，实际上是欧洲与南美洲这两个世界上足球运动水平最高的大洲之间的对抗赛。每年 12 月第二个星期日，两大洲的冠军队在日本东京展开洲际大战。“丰田杯”足球赛为世界球迷能在世界杯足球赛的 4 年间隔当中，每年观赏一场可以代表当年世界水平的足球赛提供了机会，它已被世界足坛公认为每年足球大赛中的重要赛事之一。

三、国内重大运动竞赛

（一）综合性运动会

中国历来十分重视体育事业的发展，为了增强人民体质，提高民族素质和运动技术水平，积极参加亚洲和世界大赛，坚持有计划地在国内举办各种类型的全国大型综合性运动会，如中华人民共和国全国运动会、全国城市运动会、全国职工运动会、全国农民运动会、全国少数民族运动会、全国残疾人运动会、中华人民共和国大学生运动会、全国中学生运动会等。这些大型综合性运动会，有的是定期按届举行，有的是不定期按届举行，其中规模最大、水平最高的是中华人民共和国全国运动会。现仅对中华人民共和国全国运动会和中华人民共和国大学生运动会作概括介绍。

1.中华人民共和国全国运动会

中华人民共和国全国运动会简称“全运会”，始于1959年，前三届没有固定年限，从1979年第4届开始定为每四年一届，第7届全运会推至6年后的1993年举行，至2022年已举行了14届(表5-1)。全运会是以省、自治区、直辖市、行政区和行业体协代表团为单位参加比赛。

全运会不仅是运动竞赛的聚会，也是一个赞颂祖国成就、体现时代精神、激发民族豪情、促进各民族团结、向往祖国美好未来、进行爱国主义教育的盛大集会。每届运动会都有新的全国纪录、亚洲纪录、世界纪录产生。中国的全运会已成为具有一定国际影响的大型综合性运动会。

2.中华人民共和国大学生运动会

中华人民共和国大学生运动会简称“大运会”，是由教育部、国家体育总局、共青团中央联合举办的全国大学生综合性运动会，分届次由不同省市人民政府承办，始于1982年，至2016年已举办了10届。大运会是以省、自治区、直辖市和行政区为单位组成体育代表团参加，比赛按照普通高校组成的甲组和高水平运动队试点校与体育院校组成的乙组分别进行。大运会不是一个单纯的体育竞技大会，在运动会期间，还要进行高校体育学术交流活动，召开体育科研报告会，展览体育科研成果，表彰体育工作先进学校等。大运会是对全国落实党的教育方针的一次大检阅。大学生运动员可以充分展示自己的体育才华，有些运动员就此脱颖而出，成为国家优秀的专门运动人才。

表5-1　历届全运会概况

届　数	时间/年	地　点	参加单位数/个	运动员数/人	项目数/个
1	1959	北京	29	10 658	36
2	1965	北京	29	5 922	22
3	1975	北京	31	12 497	36
4	1979	北京	31	15 189	36
5	1983	上海	31	8 943	25
6	1987	广州	37	11 676	44
7	1993	北京	45	1万余人	43
8	1997	上海	46	7 647	28
9	2001	广州	45	8 608	30
10	2005	南京	46	9 986	42
11	2009	济南	46	12 000	33
12	2013	沈阳	38	9 770	31
13	2017	天津	38	10 217	33
14	2021	西安	35	约12 000	34

(二)单项比赛

中国目前有单项运动协会近40个,如中国篮球协会、中国排球协会、中国足球协会、中国田径协会、中国体操协会、中国游泳协会等。这些单项体育组织,根据某项运动项目的发展需要和国际重大比赛的安排,组织举办全国性的某项目单项比赛。例如,全国足球甲级联赛、全国篮球甲级联赛、全国大学生篮球联赛等。目前,国内重大比赛组织方法一般是:球类比赛分甲级和乙级比赛。球类项目中有的已走向职业化俱乐部,分甲A、甲B比赛,根据当年比赛成绩升降级,其中足球在甲、乙级之上还有超级联赛,即中国足球协会超级联赛。田径、体操、游泳等项目一般分年龄组进行比赛。除此之外,还经常举办一些国际性的邀请赛。

第二节 体育竞赛的组织

一、赛前准备工作

1.确立组织方案

组织方案既是各项筹备工作的依据,又是保证运动会高效、顺利运行的先决条件。一般包括竞赛名称、性质、目的、任务、意义、规模、组织机构、经费预算和工作步骤等。

2.拟订竞赛规程

竞赛规程是竞赛工作的法规性文件,具体指导竞赛有计划、有秩序、科学、合理地进行。其主要内容包括竞赛名称、目的、时间、地点、项目、竞赛方法(运动员资格要求、每人限报项数、每项限报人数等)、竞赛规则、参赛资格、名次录取、奖励办法、报名方式、注意事项等。竞赛规程应由主办单位提前下发到各参赛单位。

3.构建竞赛组织机构

竞赛组织机构的设置既要符合竞赛规模,又要尽量精简,还要职能划分明确(图5-1)。竞赛组主要负责裁判、编排记录、成绩公布、运动员资格审核等工作。政宣组主要负责思想教育、宣传报道、安全保卫等工作。会务组主要负责经费计算、物资供应、公共关系、食宿交通、医疗救护等工作。

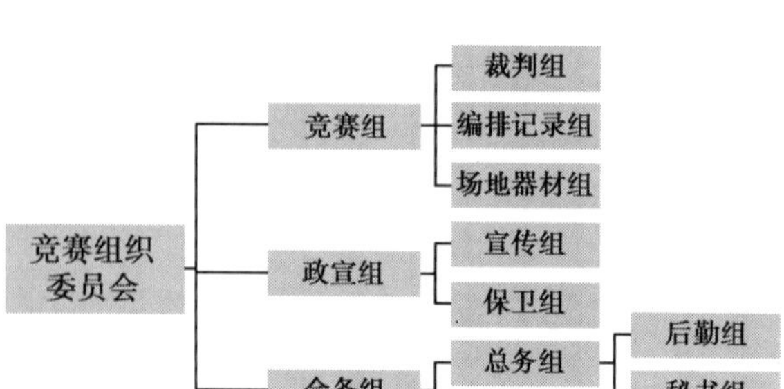

图5-1 竞赛组织机构职能划分

4.制订工作计划

根据组织方案和职能分工，各部门应制订详细的工作计划，包括阶段、时间、工作内容、要求、进度、负责人等。运动会的各项工作应按照计划流程有条不紊地推进。

5.落实赛前工作

落实赛前组织裁判实习、检查场地器材、确保后勤服务等工作。

二、赛中管理工作

竞赛期间，管理工作较为繁重，如开幕式、闭幕式的安排，比赛时间的把握，赛场秩序的控制，突发事件的处理，竞赛成绩的公布，裁判队伍的管理，颁奖仪式的设计等，其成效直接影响着赛事的顺利进行。

三、赛后汇总工作

竞赛结束后，汇总工作的主要任务有编印、发放成绩册，财务结算，赛后总结，将相关文件、资料整理归档等。

第三节 田径竞赛的编排

一、编排准备工作

田径竞赛编排前的准备工作包括制作报名表、径赛检录表、径赛成绩记录卡片、终点名次报告表、田赛远度项目成绩记录表，相关表格见表 5-2—表 5-6 等。

表 5-2 报名表

组别:________组 单位: (盖章) 领队: 教练: 联系电话:									
	项 目								
	姓名	出生年月	100 米	200 米	……	铅球	……	跳高	备注
……									
每项目参加人数									
注:选中后在相应空格栏内打“√”。 联系人: 填表人及电话:									

表 5-3 径赛检录表

男(女)子_____组　　项目:_______米　　赛次:____赛　　第____组(共　组)

道　次	一	二	三	四	五	六	七	八
号　码								
姓　名								
单　位								
成　绩								
名　次								
备　注								

径赛裁判长:　　　　终点记录员:　　　　检录员:

表 5-4 径赛成绩记录卡片

号　码	姓　名	单　位		报名成绩	纪　录	
赛　次	组　次	道　次	比赛成绩	决定成绩	名　次	备　注
预						
决						

径赛裁判长:　　　　计时主裁判:　　年　　月　　日　　计时员:

表 5-5 终点名次报告表

男(女)子　　　　组　　　　米　　　　赛　　　　组

第　　名					
号　码			道　次		
兼看名次		号　码		道　次	
备　注					

终点主裁判:　　　　终点裁判员:

表 5-6　田赛远度项目成绩记录表

项目：　　　　　　　组别：　　　　　　　赛　　　　　　年　　月　　日

号码	姓名	单位	前三次成绩				后三次顺序	后三次成绩			全赛最好成绩	名　次	备　注
			1	2	3	最好成绩		4	5	6			

二、竞赛日程编排

编排竞赛日程时，应准确把握田径竞赛规则，详细了解本次比赛的竞赛规程，如比赛时间（包括天数和每天的赛时）、项目、录取方法、场地器材、参赛人数等情况，在统筹全局的基础上，寻求最佳方案。

1.合理控制赛次间隔和比赛时间

赛次间的时间间隔是为了保障运动员能适当休息和调整，其最低标准是：200 米及 200 米以下各项目为 45 分钟，200 米以上至 1 000 米各项目为 90 分钟，1 000 米以上各项目不在同一天举行，全能各单项为 30 分钟，田赛的及格赛和正式比赛之间应间隔一天，第一天的最后一项与第二天的第一项之间应间隔 10 小时。

2.科学减少兼项冲突和各类干扰

兼项的一般规律为：100 米和 200 米，200 米和 400 米，400 米和 800 米，400 米和 400 米栏，800 米和 1 500 米，3 000 米和 5 000 米，5 000 米和 10 000 米，100 米和跳远，跳远和三级跳远，100 米和 4×100 米接力，400 米和 4×400 米接力，推铅球和掷铁饼等。为减少兼项冲突，应尽量将相关项目分开编排。各项目比赛时间的估算，见表 5-7。

表 5-7　各项目比赛时间估算

径赛项目	每组用时/分	田赛项目	每组用时/分
100/200/400 米	4～6	跳高	总人数×8～10
800 米	6～8	撑杆跳高	总人数×13～15
1 500 米	8～10	跳远	（总人数+8）×3～4
3 000 米、3 000 米障碍	15～20	三级跳远	（总人数+8）×3～4
5 000 米	20～25	铅球	（总人数+8）×3～4
10 000 米	40～50	铁饼	（总人数+8）×4～5
100/200/400 米栏	5～7	标枪	（总人数+8）×4～5

续表

径赛项目	每组用时/分	田赛项目	每组用时/分
4×100/400 米接力	8~10	链球	(总人数+8)×5~6
5 000 米竞走	40~45		
10 000 米竞走	70~90		

注:不同项目换项或同项目换组时需增加 5~10 分钟;跨栏跑的每组用时不含摆、撤栏时间,摆、撤栏需增加 5~10 分钟;同一项目,女子组用时较长,男子组用时较短。此外,还应尽可能减少自然环境、场地器械等对比赛的干扰。例如,撑杆跳高要考虑阳光的照射方向且比赛时间较长,一般应在上午进行。同一时间,不要安排两个田赛长投项目(铁饼、标枪、链球),以免造成场地交叉,增加裁判工作的困难且易导致伤害事故。

3.全面考虑整体赛程和实际需要

(1)某些性质相近的项目要注意先后顺序,距离应由短到长,例如,先 100 米后 200 米,先 800 米后 1 500 米,先 5 000 米后 10 000 米,先铅球后铁饼,先跳远后三级跳远。

(2)不同组别、性别的同一径赛项目,最好衔接安排,以便于裁判工作和场地器材的布置。

(3)短距离径赛项目,若赛次较少,应尽量安排在一单元或一天内进行。

(4)跨栏项目,一般安排在各单元之首尾,抑或长距离跑之后。不同项目的跨栏,不可连排。

(5)每个单元的比赛,尽量安排径赛和田赛同时结束,还要尽可能地避免某些场地出现"冷场"。

(6)决赛项目和观赏性较强的项目应分开编排,使赛场气氛始终保持热烈活跃。

(7)全部比赛临近结束时,可安排长距离项目或适当减少比赛项目,以便于计算总成绩和举行闭幕仪式。

三、竞赛分组编排

(一)径赛项目

1.径赛项目分组的方法

(1)蛇形法。若有报名成绩,可采用蛇形法分组。例如,有 6 条跑道,男子 100 米参赛 23 人,先按运动员成绩高低排序,然后按蛇形排列,把运动员分别编入各组,如图 5-2 所示。

一组	↓1		8	→	9	16	→	17	
二组	2		7		10	15		18	23
三组	3		6		11	14		19	22
四组	4	→	5		12 →	13		20 →	21↑

图 5-2 蛇形法

(2)斜线法。若无报名成绩,且人数较多,可采用斜线分组法。将参加该项目的运动员卡片(或号码)按单位依次上下排列,再按斜线通过的卡片(或号码)分组。例如,男子100米预赛21人,按成绩取前8名参加决赛,6条跑道,分4组,见表5-8、表5-9。

表5-8　斜线分组法报名编号

单位号码顺序	中文系	地理系	数学系	化学系	教育系	外语系	政治系
1	1001	¯2002	⌒3001	4001	5002	¯6001	⌒7005
2	1003	2004	¯3002	⌒4003	5003	6002	¯7007
3	⌒1006	2005	3008	¯4009	⌒5007	6003	7008

表5-9　斜线分组法分组

组　别	道　次						
	1	2	3	4	5	6	7
第一组		1001	2004	3008	5002	6002	7008
第二组		2002	3002	4009	6001	7007	
第三组		3001	4003	5007	7005	1006	
第四组		4001	5003	6003	1003	2005	

2.径赛项目分组的注意事项

应根据各项目的参赛人数、赛次、录取方法、跑道数(直道、弯道)及裁判员的情况等进行分组。每组人数应尽量均衡,避免同一单位的运动员排在同一组里(尤其是预赛时)。按名次录取分组时,应把成绩优秀的运动员分别编排在各组内;按成绩录取分组时,可将成绩较好与较差的运动员搭配分组,也可把成绩较好的运动员相对集中地编在一组内(一般排在第二组或第三组)。

不分道的径赛项目,按成绩相近的原则分组,每组人数不宜过多,一般在15人以内。通常把成绩较好的运动员集中在第一组。初赛时,按照随机原则,进行组次和道次抽签(不分道的项目则是起跑位置抽签),排出各组比赛顺序和各组中每位运动员的比赛道次。复赛时,800米及以下距离的分道项目,每组运动员均分两次抽取比赛道次——列前4名的运动员抽取第3、4、5、6跑道;列后4名的运动员抽取第1、2、7、8跑道。只有6条分道时,成绩较好的前3名抽第2、3、4道,后3名抽第1、5、6道。

重要提示:还可以按照成绩进行道次分配,以8条跑道为例,由内向外排列,直道项目为:4、5、3、6、2、7、1、8,弯道项目为:3、2、4、5、6、7、8、1。

(二)田赛项目

田赛项目的比赛一般不分组,比赛的次序在裁判长监督下由大会随机抽签排定。报名人数较多(≥18人)时,一则,可在正式比赛前举行及格赛,由大会根据参赛运动员的水平规定一定的标准,明确地写入秩序册,不达标者,没有资格参加正式比赛。二则,可分组进行比赛,各组的比赛场地、气象、风向等条件必须基本相同。若条件允许,远度项目,可分组在不同的场地同时进行前 3 轮比赛,取成绩最优的前 8 名运动员合并成一组再进行后 3 轮比赛。高度项目,分组在不同场地比赛时,每次横杆提升高度应相同,淘汰一定人数后,再合并为一组继续比赛。

(三)全能项目

男子十项和女子七项全能项目必须在连续的两天内按规定的顺序赛完(表 5-10)。

表 5-10 全能项目

第一天	男	100 米,跳远,推铅球,跳高,400 米
	女	100 米跨栏,跳高,推铅球,200 米
第二天	男	110 跨栏,掷铁饼,撑杆跳高,掷标枪,1 500 米
	女	跳远,掷标枪,800 米

全能项目的分组、分道和排顺方法,与径赛、田赛各单项相同。但最后一项,应根据前几项积分进行分组,成绩最低的运动员为第一组,依此类推,成绩最高的运动员为最后一组。全能项目的每一个单项,均应单独进行抽签。田赛项目的比赛顺序,除第一项由编排人员在监督之下抽签确定,其余各项均由运动员当场抽签排定。

四、编印秩序册

秩序册一般包括下列内容:封面(运动会名称、主办单位、竞赛日期)、目录、竞赛规程、竞赛须知、补充通知、组织委员会人员名单、办事机构及工作人员名单、技术代表、技术官员、仲裁委员、裁判员名单、代表队名单(运动员姓名、号码对照表)、竞赛日程、各项目参赛运动员名单及人数统计、分组名单、相关记录和等级标准、比赛场地平面图等。

五、赛后汇总

记录公告编排接收,审核各项比赛成绩,发布成绩公告和后续赛次录取名单,记录得分和奖牌数目、统计破记录的项目、人数和人次等。

第四节 球类竞赛的编排

球类竞赛的编排方法较多,基本有淘汰法、循环法等。应根据参赛队(人)数、项目特点、比赛时间、裁判数量、场地设施等因素选取适宜的编排方法,以达到扬长避短、相得益彰的效果。

一、淘汰法

淘汰法是指参加比赛的队(人)在比赛过程中失败一次或两次之后,即失去比赛资格,连续获胜的队(人)继续参加比赛,直至最后决出优胜者。淘汰法包括单淘汰和双淘汰,多用于参赛队(人)较多、赛期较短的情况。一般大球(篮球、排球、足球等)项目较少单独使用,小球(乒乓球、羽毛球等)项目采用较多。其优点是:比赛场数少,需用时间短,同时可使比赛逐步形成高潮。其缺点是:合理性差,机遇性强;除第 1 名外,不能准确地确定其余名次;参赛者锻炼机会较少,不利于互相交流和学习。

编排淘汰赛时,需计算比赛场数、比赛轮数和比赛轮空数。

单淘汰法比赛场数=参赛队(人)数-1

双淘汰法比赛场数=参赛队(人)数×2-2

若参赛队(人)数=2X,则比赛轮数=X;若 2X<参赛队(人)数<2X+1,比赛轮数则按 2X+1(号码位置数)计算。例如,13 个参赛队(人),则按 16(24)个队计算,比赛为 4 轮。

比赛轮空场数=号码位置数-参赛队(人)数,例如,13 个参赛队(人),轮空场数=16-13=3 轮。

二、循环法

循环法是指参赛队(人)按一定的顺序与其他队逐一对阵,按全部比赛的胜负场数计算各队得分,并确定名次。循环法包括单循环、双循环和分组循环 3 种方法,一般用于参赛队(人)数较少、比赛时间较长的情况。其优点是:能够较合理地确定各个名次;锻炼机会较多,有利于互相学习,共同提高。其缺点是:比赛场次多,所用时间长,并需要具备一定的场地、器材、设备条件。

思考题

1.体育竞赛的组织工作有哪几个环节?

2.体育竞赛赛前准备工作包含哪些方面?

3.田径竞赛编排前的准备工作包含哪些表格?

4.如何合理进行田径竞赛日程的编排?

5.球类竞赛常用的编排方法有哪些?

6.如何理解单淘汰?运用单淘汰法对 27 个队进行球类竞赛的编排?

国际国内大型运动竞赛简介

球类竞赛的编排

第六章　田径运动

章节内容提要

田径作为当前世界上最为普及并易于开展和推广的体育运动项目之一，本章阐述了田径运动的概述、项目；系统地从跑类项目、跳跃项目、投掷项目三大板块讲解了我们应该如何跑、如何跳、如何投。

学习目标

1.了解田径运动的起源、项目、地位等。

2.学习如何跑、如何跳、如何投，掌握跑步的技术动作，并能自主进行练习。

第一节　田径运动概述

田径运动是一项古老的体育运动。远古时代，人们为了获得生活资料，在和大自然及飞禽走兽的斗争中，需要掌握快速的奔跑、灵敏的跳跃和准确的投掷等本领。由于人们在劳动实践中经常重复这些动作，便逐渐形成了走、跑、跳、投等各种技能。为了提高同大自然作斗争的能力，人们又有意识地进行走、跑、跳、投的练习，逐渐形成了这些项目的比赛形式。据记载，最早的田径比赛是公元前 776 年在希腊奥林匹亚村举行的第一届古代奥运会，当时的比赛只有短跑一项，跑道是一条直道，长 192.27 米。到公元前 648 年，奥运会又增加了跳跃、投标枪、掷铁饼、摔跤等比赛项目。

田径运动是各项运动的基础。它能全面、有效地发展人的身体素质和运动技能，对其他各项运动技术的发展和成绩的提高都有促进作用。因此，各项体育运动都把田径运动作为发展身体素质的训练手段。实践证明，许多优秀运动员，特别是球类运动员，都有较高的田径运动能力和素质水平。

田径运动的项目较多，锻炼形式多样，场地、设备和器材比较简单，练习时不易受到性别、人数、时间和季节等条件的限制，便于广泛开展。

田径运动包括竞走、跑、跳跃、投掷及由跑、跳、投的部分项目组成的全能运动，共计 40 多项。其中以时间计取成绩的项目为径赛；以高度或距离长度（远度）计取成绩的项目为田赛；由跑、跳、投部分项目组成的，用评分方法计算成绩的组合项目称为全能运动。

田径运动的定义有不同的表述，我国体育学院通用教材一般认为：田径运动是包括男女竞走、跑、跳跃和投掷 40 多个单项及由跑、跳跃、投掷部分项目组成的全能运动。最具权威的解释应该是国际田联对田径运动所下的定义：田径运动是由田赛、径赛、公路赛、竞走和越野赛组成的运动项目。

田径在体育运动中占有重要的地位。在竞技体育中,它以独特的魅力在世界体坛独树一帜;在体育教育中,它是培养德、智、体全面发展的优秀人才的重要手段;在全民健身的大众体育中,它是锻炼身体、增强体质、延年益寿最为普遍方法之一。

知识链接

田径运动四大赛事

1.现代奥运会田径比赛:这是历史最悠久的国际田径赛事,自1896年第一届现代奥运会开始,田径运动都是主要比赛项目之一,且是奥运会金牌最多的项目,每四年举行一次。

2.世界杯田径赛:这是国际田联主办的一项高水平田径赛事。该赛事最初为每两年一届,赛期在奥运会前一年或后一年。1985年开始,该赛事由每两年一届改为每四年一届,赛期固定在奥运会后一年。

3.世界田径锦标赛:该赛事始于1983年,是国际田联主办的国际性田径赛事,起初每四年一届,1991年起改为每两年一届。

4.国际田联黄金联赛:该赛事始于1998年,2002年以前,都是夺得7站中5站以上的单项冠军才有资格分享50千克黄金,而夺得全部单项的冠军才可以问鼎百万美元大奖。2003年,国际田联缩小了比赛规模,取消了蒙特卡洛站,并将比赛奖金改为100万美元,将赛事从7站减少到6站,问鼎百万美元奖金的难度相对降低。2010年开始,黄金联赛改为钻石联赛,共设包括中国上海在内的14站,设立32个单项,季末大奖也由黄金改为钻石。

第二节　跑类项目

一、短跑

短跑全程技术可分为起跑、起跑后加速跑、途中跑、弯道跑和终点跑五个部分。短跑成绩是由起跑反应速度、起跑后的加速能力、保持最高跑速的时间和距离、弯道跑(200米、400米)的协调能力、终点冲刺能力及各部分技术动作的完成质量决定的。

(一)起跑

起跑是由静止到起动的过程。其任务是获得向前的冲力,迅速摆脱静止状态,为起跑后加速跑创造有利的条件。

1.起跑器的安装

短距离跑竞赛要求采用蹲踞式起跑,起跑前要安装起跑器,起跑器的作用是使两脚有牢固的支撑,并形成良好的预备姿势,以获得较快的起跑速度。起跑器的安装主要有普通式和拉长式两种,如图6-1所示。

2.起跑技术

短跑的起跑技术包括“各就位”“预备”和“鸣枪”三个阶段,如图6-2所示。

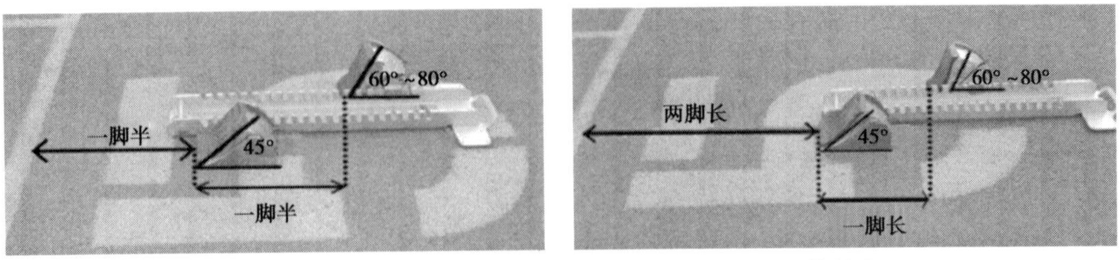

普通式　　　拉长式

图 6-1　起跑器安装

各就位—预备—蹬地—加速

图 6-2　短跑的起跑技术

“各就位”时，运动员应轻快地走到起跑器前，两手撑地，两脚依次踏在前、后起跑器的抵足板上，后膝跪地，两手收回紧靠起跑线后沿撑地，两臂伸直，两手间距离比肩稍宽，手指成拱形做弹性支撑，头与躯干保持在一条直线上，身体重量均衡地落在两手、前脚和后膝关节之间。

“预备”时，运动员逐渐抬起臀部，使身体重心向前上方移动，此时身体重量主要落在两臂和前腿之间，臀部稍高于肩，两肩稍超出起跑线。

“鸣枪”时，两臂屈肘有力地前后摆动，两腿迅速蹬离起跑器，使身体向前上方运动，后腿快速蹬离起跑器后，迅速屈膝向前上方摆出，前摆时脚掌不应离地过高，以利摆动腿迅速着地和过渡到下一步。前腿有力地蹬伸，当前腿充分伸展，髋、膝、踝三关节蹬离起跑器时，后腿已完成前摆且积极下压着地，完成第一步动作。

（二）起跑后加速跑

起跑后加速跑是从后腿蹬离起跑器到途中跑之间的一个跑段。其任务是充分利用向前的冲力，在较短距离内尽快达到最高速度。起跑后加速跑的技术要求是前倾角适宜，蹬摆迅速有力，如图 6-3 所示。

加速跑的距离一般为 30 米左右，起跑出发的第一步不宜过大，一般为 3.5~4 脚长，第二步为 4~4.5 脚长，以后逐渐增大。在跑进时，两臂应积极摆动，两腿依次用力蹬地，上下肢协调配合，以迅速获得加速度。在加速跑的开始阶段，上体前倾较大，随着步长和速度的不断增加，上体逐渐抬起，身体重心逐渐提高，直到正常姿势即转入途中跑。

加速跑最初几步，由于运动员的身体是由静止开始起动的，跑速较慢，所以两脚是沿两条相距不宽的直线着地，随着速度的加快，两脚着地点也逐渐趋于一条直线的两侧。

图 6-3　起跑后加速跑

(三)途中跑

途中跑是短距离跑全程速度最快、距离最长的一段,其任务是继续发挥和保持最高速度。途中跑的技术要求是后蹬、折叠、前摆、扒地,动作轻松、协调、有弹性、节奏快、屈蹬效果好。跑步中的一个周期由两个单步构成,有两个支撑时期和两个腾空时期。支撑时期又可分为着地缓冲、垂直支撑和后蹬三个阶段。腾空时期是指后蹬腿的脚离地,即进入无支撑阶段的时期。

(1)着地缓冲:腾空后期,摆动腿大腿积极下压带动小腿前伸,膝关节几乎伸直下扒,前脚掌富有弹性地着地。着地瞬间,为了减缓前制动,应随惯性迅速推动踝、膝、髋关节的屈曲前移,过渡到垂直支撑阶段。同时,摆动腿的小腿应随惯性向支撑腿大腿靠拢,摆动腿的膝关节折叠角逐渐减小。

(2)垂直支撑:随着身体重心的前移,髋、膝、踝关节的屈曲,身体重心移至支点垂直上方,即进入垂直支撑瞬间。摆动腿大小腿折叠角处于最小状态,一般为 28°左右。脚跟几乎触及臀部。

(3)后蹬:当身体重心移过支点垂直上方,即进入了后蹬阶段。此时,支撑腿在摆动腿的拉动下,快速有力地伸展髋、膝、踝关节,摆动腿同侧骨盆送髋,迅速有力地屈膝向前上方摆出,使身体重心向前运动。

(4)腾空:支撑腿蹬离地面便进入腾空阶段,此时,刚结束后蹬动作的支撑腿的小腿因蹬地后惯性作用和大腿的摆动,迅速向大腿靠拢,形成大、小腿边前摆边折叠的动作。同时,摆动腿大腿积极下压,膝关节放松,小腿随大腿下压的惯性向前下方摆出,做积极的下落扒地动作。当摆动腿膝关节几乎伸直下落着地时,腾空阶段结束。

途中跑时,上体应稍前倾(前倾角为 8°~12°),头部应正直并与上体保持一致,颈部放松。摆臂时,应以肩为轴,手指成半握拳或自然伸掌,轻快而有力地做前后摆动,前摆时手的高度稍超过下颌,后摆时肘关节稍向外,摆至大臂约与肩平,前后摆动幅度为 115°~125°,如图6-4所示。整体技术动作要做到轻松自然。

图 6-4　途中跑

（四）弯道跑

（1）弯道起跑：其任务是迅速摆脱静止状态，为弯道起跑后加速跑创造条件。其技术要求是蹬腿摆臂有力，起动迅速。起跑时，右手撑在起跑线后，左手撑在起跑线后 5～10 厘米处，身体正对切线方向，如图 6-5 所示。

（2）弯道起跑后加速跑：其技术要求是前倾适宜，蹬摆有力，要新增步幅，渐抬重心，渐成直线。在弯道起跑后加速跑阶段，上体要早些抬起，以利跑入弯道时和在继续跑进中，保持身体平衡。

（3）弯道途中跑：其技术要求是保持途中跑动作技术，特点是身体技术动作幅度右侧大于左侧，如图 6-6 所示。从直道进入弯道跑时，身体应有意识地逐渐向内倾斜，加大右腿的蹬地力量和摆动幅度。后蹬时，右脚前脚掌内侧用力，左脚前脚掌外侧用力。前摆时，右膝稍向内，左膝稍向外，摆动幅度右膝比左膝大。右臂摆动幅度大于左臂，前摆时稍向左前方，后摆时右肘关节偏外，左臂稍离躯干做前后摆动。弯道跑时的蹬地与摆动方向都应与身体向圆心方向倾斜趋于一致。从弯道跑进直道，应在弯道的最后几米处，身体逐渐减小内倾程度，并自然跑 2～3 步后转入直道的途中跑。

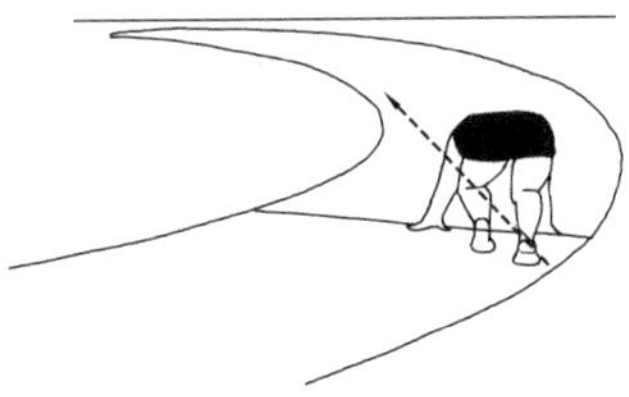

图 6-5　弯道起跑

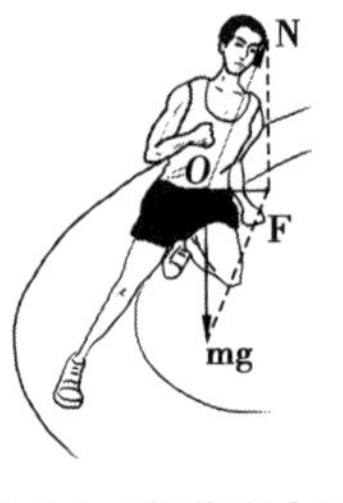

图 6-6　弯道途中跑

（五）终点跑

终点跑（最后 15～20 米的距离）的任务是尽可能保持途中跑的最高速度冲过终点。终点跑应力求在疲劳情况下保持途中跑的正确技术，动员全部力量以最快的速度跑过终点。其技术要求是上体适当前倾，并注意加强后蹬力量，两臂快速摆动。到离终点最后一步时，上体迅速前倾，用身体有效部位撞终点线。跑过终点后应逐渐减速，不要突然停下，以免跌倒受伤。

二、中长跑

中长跑是耐力性运动项目，要求运动员在跑时既能保持一定速度，又能跑得持久。因此，中长跑总的技术要求是动作轻松自然，身体重心移动平稳，节奏性强，肌肉用力和放松交替能力好。中长跑全程技术可分为起跑和起跑后的加速跑、途中跑和终点跑三个部分。

（一）起跑和起跑后的加速跑

起跑和起跑后的加速跑是中长跑比赛或测验时，运动员使身体摆脱静止状态迅速出发，并根据战术需要尽快发挥正常跑速和占据有利位置的过程。

中长跑比赛或测验时，采用站立式起跑，如图 6-7 所示。起跑前，运动员先做 1～2 次深呼吸，然后站在起跑线后 3 米集合线处听候起跑口令。当"各就位"口令下达后，运动员慢跑或走向起跑线，两脚前后开立，将有力腿的脚放在起跑线的后沿，另一脚放在距离前脚跟约一脚长的地方，两脚左右间隔约半脚长。两膝弯曲，上体前倾，身体重心落在前脚上，后脚用前脚掌着地。两臂在体前自然下垂或前腿异侧臂在前、同侧臂在后。身体保持稳定，集中注意力听枪声。听到枪声后，后腿立即蹬地并速前摆，前腿迅速用力充分蹬伸。两臂配合两腿动作做快速而有力的前后摆动，使身体迅速向前冲出，进入加速跑阶段。

图 6-7 站立式起跑

加速跑时，上体前倾较大，两腿交替跑进速度较快，摆臂、摆腿和后蹬都应迅速而积极。应尽量按跑道内突沿的切线方向和朝着有利跑进位置跑去。

（二）途中跑

途中跑是中长跑的主要阶段，它是运动员比赛时发挥训练水平的过程。因此，掌握途中跑技术是极其重要的。

后蹬阶段是途中跑技术的主要环节。后蹬动作应该迅速而积极，依次伸展髋、膝、踝三个关节，后蹬角度一般为 55°左右。

当支撑腿后蹬的同时，摆动腿前摆，前摆时，小腿应自然放松，依靠大腿的前摆动作，膝关节领先并带动髋部向前上方摆出。

支撑腿离地后，人体即进入腾空阶段。因此，蹬离地面的支撑腿应该放松，依靠后蹬反作用力的惯性和大腿的向前动作，使小腿折向大腿，形成膝关节弯曲和大、小腿折叠动作。但这种折叠动作比短跑要小一些。

当摆动腿前摆结束时，大腿开始向下运动，膝关节随之自然伸直，用前脚掌在离身体重心投影点的前方约一脚到一脚半处着地。前脚掌着地后，膝关节稍稍弯曲，进入垂直支撑时，再过渡到全脚掌着地。这种顺势的缓冲动作可以减小脚着地时对身体前进产生的阻力和使人体尽快地转入后蹬。着地时，脚尖应向前，两脚足迹内缘要在一条线上。中跑比长跑的下落着地动作应积极一些。

中长跑时，上体接近垂直或稍前倾，头部正直，胸部正对前方并微向前挺，整个躯干姿势自然而不僵硬。摆臂时，肩部要放松，两臂弯曲，肘关节约成 90°，两手放松或半握拳，前后自然摆动。前摆时稍向内，后摆时稍向外。

中长跑时，有一半以上距离是在弯道上跑。根据向心力的特点，在跑的技术上也应与短跑一样有相应的变化。但由于跑速较短跑慢,因此变化的程度也较短跑小。

中长跑时,由于机体能量消耗大,因此对氧气的需求量增加。为了保证机体对氧气的需求,呼吸必须有一定的频率和深度,还必须与跑的步伐相配合。一般是跑 2~3 步一呼气,跑 2~3 步一吸气。随着速度的加快和疲劳的出现,呼吸的频率也会增加,可采用跑 1 步一呼气、跑 1 步一吸气的方法。呼吸一般用鼻子与半张开的嘴同时进行。冬季练中长跑或顶风跑时,为了避免冷空气和强气流直接刺激咽喉,应将舌尖上翘,微微舔往上颌。

中长跑时,由于内脏器官工作条件的改变,氧气供应落后于肌肉活动的需要,所以跑一段时间后,会出现胸闷、四肢无力、呼吸困难、跑速降低,产生难以继续跑下去的感觉,这种现象称为“极点”。这是一种正常的生理现象。当“极点”出现时,一定要以顽强的毅力坚持跑下去,要加大呼吸深度,适当调节跑速,“极点”现象就会缓解,身体机能就会得到明显好转,这就是生理上所谓的“第二次呼吸”。

(三)终点跑

终点跑是指临近终点时的冲刺跑。运动员要以顽强的意志,加快摆臂,加强腿部的蹬摆,奋力跑向终点。终点冲刺跑的距离应根据项目、训练水平、战术要求、个人特点和临场情况而定。通常 800 米可在最后约 300 米、1 500 米在最后约 400 米、3 000 米以上在最后 400 米或更长一些距离进行冲刺跑。不论终点跑距离长短,在冲刺跑之前,都必须抢占有利位置,并注意观察对手情况,动员身体全部力量冲过终点。

第三节　跳跃项目

一、跳远

跳远技术是由助跑、起跳、腾空和落地四个不同的环节组成的,各个环节紧密相连、相互联系、相互作用,共同构成一个完整的跳远动作。其特点在于技术动作数量少、结构简单,具有高速度、高强度的运动性能。

(一)助跑

助跑是跳远技术的重要组成部分,它的主要任务是通过助跑获得可控制的最大水平速度,准确地踏上起跳板,为快速有力地起跳做好准备。助跑力求做到快、准、稳、直。快:包括“三快”,即“助跑快”“上板快”和“起跳快”,特别是助跑的最后 4 步,跑的节奏越快越好。准:就是要准确地踏上起跳板。稳:就是助跑的起跑姿势、跑的技术、跑的距离和加速方法要稳定,不能随意变化。直:就是要保持直线跑进,体现出经济性和实效性。

(二)起跳

起跳是充分利用助跑所获得的速度,在较短时间内尽可能大地创造腾起初速度和适宜的腾起角度的技术环节。起跳技术分为起跳脚着板、缓冲和蹬伸三个动作阶段。

1.起跳脚着板

起跳脚着板时,起跳腿几乎伸直,与助跑道成60°~70°的夹角,用脚跟先触地并迅速过渡到全脚掌着地。上体略微前倾,躯干角度为90°~110°,眼睛注视前上方,在起跳脚着板前,摆动腿已经开始折叠并迅速前摆跟上起跳腿。在起跳脚着板瞬间,两臂摆动到靠近躯干两侧。

2.缓冲

在起跳脚着板的瞬间,由于助跑速度的惯性和身体重力的作用,对起跳腿产生了很大的冲击力,迫使起跳腿的髋、膝、踝三个关节很快地弯曲缓冲。膝关节角一般成140°~150°。两臂配合腿的动作继续摆动,起跳腿同侧臂自体后向前向上摆动,异侧臂自体前向后向侧摆动。上体保持较直的姿势,使身体重心处于相对较高的位置。

3.蹬伸

当身体重心及时而准确地移压到起跳腿上时,起跳腿快速用力蹬地,充分蹬直髋、膝、踝三个关节,同时摆动腿以髋发力带动大、小腿成折叠状,以膝领先,快速而协调地向前上方摆动,摆至大腿成水平。两臂协调一致地配合腿的动作向前上方摆动,摆至上臂与肩平时,要有意识地做"突停"。蹬伸动作结束时,起跳腿髋、膝、踝三个关节充分蹬伸,蹬地角约75°,摆动腿大腿接近抬平,小腿自然下垂,上体和头部保持正直,两臂摆出体侧上方。

(三)腾空

跳远起跳离地后,人体向空中腾起,并在空中完成各种动作的过程为腾空阶段。跳远腾空阶段的任务是维持身体平衡,最大限度地利用身体重心的抛物线轨迹,将两腿充分向前伸出,为合理、完善的落地动作创造有利的条件。

1.蹲踞式

蹲踞式跳远时,"腾空步"的时间相对较长(约占整个腾空时间的2/3)。其摆动腿大腿抬得较高,膝关节的屈度较大,两大腿之间的夹角也较大。"腾空步"后,起跳腿向前摆动与摆动腿靠拢,然后两腿一起上举,膝部接近胸部成蹲踞姿势。蹲踞式的摆臂技术比较简单,"腾空步"后两臂上举,以加大上肢与身体重心之间的距离,加长旋转半径,从而减小身体前旋的角速度,然后两臂下落。落地前上抬大腿,前伸小腿,当脚跟一触及沙面即屈膝缓冲向前跪,两臂经体侧摆到体后,如图6-8所示。

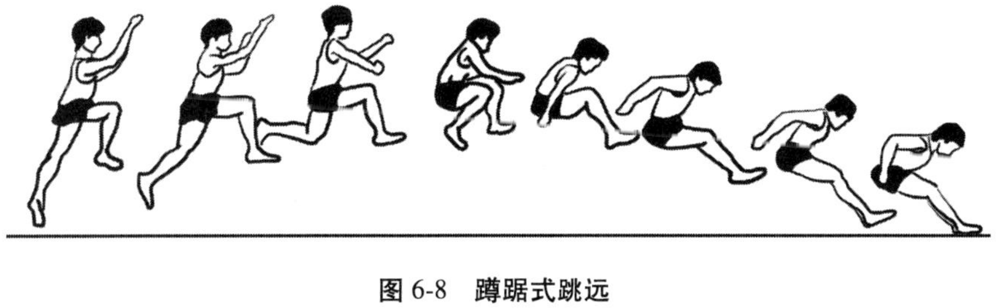

图6-8 蹲踞式跳远

蹲踞式跳远的动作简单易学,适合初学者。由于在空中做蹲踞姿势时下肢靠近身体重心,容易使身体产生前旋,这样会影响落地的远度,因此,要注意保持上体与头部的正直姿势,以抑制身体前旋,维持身体的平衡。

2.挺身式

挺身式跳远起跳后,保持“腾空步”的时间较蹲踞式稍短。“腾空步”后,下放摆动腿,伸髋,向前送髋,摆动腿与身后的起跳腿靠拢。两臂在“腾空步”开始时一前一后摆动,当摆动腿放下时,两臂同时下落,然后摆动腿继续向后运动,两臂外展,肩和头同时做稍向后运动,并挺胸送髋使躯干微成反弓形。继而收腹举腿,两臂上举,准备做落地动作。做落地动作前,两膝向胸部靠拢,小腿和两臂前伸,增加落地的远度。接着两臂引向体后,以便两脚着地后两臂迅速前摆协助身体重心移过落点,如图 6-9 所示。

图 6-9　挺身式跳远

（四）落地

良好的腾空技术是合理落地的基础。落地前,上体不要过于前倾,以免引起身体的前旋,大腿要向前提举,膝关节主动向胸部靠拢,小腿前伸,尽可能加大着地点和身体重心投影点之间的距离。即将落地时,膝关节伸直,脚尖勾起,同时两臂后摆。脚跟接触沙面后,紧接着前脚掌下压,两腿迅速屈膝,骨盆前移,两臂积极前摆,使身体重心迅速移过落点,避免后倒坐于沙坑中。

二、跳高

跳高运动由助跑、起跳、过杆和落地四部分组成。跳高按过杆姿势可分为跨越式、俯卧式、背越式等。在这些不同姿势的跳高技术中,背越式跳高是最先进的技术。而跨越式跳高则是以最接近自然动作完成的垂直高跳的跳高技术。因此,在一般学校跳高项目教学中,跨越式跳高是最常用的练习项目。

跨越式跳高是经过助跑、起跳后,摆动腿一侧先过杆,以骑跨姿势越过横杆的一种跳高技术。这种姿势简单、易学,具有较强的实用锻炼价值,如图 6-10 所示。

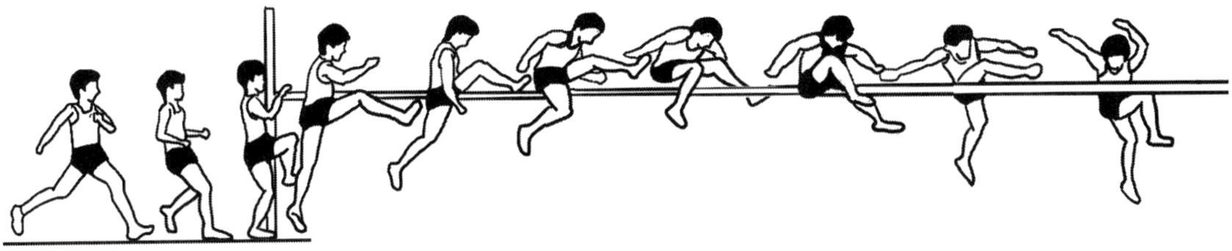

图 6-10　跨越式跳高

（一）助跑

跨越式跳高助跑从摆动腿一侧开始，助跑的角度与横杆成 25°～45°，用外侧腿起跳，起跳点与横杆投影线的距离为 30～70 厘米。助跑步数一般为 6～8 步，助跑可以是直线，也可以是略微弯曲的弧线。

跨越式跳高助跑的距离可以用走步的步数来测定，也可以用反向跑的方法来确定。一般走步的步数是助跑步数的两倍减去 2。确定步数后应反复练习和调整，以确定最后的助跑距离和助跑起动点。

（二）起跳

跨越式跳高的起跳点根据运动员的年龄和水平的不同，离横杆的距离也不同。起跳点的位置一般位于助跑侧跳高架横杆的 1/3 处，距横杆投影线 30～70 厘米。起跳从助跑最后一步起跳脚着地瞬间开始，到起跳脚离开地面的瞬间结束，分为放脚、缓冲和蹬伸三个紧密相连的过程。

（三）过杆和落地

跨越式跳高起跳腾起后，随着摆动腿的上摆，上体开始前倾。摆动腿过杆时，躯干与摆动腿大腿的夹角最小。在此过程中，两臂小幅下摆于体侧。摆动腿过杆后，要积极内旋下压，躯干向起跳腿方向扭转。同时，起跳腿积极上提，形成杆上的骑跨姿势。此时，躯干继续向横杆方向扭转，摆动腿也继续内旋下压，起跳腿随之迅速向上高抬摆过横杆。过杆后，上体抬起侧对或面对横杆，两臂上举下落，用摆动腿先着地，并及时屈膝缓冲过渡到双脚着地。

第四节　投掷项目

投掷项目主要包含推铅球、掷铁饼、掷标枪、掷链球等，根据高职院校公共体育课教学需求，本节主要介绍推铅球技术。

推铅球是在 2.135 米直径的投掷圈内，单手将铅球握好，持于肩轴线前，抵住颈部或下颌，站位靠近投掷圈后部内沿处，经过助跑，采用自下而上的用力顺序，动员全身最大力量，以匀加速的用力形式，沿合理的出手角度将铅球从肩上推出，使铅球落在 34.92°的扇形投掷区内，以远度决定成绩的田赛投掷项目，如图 6-11 所示。

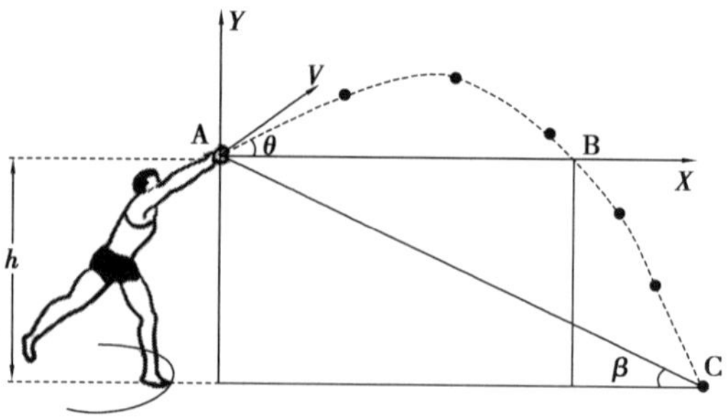

图 6-11　铅球突出角度及抛物线

推铅球技术可以分为滑步推铅球技术和旋转推铅球技术两大类。滑步推铅球技术又可以分为侧向滑步推铅球技术和背向滑步推铅球技术两种。本节主要介绍背向滑步推铅球技术。为了便于分析技术和教学,一个完整的背向滑步推铅球技术可分为七个部分,即握持铅球动作、滑步前的预备姿势、预摆与准备滑步姿势、滑步动作、过渡阶段动作、最后用力动作和铅球出手后的维持身体平衡动作。下面以右手推铅球为例来描述背向滑步推铅球技术。

一、握持铅球动作

(一)握铅球动作

五指自然分开,把铅球放在靠近食指、中指和无名指的指根处,拇指扶在球体侧面,掌心空出,手腕背屈。手指和手腕力量较强者,可将铅球适当地移向手指的第二指节处。手指和手腕力量弱者,铅球可放在更靠近指根处,如图 6-12 所示。

(二)持铅球动作

握好铅球后,将铅球持于肩轴线前,抵住或靠近颈部或下颌,头部略向右转,拇指处在肩的上面、球体的下面,其余四指大体上处在球体的侧面,掌心向内,右臂屈肘,肘部略低于肩或与肩平,躯干保持正直,左臂前上举,如图 6-13 所示。

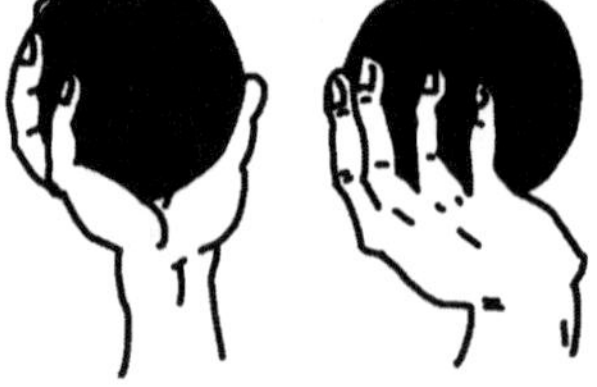

图 6-12　握铅球动作

图 6-13　持铅球动作

二、滑步前的预备姿势

滑步前的预备姿势分为高姿势和低姿势两种。

(一)高姿势

背对投掷方向,两脚前后站立,右脚以全脚掌着地,靠近投掷圈后沿。左脚位于右脚后20~30厘米处,以前脚掌或脚尖着地,脚跟提起。右腿伸直,身体重心放在右腿上,左腿自然屈膝,髋部稍向上提。右手持球于肩上,肘略外展。躯干正直放松,左臂前上举。目视投掷相反方向前下方3~5米处。

(二)低姿势

背对投掷方向,两脚前后站立,右脚以全脚掌着地站于投掷圈靠近后沿处。左脚位于右脚后50~60厘米处,以前脚掌着地。两腿弯曲,身体重心落在右腿上。上体前倾与地面平行,低头含胸,两眼目视前下方2~3米处,右手持球于肩上,肘外展,左臂自然下垂。铅球的投影点在右脚的右侧前方。

三、预摆与准备滑步姿势

预摆与准备滑步姿势也分为高姿势和低姿势两种。

(一)高姿势

做好预备姿势后,上体前屈,使躯干接近水平位置。左腿向后上方摆动,右腿伸直,使身体重心均匀地分布在整个右脚掌上。完成预摆动作并维持好身体平衡后,紧接着低头、含胸、收腹,右腿屈膝下蹲,左腿屈膝回收至靠近右膝处,形成团身动作。随着屈膝团身动作的完成,开始向投掷方向平移臀部,完成准备滑步姿势。

(二)低姿势

做好预备姿势后,弯曲的左大腿平稳地向后上方摆动,同时上体保持前倾姿势,左臂前伸,头与背部基本呈直线。左腿摆动到一定高度并保持身体平稳。右腿弯曲,身体重心均匀地分布在整个右脚掌上。

完成预摆动作并维持好身体平衡后,左腿迅速回收并靠近右腿。与此同时,右腿逐渐屈膝形成弓背团身姿势,并向投掷方向平移臀部,完成准备滑步姿势。

四、滑步动作

完成准备滑步动作后,当身体重心向投掷方向平移且超过右腿支撑点时,左大腿带动小腿以脚跟为力点向抵趾板方位积极摆插;右腿积极向投掷方向用力蹬伸,当右腿蹬直、右脚跟(右脚掌)即将离地时,两大腿的夹角约为125°,躯干与右大腿夹角约为80°。身体在左右腿的摆蹬用力下形成一个低腾空形态,躯干保持前倾姿势,左臂伸向投掷反方向后下方,目视投掷反方向的后下方。在低腾空的下落阶段，右腿积极内收、提拉，超过投掷圈圆心 10~30 厘米，以右脚前脚掌内侧着地，右脚尖与投掷方向成 135°左右，右腿弯曲，如图 6-14 所示。

图 6-14　滑步动作

五、过渡阶段动作

从右脚着地至左脚着地为过渡阶段。右脚着地后，立即向投掷方向前下方用力转动右髋、右腿、右脚。左腿在插向抵趾板时，以前脚掌为力点伸踝外翻，带动大腿、小腿外展，以左脚掌内侧为力点着地。左脚外展与投掷方向夹角约 30°，左脚的脚尖与右脚的脚跟在一条直线上，左膝角约 160°。身体重心落在弯曲的右腿上。躯干保持前倾姿势与地面夹角约 45°，左臂伸向投掷反方向后下方，目视投掷反方向的后下方。从整个动作的外形看，由左脚、左腿、左髋、左侧躯干至左肩形成一个圆滑的弧形，使身体处于背部拉紧、腰髋部拧紧和右腿压紧的“三紧”状态，如图 6-15 所示。

图 6-15　过渡阶段动作

六、最后用力动作

完成过渡阶段动作后，左脚着地即开始最后用力动作。左臂屈肘积极快速向左前上方弧形运动，在左臂的积极引领下，躯干开始逐渐抬起，同时右髋向投掷水平方向前下方快速转动用力，在髋的作用下右腿积极转蹬用力，保持一定弯曲程度向前运动。由右脚掌内侧开始转动并向前滑动，躯干稍有抬起。此时，以左脚着力点到左膝、左髋、左侧躯干、左肩，形成与之对抗的左侧支撑轴。

左臂继续向投掷方向弧形运动停至身体左侧并固定左肩和左侧支撑轴。左臂大小臂夹角约为 90°，左手掌心朝向投掷方向。在左侧支撑轴的对抗用力下，右髋向投掷水平方向前下方继续转动用力，带动右腿继续向投掷方向转动蹬伸，足跟转向投掷反方向。右脚向投掷方向移动约两脚间距离的 1/3。右髋、右腿运动，推动右侧躯干抬起，向投掷方向转动。抬头挺胸，眼睛看前上方。右臂屈肘外展朝向投掷反方向并略低于肩，将铅球用力顶在颈部，形成最后用力出手前的良好超越器械姿势。

在形成良好的超越器械姿势的前提下，继续积极蹬伸右腿，使身体重心由低向高、由右向左移动，左侧支撑轴中的左腿用力撑蹬，右肩在胸的带领下向投掷方向积极运动，躯干转成正对投掷方向。头部转向左侧，右肩高于左肩，以大臂带动小臂呈匀加速的形式将铅球沿着 38°～42°的出手角度推出。在投掷臂伸直的同时手腕背屈，使铅球从指根向指尖滚动，当铅球离手瞬间，在指屈的作用下最后以右手中指指尖为力点作用在铅球的几何重心上，用力将铅球拨送出去。铅球离手后，右手五指并拢，指尖和掌心朝外，完成最后用力动作，如图6-16所示。

图 6-16　滑步与用力示意图

七、铅球出手后维持身体平衡动作

为了缓冲铅球出手时产生的向前惯性作用和冲力，避免犯规，获得有效的运动成绩，应迅速弯曲两腿，降低身体重心，左右腿及时换步，维持身体平衡。在铅球落地和人体稳定后，从投掷圈的后半部走出。

思考题

1.当代短距离跑技术有哪些特点？
2.简述中长跑的特点和锻炼价值。
3.决定跳高成绩的基本因素有哪些？
4.跳远技术各环节的任务和基本技术要求是什么？
5.推铅球的完整技术分为哪几个部分？

第七章　球类运动

章节内容提要

本章分别介绍了篮球、足球、排球、乒乓球、羽毛球、网球运动的起源与发展及特点与作用,在了解运动项目基本概念前提下,对各运动项目的基本技术和练习方法进行详细的讲解,分析不同状态下战术的运用。

学习目标

1.了解篮球、足球、排球、乒乓球、羽毛球、网球的基本概念,能对各运动项目进行区分;

2.掌握篮球、足球、排球、乒乓球、羽毛球、网球的基本技术和战术运用。

第一节　篮球运动

一、篮球运动的起源与发展

近代篮球运动于1891年起源于美国东部地区的马萨诸塞州,是由该州的斯普林菲尔德市基督教青年会学校教师詹姆斯·奈史密斯博士设计和发明的。

1892年,篮球运动从美国传入墨西哥,并很快在墨西哥开展。因此,墨西哥成为除美国外,第一个开展篮球运动的国家。此后,这项运动先后传入法国、英国、巴西、捷克、斯洛伐克、澳大利亚和黎巴嫩等国,在世界范围内得到了开展、普及和发展。1895年(一说1896年),美国人鲍勃盖利将篮球传入中国,首先在天津、北京等城市青年会中开展起来。1904年,篮球在圣路易斯奥运会上被列为表演节目。1910年,篮球在中华民国第一届全国运动会上首次被列为表演项目。1914年,篮球被列为我国国内正式比赛项目。1932年,国际业余篮球联合会成立。1936年,男子篮球被国际奥委会承认为奥运会正式比赛项目。1946年,美国出现职业篮球联赛,并发展为目前的NBA。1976年,女子篮球被列为奥运会正式比赛项目。

二、篮球运动的特点与作用

1.篮球运动的特点

篮球运动具有集体性、综合性、对抗性、健身性、增智性、商业性等特点。

2.篮球运动的作用

篮球运动具有培养团队精神、增强国民体质、推动社会发展、促进国际交往和增进友谊的作用。

三、基本技术和练习方法

(一)球性的熟悉

篮球运动是非常受人们喜爱的运动项目之一,在全世界范围内广泛开展、普及和发展。手对球的控制能力是篮球运动中的重要技术环节,对球性的熟悉程度直接影响运动员竞赛水平的高低。篮球球性熟悉的练习方法主要有如下五种。

1.抛接球练习方法

(1)双手抛接球:两脚左右开立,双手持球于胸腹前。练习时,全身协调用力将球向上抛起,抛球时足踵提起,接球时顺势屈膝。抛球的高度,先由低到高,再由高到低。

(2)双手过顶抛接球:两脚左右开立,双手持球于背后。利用提肘抖腕、小臂外旋的力量将球抛起,经头顶在体前落下,双手将球接住。

2.接球练习方法

(1)踢腿交接球:两脚自然开立,双手持球于胸前。练习时,两腿交替踢起,当一腿前踢时,一手将球于大腿下交给另一手。依此反复练习。

(2)双手体前相互拨传球:两脚左右开立,双手相距 40~50 厘米,相互传球。只许手指触球,不许手心触球。先由腹部高度到胸部高度再至头顶高度,再从头顶依次向下,反复练习。

(3)胯下双手前后颠接球:两脚左右开立,深屈蹲,双手持球于体前胯下。练习时,将球稍向上颠抛,双手迅速移至身后在胯下接球,然后再将球稍向上颠抛,双手迅速移至体前进行胯下接球。依此连续进行,速度由慢到快。

(4)胯下"8"字交接球:两脚左右开立,略宽于肩,双手持球于膝前。练习时,右手持球在胯下将球交给左手,左手持球经左腿后,在胯下将球再交给右手。依此连续进行交接球,速度由慢到快,球的移动轨迹为"8"字形。

3.挥摆球练习方法

(1)单手斜后上方挥摆球:两脚左右开立,持球于体前,左手将球推交给右手引摆至身体右斜后上方,手指控制住球,回摆时要加速。依此左、右手交替进行。

(2)单手体侧前后摆球:两脚左右开立,左手或右手持球于体侧。练习时,先向后拉摆球至极限,前臂迅速外旋,再将球向前挥摆。然后,前臂内旋再将球向后拉摆。依此连续进行。要求摆幅逐渐加大,同时不失去对球的控制。

4.推滚球练习方法

原地双手交换推滚球:两脚左右开立,略比肩宽,球放于右脚前地面上。练习时,用右手推球右侧,使之在体前从右侧滚动至身体左前,然后换左手再推滚球左侧,使球沿地面滚至身体右前。反复练习。要求用力协调,全身随球向左、右移动,手不离球,球滚动要平稳。

5.运球练习方法

(1)原地运起静止不动的球:练习时,原地半蹲,用手指、手腕力量拍击球,利用球的反弹作用将球拍起,然后再慢慢将球按拍成“死球”。

(2)原地胯下左、右运球:两脚前后开立,成弓箭步,持球于胸腹前。练习时,右手持球加力使球从胯下向左反弹,左手迎引球后,再加力使球从胯下向右反弹,右手迎引球后,再加力使球从胯下向左反弹,依此双手交臂运球,速度逐渐加快。

(二)传接球

传接球是进攻队员之间相互联系、相互配合和组织进攻的具体手段。传球可分为头上、肩上、胸前、体侧、背后、胯下等多种传球方式,接球主要有单手接球和双手接球两种。传接球的好坏直接影响进攻的效果和质量,在比赛或练习中,不仅要掌握好传接球的技术,而且要根据场上情况的变化选择合理的传接球方式。

1.持球

双手五指自然分开,拇指相对成“八”字形,用指根以上部位握住球的两侧后下方,手心空出,两臂弯曲,肘关节下垂,将球置于胸前,如图 7-1 所示。

图 7-1　持球

2.接球

接球分为单手接球和双手接球。接球时,眼睛要注视来球,手臂迎球伸出,手指自然分开,手掌对球。当球接触手指时,屈肘,手臂后引缓冲来球力量。本节介绍双手胸前接球。

动作方法:眼视来球,两臂迎球伸出,双手手指自然张开,拇指相对成“八”字形,其他手指向前上方,双手成一个半圆形。当手指触球时,两臂顺势屈肘后引缓冲来球的力量,双手持球于胸腹前,成基本站立姿势,如图 7-2 所示。

技术要点:主动伸手迎球,在手指触球后屈臂缓冲。

图 7-2　双手胸前接球

3.传球

1)双手胸前传球

这是最基本、最常用的传球方法。其特点是传出的球迅速有力,准确性较高,且便于结合突破、投篮。

动作方法:斜步姿势站立,双手持球于胸前。传球时,后脚蹬地,身体重心前移,双手向传球方向伸臂发力,同时拇指下压、手腕翻转,通过拇指、食指和中指用力拨球将球传出。球出手后,手心和拇指向下,其余四指指向传球方向,如图 7-3 所示。

技术要点:手腕由内向外翻转,拇指下压,食指、中指拨球。

图 7-3　双手胸前传球

2)单手肩上传球

这是一种常用于中、远距离的传球方法。它的优点是传球力量大,利于抢到后场篮板后发动长传快攻。

动作方法:双手持球于胸前,两脚平行站立。右手传球时,左脚向传球方向迈出半步,左肩对着传球方向,同时将球引到右肩上方,手腕后屈,重心落在右脚上。传球时,右脚蹬地,转体,上臂随之向前挥摆,手腕迅速前屈,通过食指、中指拨球将球传出,如图 7-4 所示。

技术要点:蹬地、转体、挥臂和屈腕动作连贯。

图 7-4　单手肩上传球

(三)运球

在篮球训练或者比赛中,运球是一个相当重要的技巧。运球是个人摆脱防守、进行攻击的有力手段,也是组织全队进攻战术配合的重要方式。运球练习可以提高手对球的感应能力,熟悉球性,提高控制球、支配球的能力。运球方法很多,常用的有高运球、低运球,体前变向换手运球、体前变向不换手运球,运球急停急起,背后运球,运球转身,胯下运球等。

1.基本技术

1）身体姿势

运球时应保持两脚前后自然开立，两膝微屈，上体稍前倾，头抬起，眼睛平视。非运球手臂屈肘平抬，以保护球。脚步动作的幅度和下肢各关节的曲度随运球速度和高度的不同而有所变化。

2）手臂动作

运球时，五指张开，用手指和指根以上部位及手掌的外缘触球，掌心不触球。低运球时，主要以腕关节为轴，用手腕、手指的力量运球；身前高运球和变向高运球时，主要以肘关节为轴，用前臂和手腕、手指的力量运球；体侧或侧后的提拉式高运球主要以肩关节为轴，用上臂、前臂、手腕、手指的力量运球。拍按球时，手应随球上下迎送，尽量延长控制球的时间。拍按球的部位是由运球的方向和速度来决定的。

3）球的落点

运球时应控制球的落点，使球完全保持在自己所能控制的范围内，以便随时利用自己的上体、臂、腿来保护球，便于技术运用。

4）手脚协调配合

运球时，既要使移动速度和运球速度协调一致，又要保持合理的动作节奏。能否保持脚步动作和手部动作协调一致，关键在于拍按球的部位、落点的选择和力量大小的运用。脚步移动越快，拍按球的部位越靠后下方，落点越远，拍按球及反弹起来的力量越大。运球基本姿势如图 7-5 所示。

图 7-5 运球基本姿势

2.基本动作

1）高运球

动作方法：两腿微屈，上体稍前倾，抬头看前方，以肘关节为轴，用手拍按球的后上方，把球的落点控制在身体侧前方。手脚协调配合，使球有节奏地向前运行。

技术要点：手拍按球的部位正确，手脚协调配合。

2）低运球

动作方法：两膝迅速弯曲，身体重心降低，抬头看前方，上体前倾，靠近防守队员一侧，用上体和腿保护球。同时，用手腕、手指力量短促地拍按球，以便更好地控制球和摆脱防守，继续前进。

技术要点：两膝弯曲迅速，降低身体重心，上体前倾；拍按球短促有力，手脚协调配合。

3）体前变向换手运球

动作方法：以运球队员左手运球向对手右侧突破为例。先向对手左侧快速运球，当对手向左侧移动堵截时,运球队员突然变向,用左手拍按球的左侧后上方,并靠近身体向右侧送拍球,使球落在身体的右侧前方反弹,左脚迅速向右侧前方跨出,上体右转并前倾探肩,换手拍按球的后上方,加速运球突破,如图 7-6 所示。

技术要点:拍按球的部位、方向正确,同时要及时跨步、侧身护球和加速超越对手。

①　②　③　④

图 7-6 体前变向换手运球

(四)投篮技术

投篮是在比赛中,队员运用各种专门、合理的动作将球投进对方球篮的方法,是篮球赛中的得分手段。投篮是篮球运动中一项关键性技术。进攻队运用各种技术、战术都是为了创造更多更好的投篮机会并力求投中得分;防守队积极防御则是为了阻挠对方投篮得分。本节只介绍原地单手肩上投篮和行进间单手低手投篮。

1.原地单手肩上投篮

原地单手肩上投篮是最基本的投篮方法,是行进间投篮和跳起投篮的基础。原地投篮易于保持身体平衡,便于全身协调用力,比较容易掌握。一般在中、远距离投篮和罚球时运用较多。

动作方法:以右手投篮为例。右脚在前,左脚稍后,两膝微屈,身体重心落在两脚之间。右手五指自然张开,用指根及指根以上部位触球,掌心空出,翻腕托球的后下方,右臂屈肘稍向内收,置球于右肩前上方,上臂与肩关节约成水平线,前臂与地面近似垂直,左手扶球的左侧,目视瞄准点。投篮时,下肢蹬地发力。右臂随腰腹伸展向前上方抬肘伸臂,用手腕前屈和手指拨球动作,使球从食指、中指指端柔和飞出。球离手时,手臂要随球跟送,脚跟提起,如图 7-7 所示。

技术要点:脚蹬地、腰腹伸展、抬肘伸臂、屈腕拨指要柔和用力。大拇指和小指要把握方向。

①　②　③　④　⑤

图 7-7 原地单手肩上投篮

2.行进间单手低手投篮

行进间投篮动作方法很多,但动作结构基本相同,都是由跨步接球起跳、腾空举球出手和落地三个部分组成。其脚步动作的共同点:跨第一步时接球,跨第二步时跳起,空中投篮出手,两脚同时落地注意屈膝缓冲。在实际运用时,应根据投篮的距离、角度及防守队员所处位置来决定投篮出手的动作方法。

行进间单手低手投篮是在快速跳动或运球超越对手后,在篮下的一种投篮方法。它具有伸展距离远和出球平稳的优点。

动作方法:以右手投篮为例。右脚向前跨出一大步的同时接球,左脚跨第二步时用力蹬地向前上方起跳,右腿屈膝自然上提。腾空到最高点,右手五指自然张开,掌心向上,托球的下部,右臂向前上方伸展,接近球篮时,用手腕上挑和手指的拨动,使球向前旋转进入球篮,如图 7-8 所示。

技术要点:腾空时身体向前上方充分伸展,举球后保持托球的稳定,手腕、手指上挑动作要柔和协调。

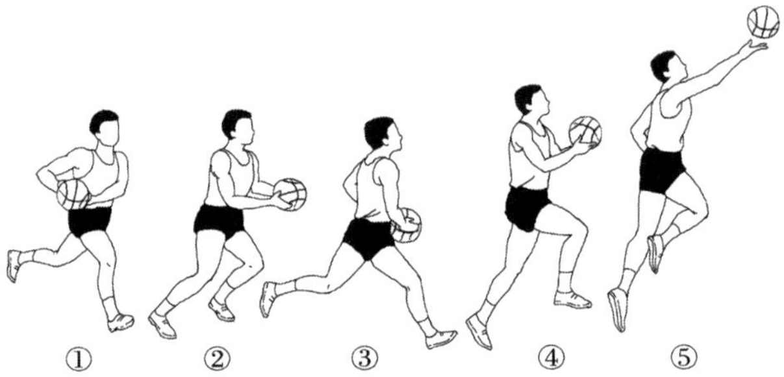

图 7-8　行进间单手低手投篮

(五)持球突破

持球突破指篮球运动中一方持球,在运动中使身体摆脱对方球员的防守,从而在更接近篮筐的同时创造出利于自己投篮的空间。持球突破在篮球运动中是一项非常实用的技术,合理地安排突破战术,即使没有一次成功,也可以扰乱对方的防线,为队友创造得分的机会。持球突破分交叉步突破、顺步突破、前转身突破和后转身突破。以下介绍两种常用的突破方法。

1.交叉步突破

动作方法:以左脚为中枢脚为例。两脚左右开立,两膝微屈,身体重心降低,持球于胸前。突破时,先向右侧做突破的假动作,然后右脚前脚掌内侧迅速蹬地向左前方跨出一大步,上体左转右肩下压。同时左手运球超越对手,如图 7-9 所示。

图 7-9　交叉步突破

技术要点:蹬跨积极,转探肩保护球。

2.顺步突破

动作方法:准备姿势和突破前的动作要求与交叉步相同。突破时,右脚向右前方跨出一步,向右转体探肩,身体重心前移,右手运球,左脚前脚掌迅速蹬地,向右前方跨出,突破防守,如图 7-10 所示。

技术要点:蹬跨积极,转探肩保护球,第二只脚迅速蹬地。

图 7-10　顺步突破

(六)移动

1.移动的概念

移动是在比赛中为了争取攻守主动所采用的各种脚步动作的总称。移动的基本目标就是攻守双方努力争取时间、位置和空间上的优势。随着运动水平的不断提高,对移动质量的要求逐渐升级,成为评价篮球意识最重要的组成部分之一。

2.移动的分类

移动主要包括基本姿势、起动、跑(加速跑、直线跑、曲线跑、变向跑、变速跑、侧身跑、后退跑等)、跳(单脚跳、双脚跳、原地跳、助跑跳等)、急停(跳步急停、跨步急停等)、转身(前转身、后转身)、防守步法(平滑步、斜滑步、上下滑步、滑步结合交叉步、追步)等。

3.移动的主要方法与特点

(1)基本姿势:做好随时向各个方向迅速起动的准备。与日常个人习惯的突然起动前的准备姿势没有太大的区别。

(2)起动:就是突然加速,用右脚蹬地、左脚迈出第一步进行突然加速。面对防守者向两边的侧前方突然起动时,最好能在起动前有虚晃的动作,让对手无法判断自己的起动时机与移动路线,更好地摆脱对手的纠缠。

(3)跑:跑的种类很多,篮球场上的各种跑与通常的跑区别不大,关键是要随时注意场上的球、对手、队友等情况变化,突然、及时地出现在最需要、最合适的位置。

(4)跳:主要指向各个方向的助跑及原地起跳等,与通常的跳跃不同的是篮球场上需要随时随地能向各个方向(前、后、左、右、垂直)跳起及连续跳跃的能力。这些起跳往往是在对手的干扰、对抗和破坏下完成的。

(5)急停:分为跨步急停和跳步急停。持球急停时,要控制好身体重心,明确中枢脚,防止由于身体重心不稳或变换中枢脚而造成的走步违例。

四、基础配合

1.进攻基础配合

进攻基础配合是指 2~3 名进攻队员，为了创造进攻机会，合理运用技术而组成的合作方法。

1）传切配合

传切配合是进攻队员之间利用传球、切入等技术组成的简单配合。它包括一传一切和空切配合两种。示例：如图 7-11 所示，①传球给②后，立刻摆脱对手向篮下切入，接②传来的球投篮。

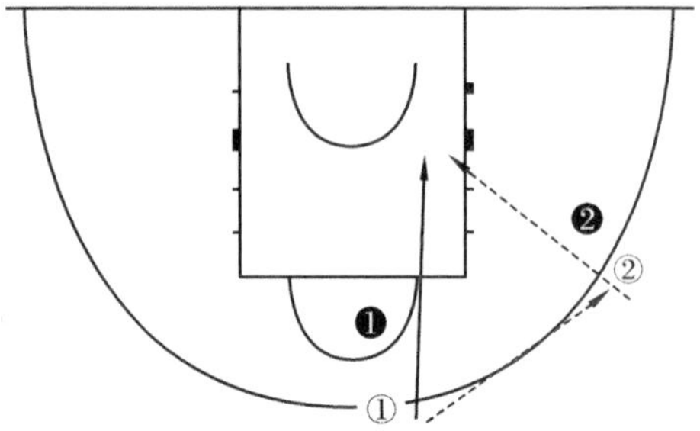

图 7-11　传切配合

传切配合的要求：切入队员要根据情况掌握切入的时机，果断快速摆脱对手，并随时注意接同伴的传球。传球队员要运用假动作吸引牵制对手。当切入队员已摆脱对手并处于有利位置时，应及时、准确地把球传给他。

2）突分配合

这是持球队员突破后，利用传球与同伴配合的方法。示例：如图 7-12 所示，①突破后，遇到❷迎上补防，立刻把球传给切入篮下的②，②接球后投篮或与其他同伴配合。

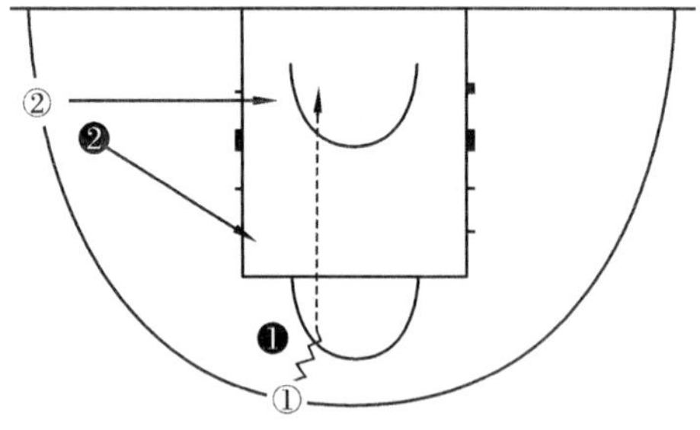

图 7-12　突分配合

突分配合的要求：突破要突然、快速，在突破过程中既要做好投篮的准备，又要随时注意观察场上攻守队员的位置和行动，以便抓住有利战机，及时、准确地把球传给有利进攻的同伴。

3）掩护配合

这是进攻队员利用身体合理地挡住对手的移动路线，或是主动利用同伴挡住自己对手的移动路线，从而摆脱防守队员，获得进攻机会的一种战术配合方法。掩护的种类很多，按掩护位置分有前掩护、后掩护、侧掩护。这几种方法可以运用于给持球队员掩护、给无球队员掩护，也可以运用于行进间掩护或定位掩护，还可以运用于连续掩护和双掩护等。

（1）前掩护：掩护队员站在同伴防守者前面，用身体挡住防守者向前移动的路线，使同伴借机摆脱防守的一种配合方法。示例：如图 7-13 所示，③传球给④后，先做向篮下切入的假动作，然后突然跑到❹身前，形成前掩护，④接球后投篮或做其他进攻动作。

（2）后掩护：掩护队员站在同伴防守者身后，挡住他的移动路线，使同伴借以摆脱防守的配合方法。示例：如图 7-14 所示，④传球给③的同时，⑤到❹身后做掩护，④传球后先做切入假动作，然后利用同伴的后掩护摆脱防守，切入篮下，接③的传球投篮，⑤及时转身跟进。

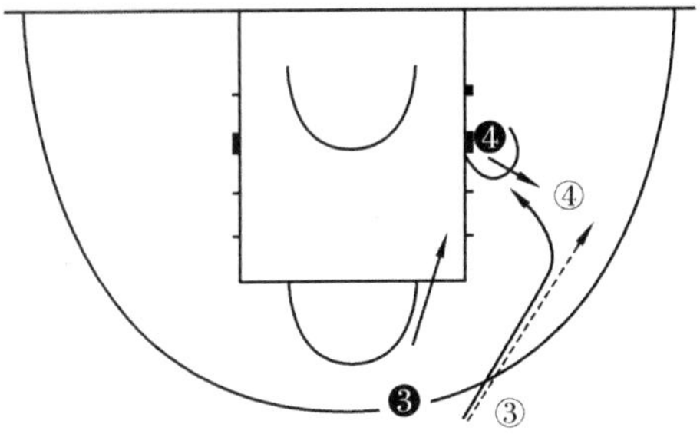

图 7-13　前掩护

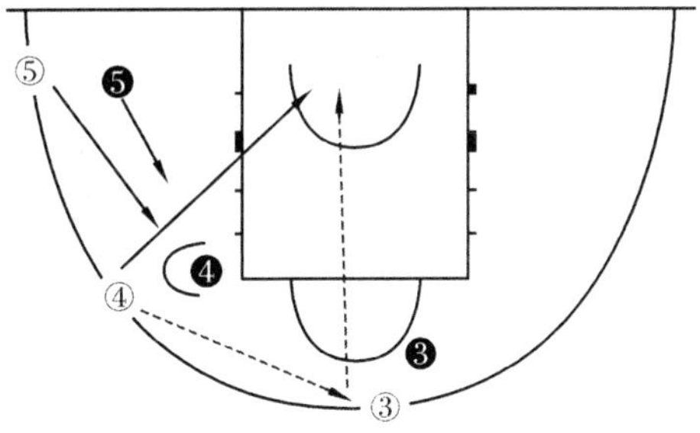

图 7-14　后掩护

（3）侧掩护：掩护队员站在同伴防守者侧面，用身体挡住防守者的移动路线，使同伴借以摆脱防守的一种配合方法。

4）策应配合

这是指处于内线的队员背对或侧对篮筐接球，由其做枢纽，与外线队员空切配合而形成的一种里应外合的方法。通常策应配合可以根据策应的区域和位置分为内策应、外策应、高策应、底线策应等，其策应配合方法基本相似。示例：如图 7-15 所示，⑤传球给④后，利用假动作摆脱防守，上提到外策应位置接④的传球做策应，④传球后摆脱防守，然后接球投篮或上篮。

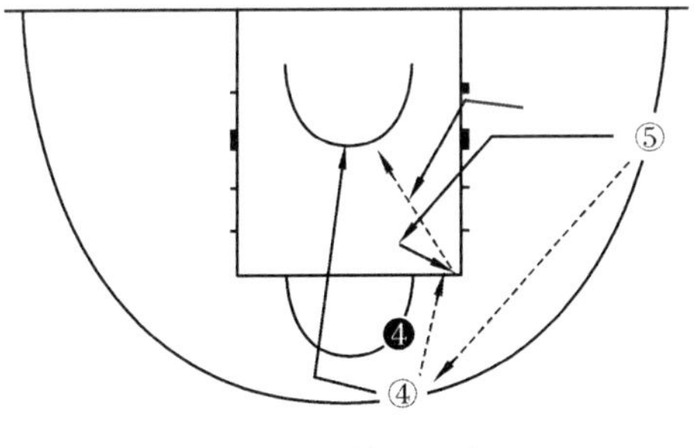

图 7-15　策应配合

策应配合的要求：策应队员策应前要注意及时抢占有利位置。在策应的过程中，要用转身、跨步动作及时调整策应的方向和位置，以便协助同伴摆脱防守，增加策应的变化与威胁。传球队员要根据策应队员的位置和机会，及时传球给策应队员，争取做到人到球到，传球后要及时摆脱防守准备接球。

2.防守基础配合

1)挤过配合

这是破坏掩护配合的方法之一。当对方掩护,防守队员在掩护队员接近自己时,要迅速向前跨出一步,靠近对手,从两个进攻队员之间侧身挤过,继续防守自己的对手。防守掩护的队员应及早提醒同伴并后撤一步,以备补防。

挤过配合的要求:挤过时要贴近进攻队员,上前抢步要快,防守掩护者的队员要提醒同伴,并选择协防的有利位置,密切注意两个进攻队员的行动,及时做好补防的准备。示例:如图 7-16 所示,④传球给⑤后,去给③掩护,❹要及时提醒❸,❸在掩护队员接近自己时,迅速向前跨一步,靠近③,并从③与④之间侧身挤过,继续防住③,此时,④应向后撤一步,以备补防。

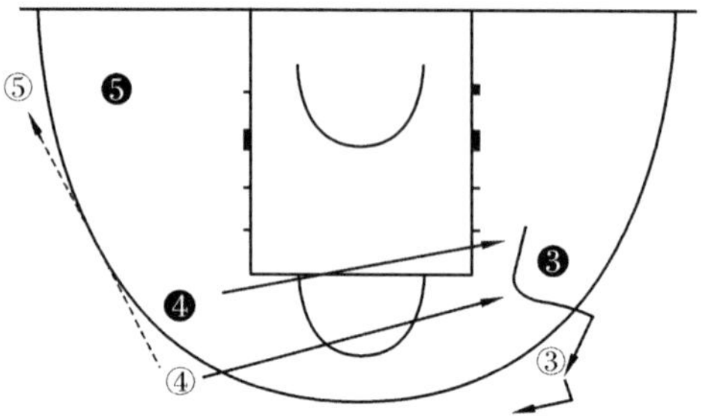

图 7-16 挤过配合

2)穿过配合

这是破坏掩护配合的一种方法。当进攻队员掩护时,防守掩护者的队员应及时提醒同伴并主动后撤一步,让同伴及时从自己和掩护队员之间穿过,继续防守自己的对手。示例:如图 7-17 所示,③传球给④,⑤给③掩护,❸后撤,从⑤和❺中间穿过,继续防守自己的对手。

3)绕过配合

这是破坏掩护的一种方法。当进攻队员掩护时,防守掩护者的队员贴近对手,让同伴从自己的身后绕过,继续防守自己的对手。示例:如图 7-18 所示,③传球给④后,去给⑤掩护,⑤切入,❺发现不便于挤过或穿过时,从③身后绕过继续防守,要配合默契,❸主动贴近自己的对手,以便同伴顺利通过。

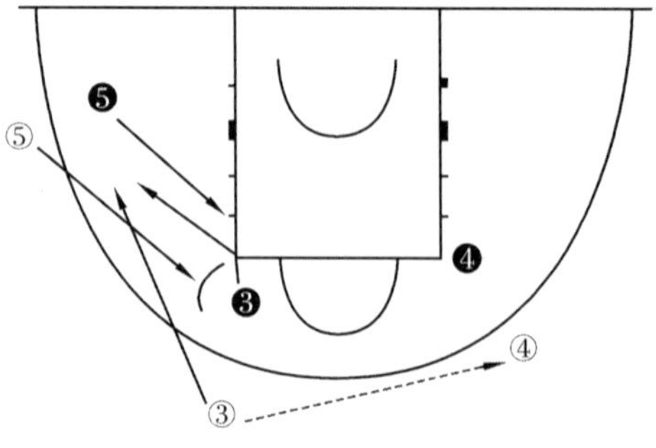

图 7-17 穿过配合

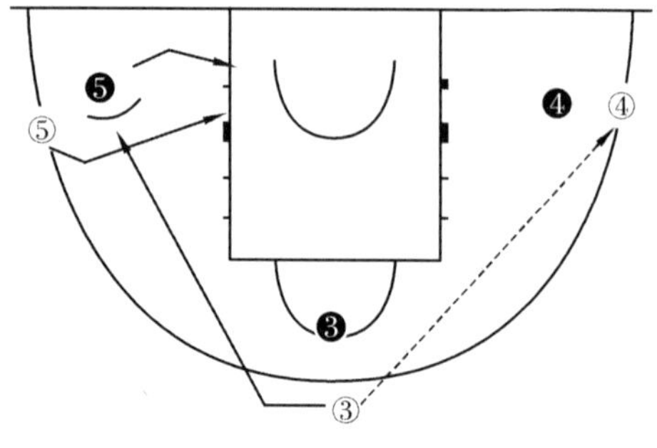

图 7-18 绕过配合

4)交换防守配合

这是破坏掩护配合的一种方法。进攻队员利用掩护已经摆脱防守时,防守掩护者的队员及时发出换防信号,与同伴互换各自的对手。在适当的时候再换防原来的对手。示例:如图 7-19 所示,③给④做掩护,❸要提示同伴,❹被挡住时,❸主动呼唤同伴换防,❸防守❹的运球,❹应迅速调整位置防守③。

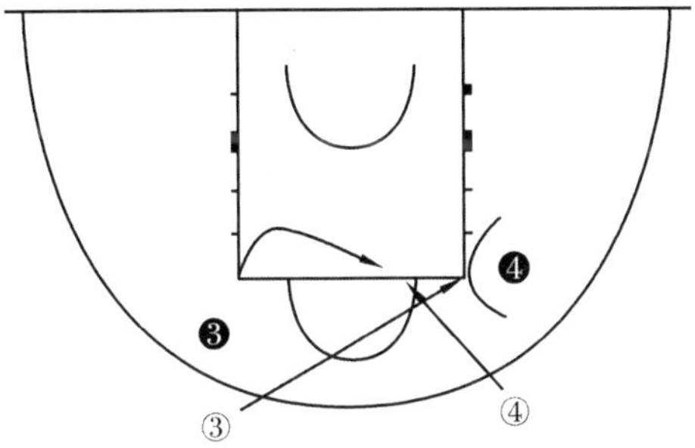

图 7-19 交换防守配合

交换防守配合的要求:交换防守前,一般是由防守掩护者的队员主动提示同伴,换防时,动作要果断、快速。在适当的时候再换回来,防守各自原来的对手,以免在个人力量对比上失利。

5)关门配合

这是两个防守队员协同防守突破的配合方法。当进攻队员运球突破时,防守突破的队员向侧后方移动挡住其移动路线,临近突破一侧的防守队员,应及时快速地向突破队员的前进方向移动,与突破队员靠拢,像两扇门一样关起来,堵住进攻者的前进路线。示例:如图 7-20 所示,④向左侧突破时,❸和❹进行“关门”,向右侧突破时,❹和❺进行“关门”。

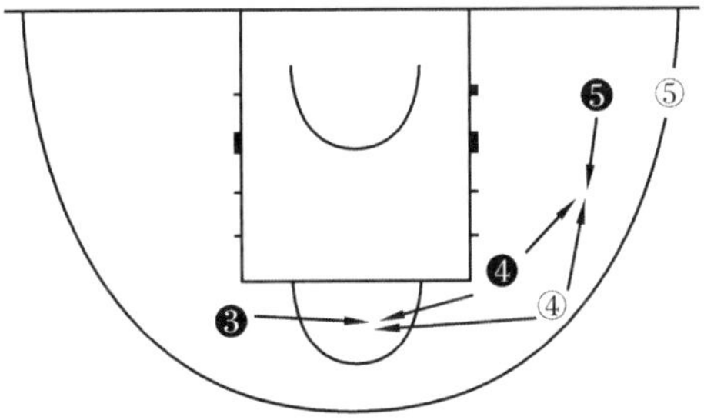

图 7-20 关门配合

关门配合的要求:“关门”时,动作要快,配合要默契,两人要靠紧,不留空隙。与突破队员距离很近时,则可横移关门,堵截突破队员的去路。

篮球运动-传球技术动作

篮球运动-运球技术动作

篮球运动-原地投篮技术

篮球运动-行进间投篮技术

第二节　足球运动

一、足球运动的起源与发展

1863 年，英格兰成立了世界上第一所足球协会，并统一了足球运动的竞赛规则，标志着现代足球运动的诞生。

1872 年，足球运动史上第一次正式比赛在英格兰和苏格兰之间进行，即泛英足球比赛。

1904 年 5 月 21 日，国际足球联合会（FIFA，简称“国际足联”）在法国巴黎成立，总部设在瑞士苏黎世，这标志着足球作为一项世界性的体育项目登上了国际体坛，足球运动在更加广泛的范围内开展起来，影响也越来越大。

国际足联是世界上最大的国际单项体育组织。其举办的重大比赛包括奥运会足球赛、四年一届的世界杯足球赛、世界青年足球锦标赛和女子世界杯足球赛等。

1930 年，乌拉圭成功举办了第一届世界杯足球赛。

二、足球运动的特点与作用

1.足球运动的特点

足球运动具有整体性、对抗性、多变性、艰辛性、易行性等特点。

2.足球运动的作用

足球运动具有培养团队精神、增强国民体质、推动社会发展、促进国际交往和增进友谊等作用。

三、基本技术

（一）球性的熟悉

球性是足球运动中最基本的元素，也是学习和掌握好足球技术的前提条件。球性的好坏，直接影响足球技术掌握的速度和质量。球性是指在足球练习中，运动员比较正确地感觉到球的高度、速度、弹性及控制球的能力，以下介绍几种球性熟悉的练习方法。

1.胯下左、右脚传球

动作方法：上体直立，两脚左右开立，大于肩宽，足球放在两脚之间，靠在右脚内侧处。动作开始后，用右脚内侧把球传至左脚内侧，传完球后右脚立刻落地支撑，这时左脚内侧传球回右脚，传完球后立刻落地支撑。

技术要点：初次练习时眼睛可观察胯下的传球动作，待动作熟练后眼睛要目视前方。脚下的传球动作要逐渐加快。两脚动作和身体重心要配合协调。

2.左、右脚交替踩球

动作方法：上体直立，两脚前后开立，左脚支撑身体，右脚前脚掌踩球的上部。动作开始后，两脚做一个交换跳动作，使左脚踩在球的上部，右脚支撑，这样两脚连续做交换跳练习。

技术要点：踩在球上的脚不要太用力，只需轻轻地踩球。待动作熟练后眼睛要目视前方，两脚的交换跳动作要快。

3.左、右脚交替向后拉球

动作方法：上体直立，两脚前后开立，左脚支撑身体，右脚踩在球的上部。动作开始后，右脚踩球向后拉球使球向后滚动，拉完球后落地支撑身体，这时，左脚踩球的上部向后拉球，拉一下后马上落地支撑身体。

技术要点：每次踩球力量不要过大，拉球的距离不宜太长。身体重心要控制好。

（二）踢球

踢球指运动员有目的地用脚把球击向预定目标的技术。踢球是足球技术中最重要的技术，主要用于传球和射门。踢球的方法很多，主要有脚背内侧踢球、脚背正面踢球、脚背外侧踢球、脚尖踢球和脚跟踢球。这些动作均由助跑、支撑脚站位、踢球腿摆动、脚触球、踢球后的随前动作五个环节组成。本节主要介绍前三种踢球技术。

1.脚背内侧踢球

动作方法：斜线助跑，助跑方向与出球方向约成45°，最后一步稍大，支撑脚底积极着地，脚尖指向出球方向，距球内侧后方20~25厘米，膝关节微屈。在支撑同时，踢球腿已完成后摆，并开始以髋关节为轴，大腿带动小腿由后向前摆动，当大腿摆至与支撑腿接近同一平面时，小腿做爆发式摆动，此时脚尖外转、脚背绷直，以脚背内侧部位触击球。击球后踢球脚及身体继续随球向前。脚背内侧踢球方法如图7-21所示。

图7-21　脚背内侧踢球

2.脚背正面踢球

动作方法：支撑脚支撑在球的侧面10~12厘米处，以脚背正面击球的后中部，击球后身体及踢球脚随球前移。

3.脚背外侧踢球

动作方法：支撑脚支撑在球的侧面10~12厘米处，当腿做爆发式摆动时要求脚尖内转，用脚背外侧击球。

(三)接球

接球是指运动员有目的地用身体的合理部位使运行中的球停下来,并将球控制在所需要的范围内,以便更好地衔接下一个技术动作。接球的方法有多种,常用的有脚内侧接球、脚背正面接球、胸部接球等。

1.脚内侧接球

动作方法:身体正对来球,判断来球的速度和方向,选好支撑脚位置,膝关节微屈。接球脚根据来球的状态相应提起,膝、踝关节外旋,脚趾稍翘,用脚内侧对准来球,触球瞬间,接球部位做相应的引撤或变向接球动作,将球控在所需要的位置上,如图 7-22 所示。

2.脚背正面接球

动作方法:根据球的落点,及时移动到位,脚背正面上迎下落的球,当球与脚面接触的瞬间,接球脚开始下撤,此时接球脚膝关节、踝关节、脚趾均保持适度紧张,脚尖微翘将球接到需要的位置,如图 7-23 所示。

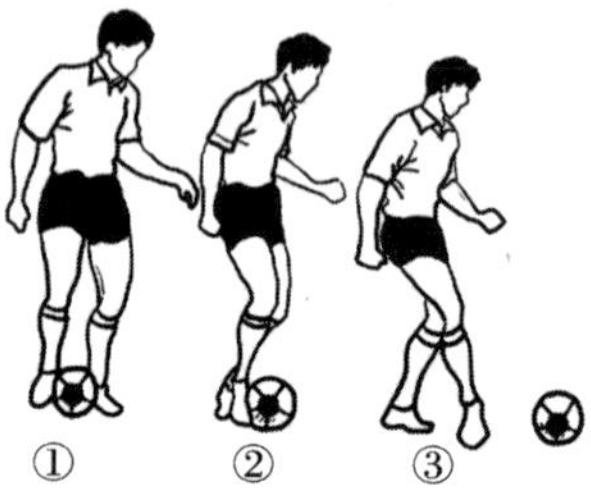

图 7-22　脚内侧接球

图 7-23　脚背正面接球

3.胸部接球

1)挺胸式接球

动作方法:接球时,身体正对来球,两脚自然开立,膝微屈,两臂在体侧自然屈抬,上体稍后仰与来球形成一定的角度。触球瞬间,胸部主动挺送,使球触胸后向前上方弹起落于体前,一般用于接有一定弧度的高球,如图 7-24 所示。

2)收胸式接球

动作方法:面对来球,两脚左右或前后开立,两臂自然张开,挺胸迎球,触球瞬间收胸、收腹,臀部后移将球接在体前。若需将球接在体侧时,则触球瞬间转体,将球接在转体后相应的一侧,多用于接齐胸高的平直球,如图 7-25 所示。

图 7-24　挺胸式接球

图 7-25　收胸式接球

（四）运球

运球是运动员在跑动中用脚连续推拨球，使球处于自己控制范围内的技术。常用的运球技术有脚内侧运球、脚背正面运球、脚背外侧运球等。

1.脚内侧运球

动作方法：运球前进时支撑脚位于球的侧前方，肩部指向运球方向，支撑腿膝关节微屈，身体重心放在支撑腿上，运球腿提起时，膝关节弯曲，脚跟提起，脚尖稍外转，随身体重心前移，运球腿膝外转，用脚背内侧向前推拨球，球向前曲线或弧线运行，如图 7-26 所示。

图 7-26　脚内侧运球

2.脚背正面运球

动作方法：运球时身体持正常跑动姿势，上体稍前倾，步幅不宜过大，运球腿提起，膝关节稍屈，髋关节前送，提踵，脚尖下指，在着地前用脚背正面部位触球后中部将球推送前进，如图 7-27 所示。

图 7-27　脚背正面运球

3.脚背外侧运球

动作方法：跑动时身体自然放松，上体稍前倾，两臂自然摆动，步幅要小些，运球腿提起时，膝关节弯曲，脚跟提起，脚尖稍内转，当脚迈步前伸至球时，球正好在膝关节下方，用脚背外侧向前推拨球，球直线运行，向前推拨球，球曲线或弧线运行，如图 7-28 所示。

图 7-28　脚背外侧运球

（五）抢断球

抢断技术是一种积极有效的防守手段。抢断是防守技术的综合体现，是用争夺、堵截、破坏等方式延续或阻拦对方进攻的一种技术。一旦把球争夺过来，就意味着组织进攻的开始。

1.正面抢断

两脚前后稍开立，两膝稍屈，身体重心下降，并均匀落在两脚上，面向对手。当对方带球或触球即将着地或刚刚着地时，立即抢球。抢球脚的脚弓正对球，并跨出一步，膝关节弯曲，上体前倾，身体重心移至抢球脚上。

2.侧面抢断

当与对方平行跑动争球时，身体重心要降低，两臂贴紧身体。在对方靠近自己的脚离地时，可用肩和上臂做合理的冲撞动作，使对方身体失去平衡，从而把球抢过来。

3.后面抢断

后面抢断有脚掌铲球、脚尖或脚背铲球。当防守人追至离运球人右后方 1 米左右时，可用右脚掌或左脚尖（脚背）进行铲球。当防守人在运球人的左侧时，则用左脚掌或是右脚尖（脚背）进行铲球。如用右（左）脚掌铲球，可在运球人刚刚将球拨出时，先蹬左（右）腿，跨右（左）腿，膝关节弯曲，以脚外侧从地面滑出，用脚掌将球踢出。然后小腿、臀部、上体依次着地，身体随铲球动作向前滚动。

四、基本战术

（一）基本进攻战术

1.“二过一”战术配合

“二过一”战术配合是指两名进攻队员在局部地区通过两次或两次以上的连续传球配合，越过一名防守队员的战术行动。两名进攻队员之间相距 10 米左右，进行一传一切的配合。“二过一”是集体配合的基础，可以在任何场区、任何位置上运用这种方法来摆脱对方的抢断或突破防线。

要求传球平稳及时，一般多用脚内侧、脚外侧等脚法，以传低平球为主。传球的位置尽可能是在接球人脚下或前面两三步远的地方。

示例：如图 7-29 所示，③接到①的横传球后，向前直传空当，①按实线从△旁插入接球，然后传给⑤，按实线从△旁快速切入，接⑤的传球射门。

2.“三过二”战术配合

“三过二”战术配合是在比赛场地的局部地区，通过三名进攻队员的连续配合突破两名防守队员的战术行动。由于这种配合有两名同队队员可以同时接应传球，因此使持球人传球路线更多，且进攻面也更广。示例：如图 7-30 所示，②跑向空当 1，③跑向空当 2，①将球传给③。当一名进攻队员跑向一个有力空当（空当 1）并吸引一名防守队员，使原区域出现空当（空当2）时，第二名进攻队员迅速插向空当2，利用传接配合，突破对方防守。

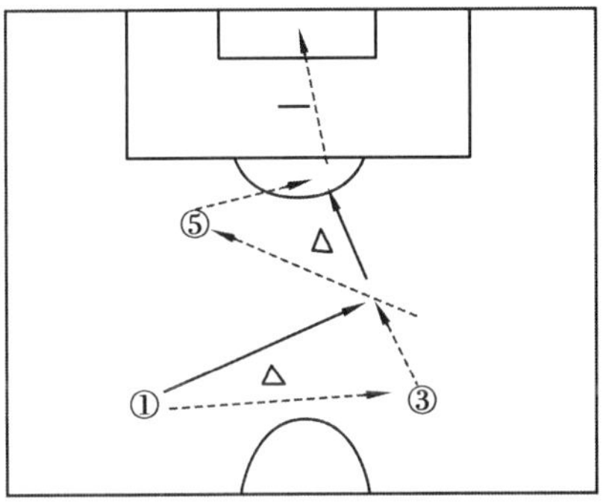

图7-29　“二过一”战术配合

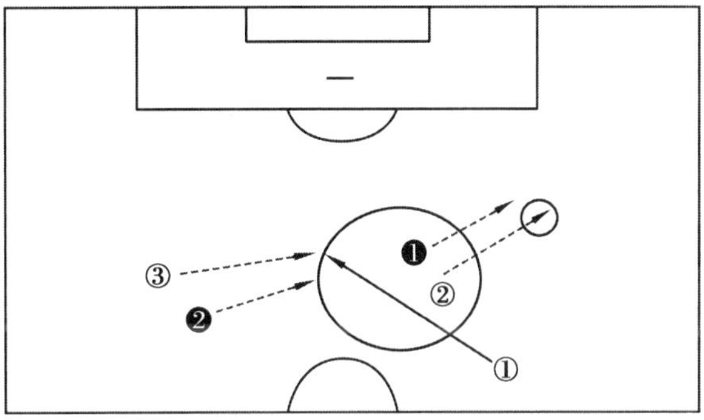

图7-30　“三过二”战术配合

第二空当进攻队员要求：跑位队员②要逼真，要把防守者从原防守位置带动过来，形成空当。接应者③要及时摆脱，快速插向空当。传球者要掌握好传球时机与落点，使拉扯、切入、传球三者配合默契，一气呵成。根据场上实际情况灵活变化打法，形成打第一空当、打第二空当或第三空当相结合。

（二）基本防守战术

1.补位

补位是足球比赛中在局部地区队员集体进行配合的一种方法。在防守过程中，一名防守队员被对手突破时，另一名队员应立即上前进行封堵。

2.围抢

围抢是足球比赛中在某局部位置上，防守一方利用人数上的相对优势（通常是两三名队员）同时围堵对方的持球队员，以求在短暂时间内达到抢断球或破坏对方进攻（防守）的目的。

3.造越位战术

造越位战术是利用规则而设计的一种防守战术，是一种以巧制胜的省力打法，因而成为一种重要的防守手段。由于该战术配合难度较大，搞不好会适得其反，让对手钻空子，因此，往往为水平较高的球队所采纳，但也不宜过多运用。

足球运动-踢球

足球运动-接球

足球运动-带球

第三节　排球运动

一、排球运动的起源与发展

排球运动起源于美国。1895 年,美国马萨诸塞州霍利约克市基督教青年会干事威廉姆·摩根发明了排球。

1896 年,马萨诸塞州的斯普林菲尔德专科学校举行了第一次排球公开赛。这是世界上第一场排球比赛。当时比赛采用 5 人对 5 人的赛制。从那以后这项新的运动在各学校迅速普及开来。

1912 年,排球场的规格发生改变,改为 35 英尺(1 英尺=0.304 8 米)宽、60 英尺长;排球的周长统一为 26 英寸(1 英寸=0.025 4 米),质量为 7~9 盎司(1 盎司≈0.028 3 千克),球员的人数被确定为每队 6 人,同时开始实行发球轮转制。

1947 年,国际排球联合会(FIVB,简称"国际排联")成立,总部设在法国巴黎。

1964 年,排球作为奥运会正式比赛项目,出现在了第 18 届东京奥运会的赛场上。

1994 年 9 月,国际排联对排球规则进行修改。新规则规定运动员可以在底线后任何位置发球;防守队员身体的任何部位接触来球都不算犯规;取消接发球持球的规定等。

1998 年,国际排联决定增设自由人的位置,并改用蓝、黄、白三色排球进行比赛。排球比赛场地为 18 米×9 米的长方形,由一条中线分为两个均等的场区。中线架有一定高度的球网。比赛双方站在两边,每队上场队员 6 人,分前后排站立。

20 世纪 80 年代开始,世界排球进入了现代排球阶段。

世界排球的三大重要赛事是世锦赛、世界杯和奥运会。

二、排球运动的特点与作用

1.排球运动的特点

(1)广泛的群众性。排球场地设备简单,比赛规则容易掌握,参加人数可多可少,运动负荷能大能小,适合不同年龄、性别、体质和训练程度的人进行练习。

(2)技术的全面性。规则规定,每个队员都要进行位置轮转,既要到前排扣球与拦网,又要到后排防守与接应。这就要求每个队员都要全面地掌握各项技术,能在各个位置上比赛。

(3)高度的技巧性。规则规定,比赛中球不能落地,不得持球、连击。

(4)激烈的对抗性。排球比赛中,双方的攻防转换始终是在激烈的对抗中进行的。高水平比赛对抗的焦点在扣与拦上。在一场比赛中,夺取一分往往需要经过六七个回合的交锋。

(5)攻防技术的两重性。因为排球是多种技术都可以得分也能失分的项目,这种情况在决胜局比赛中更加突出,所以说每项技术都具有攻防的两重性。因此,排球技术既要有攻击性,又要有准确性。

(6)严密的集体性。排球比赛是集体比赛项目,除发球外,都是在集体配合中进行的。

2.排球运动的作用

排球运动能改善体形及姿态，保护肝脏，调节脾肾功能，降低血压，锻炼大腿、腰腹部的肌肉，促进身体灵活性和协调性，提高跳跃的能力，释放压力，调节情绪。

三、基本技术

排球技术是指运动员在比赛规则允许的条件下采用的各种合理的击球动作和配合动作的总称，是排球运动的基础和重要部分。排球技术主要包括两种：一是无球技术，包括准备姿势、移动、起跳及各种掩护动作等；二是有球技术，包括发球、垫球、传球、扣球、拦网。排球技术主要由步法和手法组成，同时与视野活动、躯干活动和意识活动融为一体。每项排球技术都是由击球前动作、击球动作和击球后动作组成的。

（一）无球技术

1.准备姿势

准备姿势是排球各项技术的基础。做好准备姿势是为了及时起动、快速移动，以便在合理位置上完成各项技术动作，达到战术目的。做准备姿势时，要求思想高度集中，身体处于最合适的移动和防守状态。常见的准备姿势有稍蹲、半蹲和低蹲三种，如图 7-31 所示。

图 7-31　稍蹲、半蹲和低蹲

2.移动

移动是从起动到制动之间的人体位移，迅速的移动可以占据场上的有利位置，争取时间和空间。排球运动都是在人体移动中完成击球动作的，因此，移动速度的快慢，直接影响击球效果。移动技术是由起动、移动步法和制动三部分组成。排球常用的移动步法有并步与滑步、交叉步、跨步、跑步和综合步等。

（1）并步与滑步。右脚先向右迈一步，左脚迅速并上，落在右脚的左面，即为并步，而连续的并步即为滑步。

（2）交叉步。向右移动时，上体稍向右转，左脚从右脚前面向右迈一步，右脚再迅速向右迈一步落在左脚的右面，同时身体向来球方向移动，做好击球前的准备姿势。

（3）跨步。首先向移动的方向跨出一大步，同时屈膝，上体前倾，身体重心移至跨出的腿上。

（4）跑步。采用跑步移动时，两臂要配合摆动，应根据来球移动的方向，边跑边转身。

（5）综合步。当身体离球较远，用一种步法不便于完成击球动作时，常运用综合步。例如，跑步之后再使用滑步，或滑步之后再使用交叉步、跨步等完成拦网或接距离较远的球。

移动技术注意事项:准备姿势和移动相结合进行练习;移动步法要轻松自然,身体重心不能起伏,以免影响移动速度;以短距离的移动练习为主;根据视觉信号反应进行准备姿势和移动的练习。

3.起跳

起跳常见于扣球助跑起跳,第一步要确定二传传球的方向,移动步幅要大,第二步要进行调整,以保证身体能够正对排球,第三步,屈膝、起跳,注意在空中的展腹要充分,如图 8-32、图 7-33 所示。

图 7-32 起跳第一步和第二步

图 7-33 起跳第三步

(二)有球技术

1.发球

发球是由队员自己抛球,用一只手将球从网上空两标志杆内击入对方场区的技术动作。发球是比赛和进攻的开始,是排球技术中唯一不受别人制约的技术动作。攻击性强的发球不仅可以直接得分,还能破坏和削弱对方的进攻,打乱对方的部署,在心理上给对方造成威胁。常见的发球有正面下手发球、侧面下手发球、正面上手发球、正面上手飘球、勾手飘球、勾手大力发球。本节重点介绍正面下手发球和勾手大力发球。

1)正面下手发球

正面下手发球动作较简单,容易掌握,失误少,准确性高。但球的速度较慢,力量小,攻击性较差,一般适用于初学者,如图 7-34 所示。

图 7-34 正面下手发球

①准备姿势:发球队员面对球网站立,两脚前后开立,左脚在前,右脚在后,两膝稍弯曲,上体前倾,左手持球于腹前下方。

②抛球摆臂:左手将球平稳抛起在腹前右侧,球离手高 30 厘米左右。在抛球的同时,右臂伸直往后下方摆动。

③挥臂击球:以右脚蹬地,右臂伸直,以肩为轴,由体后下方向腹前挥臂摆动,身体重心

随之前移，在体前右侧以全掌或掌根击球的后下方。击球后，迅速进场比赛。

2）勾手大力发球

勾手大力发球能充分利用转体收腹力量带动手臂猛烈挥动来击球，发出的球速度快、力量大、弧线低、旋转力强，容易造成对方接发球困难，在心理上给对方施加较大压力，如图7-35所示。

图7-35　勾手大力发球

①准备姿势：发球队员左肩对球网，两脚左右开立，与肩同宽，两膝弯曲，上体前倾，身体重心落在两脚之间，左手或双手持球于胸腹前，两眼注视着对方。

②抛球摆臂：左手或双手将球平稳抛至左肩上方，球离手 1 米左右，在抛球的同时，右腿弯曲，身体重心移至右脚，上体向右侧转动和倾斜，右臂向身体右侧后下方摆动，同时抬头挺胸，两眼注视球体。

③挥臂击球：击球时，右脚用力蹬地，身体向左转动带动手臂沿弧形轨迹向上挥动，在右肩前上方击球。同时身体重心移至左脚，手臂充分伸直保持高点击球，手指自然张开呈勺形，以全手掌击球的后中下部，击球瞬间，手腕和手掌要做迅速的明显向前推压的动作，使球呈上旋飞行。击球后，迅速进场比赛。

2.垫球

垫球是借助蹬地、抬臂动作，用双手前臂的前部，利用来球的反弹力将球击出的技术动作。垫球在比赛中多用于接发球、接扣球和接拦回球，是比赛中争取多得分、少失分，由被动变主动的重要技术。垫球可分为正面双手垫球、移动垫球、侧面垫球、跨步垫球、变方向垫球、背垫球、单手垫球、挡球等。本节重点介绍正面双手垫球。

正面双手垫球是双手在腹前垫击来球的一种垫球方法，是各项垫球技术的基础。

（1）准备姿势：两脚开立稍比肩宽。

（2）垫球手型：抱拳互握式、叠掌式、互靠式等，如图 7-36 所示。

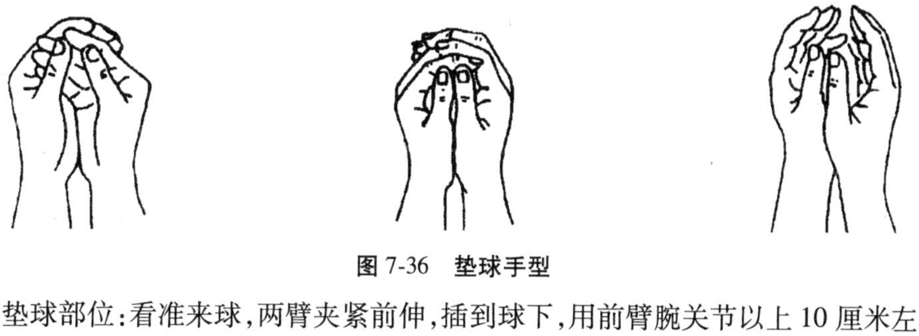

图 7-36　垫球手型

（3）垫球部位：看准来球，两臂夹紧前伸，插到球下，用前臂腕关节以上 10 厘米左右的地方两臂桡骨内侧形成的平面击球的下部，如图 7-37 所示。

（4）垫球动作：向前上方蹬地抬臂，迎击来球，使插、夹、抬、蹬连贯完成，灵活控制传球方向和力量。

(5)手臂角度：垫球手臂与地面所形成的夹角，对控制球的方向、弧度、落点影响很大。一般来说，来球弧度大，手臂与地面的角度应该小些；来球弧度小，手臂与地面的角度应该大些，如图 7-38 所示。

图 7-37　垫球部位

图 7-38　手臂角度

3.传球

传球是排球运动的基本技术之一，主要用于衔接防守和进攻。传球的种类很多，向前传球是传球的基础动作，传球前要求人必须及时移动到适当位置，保持好人与球的合适位置。下面主要介绍正面传球和传球练习方法。

1)正面传球

①准备姿势：采用稍蹲准备姿势，抬头目视来球，双肘弯曲自然抬起，双手置于脸前。

②传球手型：手触球时，双手应自然张开成半球形，使手指与球吻合，手腕稍后仰，拇指相对，小指在前；传球时，用拇指内侧、食指全部、中指的第 2、3 指节触球。无名指和小指在球的两侧辅助控制出球方向，两肘适当分开，自然下垂，如图 7-39 所示。

③迎球：当球接近额前时开始蹬地、伸膝、伸臂，双手微张，从脸前向前上方主动迎击来球。

④击球：击球点应保持在额前上方约一球远，击球部位一般在球的后下方。

⑤传球的用力：传球主要靠伸臂力量与下肢蹬地力量的协调配合，通过球压在手上使手指手腕产生的反弹力将球传出。击球后，身体重心随击球动作前移，全身放松成准备姿势，准备下一个击球动作，如图 7-40 所示。

图 7-39　传球手型

图 7-40　传球

2)传球练习方法

①原地做正面双手上手传球的徒手练习。体会正确的传球动作和正确的击球点。

②原地向上做抛接球练习。体会正确的传球手型和正确的击球点。

③原地自传。每人一球，连续向上自传，传出球的高度由低到高。主要体会传球动作、

击球点、手型，提高控球能力。

4.扣球

扣球是排球运动最重要的基本技术之一，也是排球基本技术中最难掌握的技术。扣球是队员跳起在空中将高于球网上沿的球有力地击入对方区域内的一种击球方法。扣球动作包括助跑、起跳、空中击球、落地等环节。扣球技术可分为正面扣球、扣快球、单脚起跳扣球、自我掩护扣球、后排扣球等。本节重点介绍正面扣球。

正面扣球是扣球中的一种基本方法。正面扣球面对球网，便于观察，准确性较高，运动员可根据对方防守布局，随时改变扣球路线和力量，有利于控制击球落点，因而是最好的进攻方法，如图 7-41 所示。

图 7-41　正面扣球

(1)准备姿势：站在离网 3 米左右处，两脚自然开立，两膝微屈，上体稍前倾，两臂自然下垂，观察来球，随时准备向各个方向助跑起跳。

(2)助跑：助跑时，左脚先向前迈一小步（便于寻找和对正方向），接着右脚再迅速跨出一大步，同时两臂绕体侧向后引。左脚及时跟上右脚，踏在右脚之前，两脚尖稍向右转，屈膝制动，同时两臂自后积极向前摆动。

(3)起跳：在助跑跨出最后一步的同时，两臂绕体侧向后引，左脚在落地制动的过程中，两臂自后积极向前摆动，随着两脚蹬地向上起跳，两臂配合起跳用力上摆。

(4)空中击球：起跳后，挺胸展腹，上体稍向右转，右臂向后上方抬起，身体成反弓形。挥臂时，以迅速转体、收腹动作发力，带动肩、肘、腕各部位关节成甩鞭动作向前上方挥动。击球时，五指微张成勺形并保持紧张，用全手掌包满球，以掌心为击球中心，击球的后中部，同时主动用力屈腕屈指向前推压，使扣出的球加速上旋。击球点在起跳和手臂伸直最高点的前上方。

(5)落地：在空中完成击球动作后，身体自然下落，为了避免腿部负担过重，应用两脚的前脚掌先着地，同时顺势屈膝收腹，缓冲身体下落的力量。

5.拦网

拦网是排球运动的基本技术之一，是防守的第一道防线，也是反攻的重要环节。成功的拦网不但可以直接拦死或拦起或拦回对方的扣球，还可以直接得分或获得发球权，由被动变为主动，削弱对方的进攻力量，减轻防守上的压力。拦网分单人拦网和集体拦网。本节重点介绍单人拦网。

单人拦网是集体拦网的基础。其动作结构分为准备姿势、移动、起跳、空中击球和落地五个互相衔接的部分，如图 7-42、图 7-43 所示。

(1)准备姿势:队员面对球网,两脚左右开立,约与肩同宽,距网 30~40 厘米。两膝微屈,两臂屈肘置于胸前。

(2)移动:为了及时应对对方的进攻,拦网队员需要及时移动。常用的移动步法有并步、滑步和交叉步等。

(3)起跳:原地起跳时,两腿屈膝,身体重心降低,随即用力蹬地,两臂以肩发力,在体侧近身处,划弧状前后摆动,帮助身体迅速跳起。

(4)空中击球:起跳时,双手从额前沿球网向上方伸出,两臂伸直并保持平行,两肩上提。拦网时,两臂应伸过网去接近球。双手自然张开,屈指、屈腕成半球状。当手触球时,双手要突然紧张,手腕下压盖在球的前上方。

(5)落地:拦网后,要做含胸动作,以保持身体平衡。手臂要先后摆或上提,从网上收回时,再屈肘向下收臂,以免触网。与此同时,屈膝缓冲,两脚落地,随即转身面向后场,准备接应来球或为下一个动作做准备。

图 7-42　单人拦网动作结构 1

图 7-43　单人拦网动作结构 2

四、基本战术

(一)排球战术的概念

排球战术是指运动员在比赛中,在规则允许的条件下,根据排球运动的比赛规律及双方的具体情况,恰当地分配力量,有效地运用技术及所采取的有预见、有目的、有组织的行动。

(二)排球战术的分类

排球战术有多种分类方法,可以将排球战术分为个人战术和集体战术两大类。按照排球比赛的规律,从对方击过网的四种来球而组成的有效进攻所构成的集体战术又分为四大系统,即接发球组织进攻系统(简称“一攻”)、接扣球组织进攻系统(简称“防反”)、接拦回球组织进攻系统(简称“保攻”)、接传垫球组织进攻系统(简称“推攻”)。这四种战术系统综合起来简称“四攻”战术系统。

（三）阵容配备

阵容配备指比赛时场上队员的搭配与布置。阵容配备的目的是合理地把全队的力量搭配好，更有效地发挥每个队员的特长和作用。根据各队不同的技术水平和战术特点，一般有以下三种阵容配备形式。

1.“四二”配备

“四二”配备是指场上 2 名二传手、4 名攻手（其中 2 名主攻手、2 名副攻手），安排在对称的位置上。其优点是每一轮次前排都有 1 名二传队员和 2 名进攻队员，便于组织前排二传传球的两点进攻和后排二传插上传球的三点进攻。其缺点是每一个进攻队员必须熟悉 2 名二传队员的传球特点，配合比较困难，如图 7-44 所示。

2.“五一”配备

“五一”配备是指场上 1 名二传队员、5 名进攻队员。为了弥补主要二传队员来不及传球所出现的被动局面，通常在二传队员的对角位置上，配备 1 名有进攻能力的接应二传队员。二传队员在前排时可采用两点进攻，在后排时可加强进攻和拦网的力量。“五一”配备中，全队进攻队员只需适应 1 名二传队员传球的习惯、特点，容易形成配合间的默契。但防反时，二传队员如果在后排，要插上传球，难度较大，如图 7-45 所示。

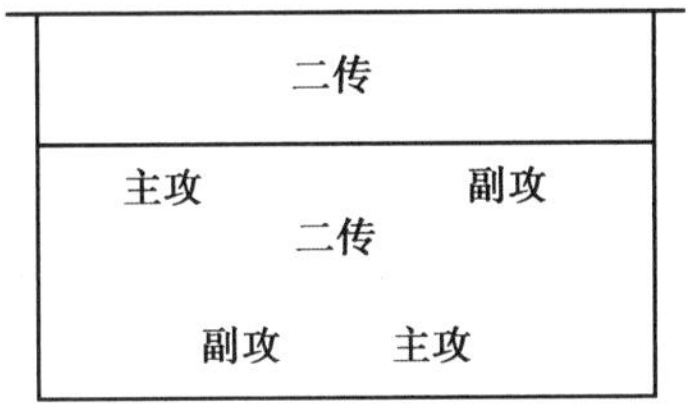

图 7-44　“四二”配备

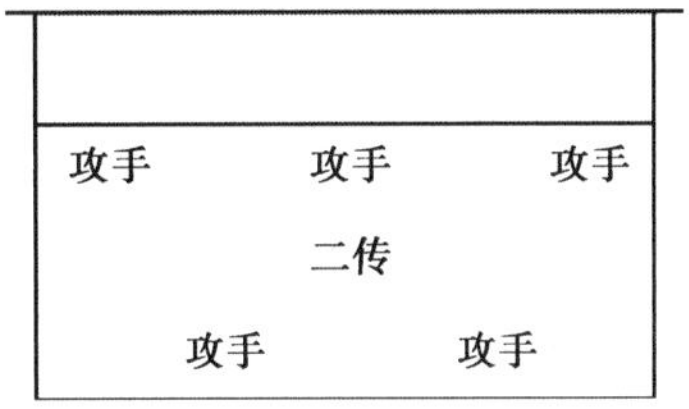

图 7-45　“五一”配备

3.“三三”配备

“三三”配备是指 3 名能攻的队员与 3 名能传的队员间隔站位，使每一轮次都有传有扣，是初学者常用的阵容配备。

（四）位置交换

排球规则规定，发球以后，队员在场上可任意交换位置。利用这一规则，各队通常采用专位进攻、专位防守的方法。一般来说，在前排的，主攻队员换在 4 号位，拦网好、移动快、连续起跳能力强的副攻队员换到 3 号位，二传队员换到 2 号位；在后排，主攻队员换到 5 号位，副攻队员换到 6 号位，二传队员换到 1 号位。这种位置交换，使队员专位化，便于发挥每个队员的特长，有利于让队员集中学习训练掌握某项实用技术。

（五）进攻战术

进攻战术是指在接对方发过来、扣过来、拦过来和传垫过来的球后，全队所采取的有目的、有组织的配合进攻行动。进攻战术又可分为进攻战术阵形和进攻战术打法两方面。

1.进攻战术阵形

进攻战术阵形是指进攻时采取的队形。进攻时所采用的阵形主要包括“中一二”“边一二”“插上”三种阵形。

（1）“中一二”进攻战术阵形。这种阵形是3号位队员作为二传，将球传给4、2号位队员进攻的组织形式。其优点是一传向网中3号位垫球比较容易，因而有利于组织进攻，适合初学者采用；二传队员在网前接应一传的移动距离近，向2、4号位传球的距离较短，容易传准。其缺点是战术变化少，对方容易识破进攻意图。“中一二”进攻战术阵形，如图7-46所示。

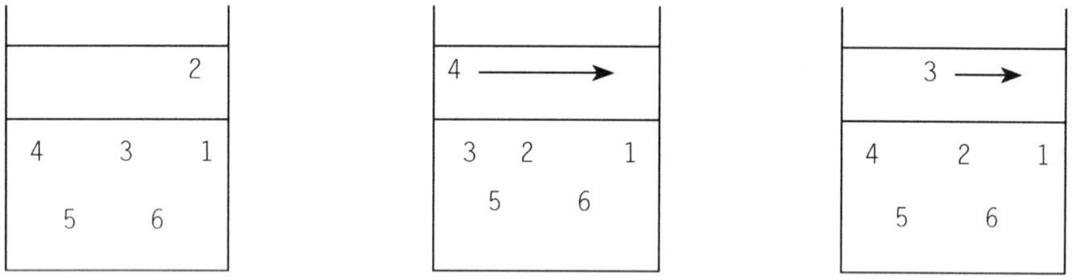

图7-46 “中一二”进攻战术阵形

（2）“边一二”进攻战术阵形。2号位队员作为二传，将球传给3、4号位队员进攻的组织形式。其优点是两名进攻队员的位置相邻，便于进行互相掩护的进攻配合，战术变化较多。其缺点是对一传要求较高，尤其是5号位队员向2号位队员垫球时，由于距离较远，角度大，二传接应较为困难。“边一二”进攻战术阵形如图7-47所示。

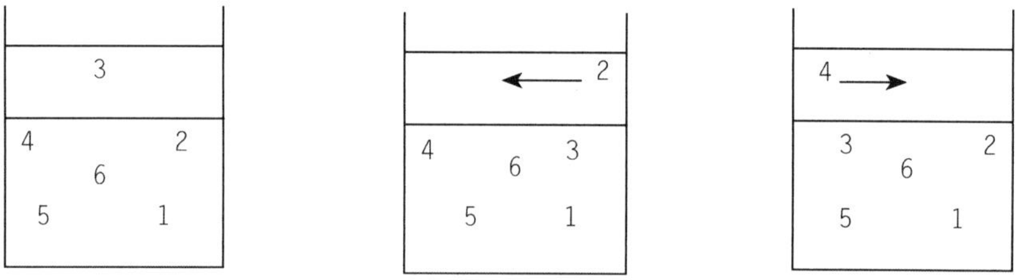

图7-47 “边一二”进攻战术阵形

（3）“插上”进攻战术阵形。由后排插上前排的1号位队员作为二传，把球传给前排4、3、2号位队员进攻的组织形式。其优点是能保持前排三点进攻，战术配合变化多，并能利用网的全长组织进攻。其缺点是对插上的二传队员要求较高。“插上”进攻战术阵形如图7-48所示。

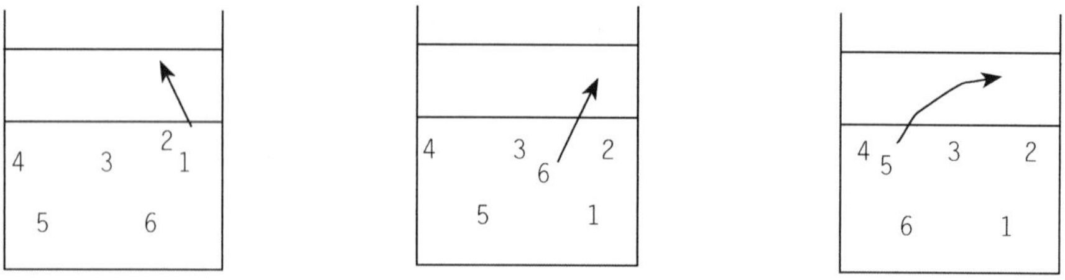

图7-48 “插上”进攻战术阵形

2.进攻战术打法

进攻战术打法是指在排球比赛中，二传队员和扣球队员之间所进行的各种进攻战术配合，是为了避免对方的拦网、突破对方的防线、争取主动、扩大战果，包括强攻、快攻和两次球进攻三种基本打法。每种打法中又有若干战术配合。而所有这些打法又都可以在“中一二”“边一二”和“插上”三种进攻战术阵形中具体运用。

1）强攻

强攻是凭借队员个人的身高和弹跳力，利用扣球的力量和个人扣球战术，在没有同伴掩护而对方有准备的拦防情况下，强行突破的进攻。强攻的二传球较高，根据不同的二传球位置，可以分为集中进攻、拉开进攻、围绕进攻、调整进攻等，后排队员的高球进攻也属于强攻的打法。

2）快攻

快攻指二传传出的各种平快球，以及用这些平快球作掩护所组成的各种战术配合，可以分为平快球进攻、自我掩护进攻、快球掩护进攻三种。平快球进攻常用的有前快、背快、短平快、平拉开、背溜、调整快、远网快、后排快、单脚起跳快等。自我掩护进攻包括时间差、位置差、空间差的进攻。快球掩护进攻包括各种交叉进攻、夹塞进攻、梯次进攻、前排快攻掩护后排进攻的本位进攻等。

3）两次球进攻

两次球进攻指一传来球较高，又在网前适合扣球的位置上，前排队员跳起直接进行扣球，如遇拦网，就在空中改作二传，把球转移给其他前排队员进攻。

（六）防守战术

排球的防守战术是组织进攻或反攻的基础，没有严密的防守，进攻就无从组织。一切防守战术都应从积极为进攻和反攻创造条件的角度进行设计与考虑。

1.接发球的防守战术

当对方发球时，本方处于防守地位，也是组织第一次进攻的开始。5 人接发球站位阵形：除 1 名二传队员站在网前或从后排插上准备二传不接发球外，其余 5 名队员都担负一传任务的接发球站位阵形。其优点是：队员均衡分布，每人接发球的范围相对减小；接发球时，已站成了基本的进攻阵形，组织进攻比较方便，适合接发球水平不太高的球队。其缺点是：一传队员从 5 号位插上时距离较长，难度大；3 号位队员接球时，不便组织快攻战术；不利于队员间的及时换位；队员之间模糊地带较多，配合不默契时，容易互相干扰。

2.接扣球的防守战术

接扣球的防守与组织反攻是密不可分的，只有防守成功才能有富有成效的反攻。接扣球的防守战术是前排拦网与后排防守的整体配合，根据对方进攻情况、本队队员特长、防守后的反攻打法，一般可分为不拦网、单人拦网、双人拦网和三人拦网的防守阵形。

第四节　乒乓球运动

一、乒乓球运动的起源与发展

1.乒乓球运动的起源

乒乓球运动于19世纪70年代起源于英国。最初它只是一种休闲娱乐的游戏,以代替草地网球。当时英国有些大学生把餐桌作为球台,用羊皮纸贴面的长柄椭圆形空心球拍或木制球拍,在台子上把软木或橡胶做成的球打来打去。因像打网球一样在桌子上打,故称为"桌上网球"。后来人们根据球与桌面碰撞发出的声音,采用了象声词,称之为"乒乓球",一直沿用至今。

2.乒乓球运动的发展

1900年12月,英国伦敦举办了第一次大型乒乓球比赛。

1902—1903年,在英国留学的日本学者坪井玄道将乒乓球器材带回日本,乒乓球运动由此传入亚洲。

1903年,英国人古德发明了胶皮球拍,有力地促进了乒乓球技术的发展。

1918年,各国先后成立了乒乓球联合会,促进了乒乓球运动的全球化。

1926年,国际乒乓球联合会(简称国际乒联,ITTF)在伦敦正式成立,并举办了第一届世界乒乓球锦标赛,第一任主席是英国人依沃·蒙塔古。此后,世界乒乓球锦标赛每年举办一次,1940—1946年因第二次世界大战而中断,自1957年开始,改为每两年举办一次。

1926—1951年,世界各国选手大都使用表面有圆柱形颗粒的胶皮拍。击球时增加了弹性和摩擦力,可以使球产生一定的旋转,因而出现了削下旋球的防守型打法。这一打法在欧洲流行长久,不少运动员采用这种打法获得了世界冠军。这一时期乒乓球运动的优势在欧洲,其中匈牙利队成绩最突出,在117项次世界冠军中,他们获57项次,占欧洲的一半。但这种球拍只能以制造下旋为主。人人皆此,磨来守去,即使夺得了冠军也毫无意义。20世纪50年代之后,日本在世界乒坛崛起,获得了第19—25届世界乒乓球锦标赛的24项冠军。

1959年之后,中国乒乓球队一直雄踞世界乒坛前列。

1982年,国际奥委会通过关于从1988年起把乒乓球列为奥运会正式比赛项目的决定,推动了乒乓球运动更快地发展。

二、乒乓球运动的特点与作用

1.乒乓球运动的特点

(1)乒乓球运动变化多样、球速快。乒乓球重2.53~2.70克,其飞行速度可达17米/秒,在高速和快旋转的情况下就需要运动员在瞬间迅速判断球路并及时做出正确的应变。

(2)乒乓球运动设备较为简便,场地可以在室内亦可在室外,而且运动量可大可小,适合各个年龄段的人参与，易于被大众接受。

(3)乒乓球运动是一项综合性运动。首先，乒乓球运动有男子单打、女子单打、男子双打、女子双打、混合双打和团体项目；其次，乒乓球运动打法多样，有快攻、弧圈球、削球，技术风格有狠、稳、变之分，球拍有生胶、长胶、反胶、正胶和防弧圈之分，而且各个选手的打法千差万别；最后，乒乓球运动技术种类多，主要技术有 8 大类 81 小项，且旋转变化的种类也较多，典型的旋转种类就有 26 种(6 种基本旋转，20 种混合旋转)。

2.乒乓球运动的作用

乒乓球运动兼具娱乐性、健身性和竞技性。经常参与乒乓球运动能够有效改善心脑血管系统的功能，提高人的反应能力、手脚的敏捷性、动作的协调性，同时可以塑造健美的体形，还有助于培养健康积极、机智果断、勇于拼搏、吃苦耐劳的优良意志品质。

三、基本技术

(一)握拍与站位

1.直拍握法

1)直拍快攻型握拍法

拍前：以食指第二指节和拇指第一指节扣拍。拇指与食指之间的距离要适中(一般为一指)。

拍后：中指、无名指、小指自然弯曲，斜形重叠，中指第一指节贴于拍的背面 1/3 处。直拍快攻型握拍法如图 7-49 所示。

图 7-49　直拍快攻型握拍法

2)直拍削球型握拍法

拍前：大拇指弯曲紧贴在拍柄的左侧，并用力压拍。

拍后：其他四指自然分开，托住拍的后面。

正手削球时，前臂旋后使球拍后仰，反手削球时，拍后四指灵活地把球拍抖起，使拍柄向下，如图 7-50 所示。

图 7-50　直拍削球型握拍法

2.横拍握法

中指、无名指和小指自然地握住拍柄。拇指在球拍的正面轻贴在中指旁边,食指自然伸直,斜放于球拍背面。浅握时,虎口轻微贴拍;深握时,虎口紧贴球拍,如图 7-51 所示。

图 7-51　横拍握法

3.基本站位

1)站位的准备姿势

下肢:两脚左右开立,约与肩同宽。身体稍向右侧,面向球台。两膝自然弯曲,提踵,重心置于两脚之间。

躯干:含胸收腹,上体略前倾,下颌微收,两眼注视来球。上肢:持拍手和非持拍手均应自然弯曲置身体前侧方,保持相对的平衡态。提示:身体重心置于前脚掌内侧,如图 7-52 所示。

2)站位的基本位置

站位的范围指运动员离球台端线的远近距离和左右距离。根据不同的打法选择不同的基本站位。站位正确,有利于保持稳定的击球姿势和向任何一个方向迅速移动,如图 7-53 所示。

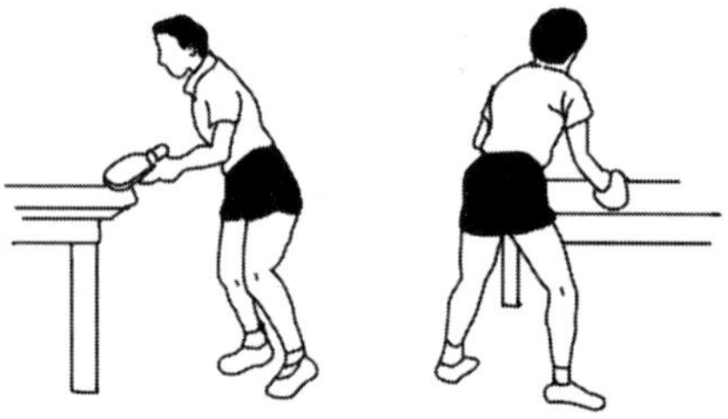

图 7-52　站位的准备姿势

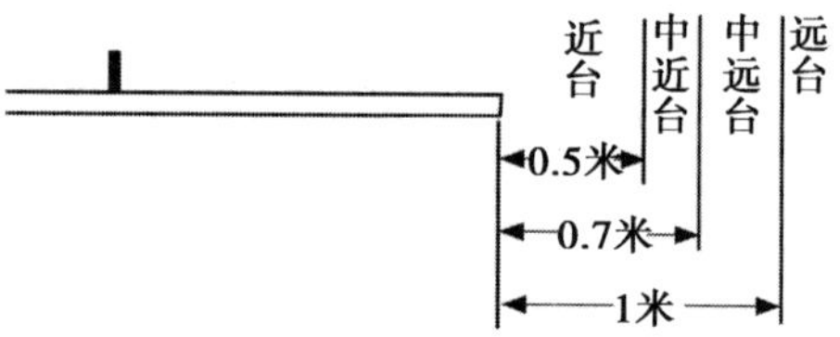

图 7-53　站位的基本位置

左推右攻打法:基本站位在中间偏左。

两面攻打法:基本站位在近台中间。

弧圈球为主打法:基本站位在中台偏左。

横拍攻削结合打法:基本站位在中台附近。

削球打法:基本站位在中远台附近。

(二)发球

发球在比赛中对于扬己之长、攻彼之短均有着技术和战术上的意义。它是连接整个乒乓球技术、战术的重要环节。发球、接发球、发球抢攻称为前三板技术,是我国乒乓球的强项技术。下面介绍几种基本的发球技术。

1.正手平击发球

(1)动作要领:左手将球向上抛起,同时右臂内旋,使拍面稍前倾,向右后方引拍。当球从高点下降至稍高于球网时,击球中上部向左前方发力,如图 7-54 所示。

(2)技术要点:发力部位以前臂带动手腕为主,动作过程中身体重心从右脚移至左脚。

① ② ③

图 7-54　正手平击发球

2.正手发下旋加转球

(1)动作要领:左手将球向上抛起,同时右臂外旋,直握拍手腕的动作,向右后上方引拍。当球从高点下降至稍高于网或与网同高时,前臂加速向前下方发力,同时手腕弯曲并内收,以球拍远端(拍头)触球,击球中下部向底部摩擦,如图 7-55 所示。

(2)技术要点:加转下旋发球的旋转应尽可能强烈,发不转球的假动作尽量逼真,如此才能突出旋转的反差,发挥"转不转"发球的威力。

① ② ③ ④ ⑤

图 7-55　正手发下旋加转球

(三)接发球

在比赛中,接发球具有被动转主动、技术难度大、判断反应快、心理素质要稳定的特点。第一板回接球是由被动转入主动进攻的第一步。接发球的质量,直接影响自己技术、战术的发挥以及是否能将对手控制在被动状态,也直接影响自己的心理状态。若接发球处理得好,可直接得分或为抢攻创造有利条件。

接发球的基本手法由点、拨、带、拉、攻、推、搓、削、摆短、撇侧旋等多种综合技术组成。所以,接发球技术是各项基本技术的综合运用。

(四)击球

1.正手攻球技术

正手攻球具有力量大、速度快的特点,是比赛中争取主动、克敌制胜的重要手段。正手攻球又称近台快抽,是乒乓球运动攻球技术的一种。

动作要点:击球前,左脚稍前站立,身体离台约 50 厘米。当来球将落至台面时,前臂外展，将球拍后引至身体右侧稍后。当来球从台面弹起时，上臂带动前臂向左前上方快速挥动，并配合前臂内旋的动作使拍形前倾，在上升后期或最高点击球的中上部。击球过程中，身体重心从右脚移至左脚，以腰部带动大臂，大臂带动小臂。击球后，球拍继续挥至头部高度，然后迅速还原成击球前的准备姿势。正手攻球动作要点如图 7-56 所示。

图 7-56　正手攻球

2.**推挡球**

1）加力推

击球前，前臂上提，球拍后引。在来球上升后期或高点期击球的中上部，触球瞬间用力推压。击球后，手臂随势前送。加力推动作要点如图 7-57 所示。

图 7-57　加力推

2）减力推

站位与平挡球相同。击球时，在触球瞬间，手臂前移的动作骤停，或调节好拍面角度把球拍轻轻后移，以减弱来球的反弹力。击球后，迅速还原，准备好下一次击球。减力推动作要点如图 7-58 所示。

图 7-58　减力推

3）快推

站位靠近球台，右脚稍后或两脚平行开立，上臂和肘关节靠近右侧身旁。击球时，前臂向前推出，食指压拍，拇指放松，球拍前倾，在来球上升期击球的中上部。击球后，手臂随势前送。快推动作要点如图 7-59 所示。

图 7-59　快推

3.搓球

1)快搓球

站位靠近球台,身体重心前移,身体靠近来球,上升期击球。击球前,手臂应迅速前伸迎球,拍面稍后仰。前臂主动前伸插向球的中下部。快搓一般借力还击,若来球下旋弱可用力下切。快搓球动作要点如图 7-60 所示。

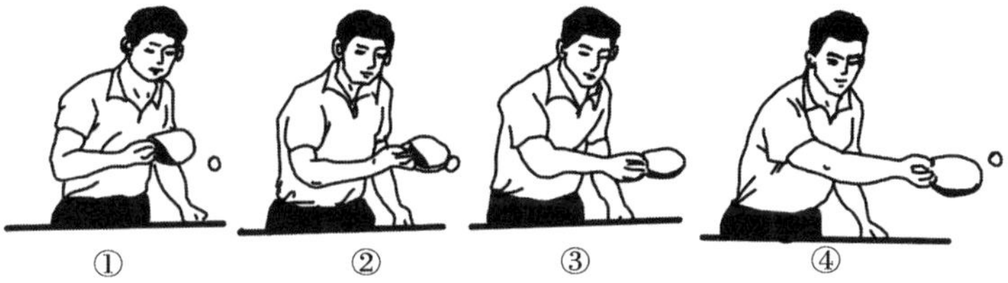

图 7-60　快搓球

2)慢搓球

慢搓球指击球运动员正手或反手在来球下降前期搓击球的技术。反(正)手慢搓的站位是右脚稍前,身体离球台约 50 厘米,保持手臂向左(右)上引拍。击球时,前臂和手腕向前下方用力,同时配合内旋转腕的动作,拍面后仰,在下降期击来球中下部。慢搓球动作要点如图 7-61 所示。

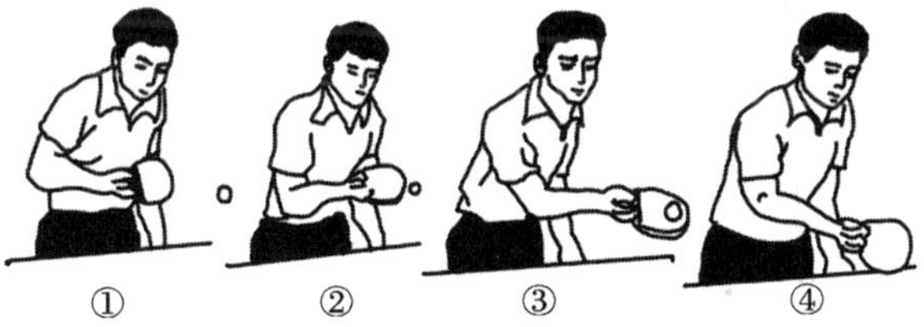

图 7-61　慢搓球

4.削球

削球可以通过旋转变化和落点变化来控制对手,主要包括正、反手远削,正、反手近削,削加转弧圈球等。

1)远削

正手远削时,左脚稍前,身体距球台 1 米以外,上体稍右转,重心在右脚上。击球前,手臂自然弯曲,将球拍向右上引至与肩同高;击球时,手臂向左前下方挥动,在来球下降期击球中下部,拍形稍后仰;触球瞬间前臂加速削击,同时手腕向下辅助用力;击球后,球拍顺势前送，重心移至左脚。远削动作要点如图 7-62 所示。

图 7-62 正手远削

反手远削时，右脚稍前，身体左转，手臂弯曲，球拍向左上方引至与肩同高，拍柄向下，重心在左脚上；击球时，手臂向右前下方挥动，前臂和手腕加速用力削击来球，在来球下降期击球中下部，拍形稍后仰；击球后，上体向右转动，球拍随势挥至身体右侧，重心移至右脚。反手远削动作要点如图 7-63 所示。

图 7-63 反手远削

2）近削

近削动作小、球速快。正手近削时，左脚稍前，身体离球台 50 厘米左右，上体稍向右转；击球时手臂弯曲，把球拍引至与肩同高，拍形稍后仰；触球时，前臂用力向下方挥动，手腕配合下压，在来球上升期或高点期击球中部或中下部。反手近削时，右脚稍前，手臂弯曲向左上引拍。击球时，前臂向右前下方挥动，手腕配合用力下压，在来球上升后期或高点期击球中部或中下部，如图 7-64 所示。

图 7-64 近削

（五）基本步法

1.单步

动作方法：以一只脚的前脚掌为轴，另一只脚向前、后、左、右不同方向移动，当移动完成时身体重心也随之落到摆动的脚上，如图 7-65 所示。

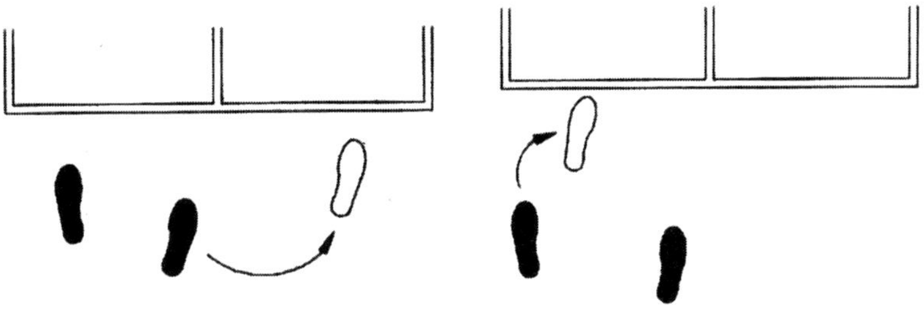

图 7-65　单步

2.跨步

动作方法:来球方向异侧脚用力蹬地,另一只脚向来球方向侧跨一大步,而蹬地脚也迅速跟着移动,也就是一脚先跨,另一脚跟进,如图 7-66 所示。常在扑救险球时,或正手打回头球时采用跨步。

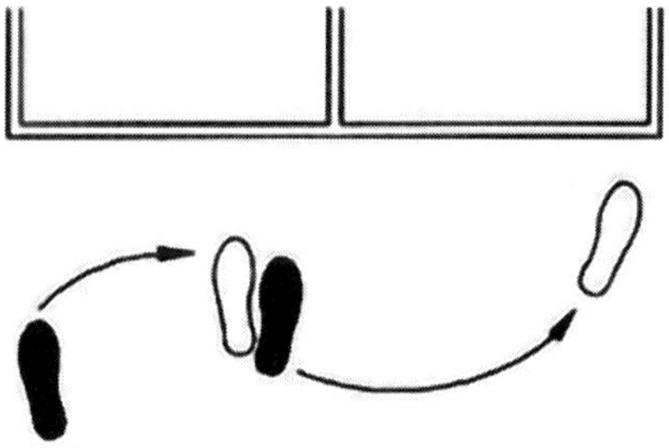

图 7-66　跨步

3.跳步

动作方法:来球异侧方向脚的前脚掌内侧用力蹬地,使两脚同时离开地面向前、后、左、右跳动,蹬地脚先落地。此方法一般在来球离身体较远较急时使用。

4.交叉步

动作方法:交叉步应先以靠近来球方向的脚作为支撑脚,使远离来球的脚迅速向前、后、左、右不同的方向跨出一大步,而原作为支撑脚跟着前脚的移动方向再迈一步。在移动时膝关节始终保持弯曲,与来球方向同侧脚外旋、异侧脚内旋,腰、髋迅速转向来球方向,与挥拍击球同步进行,如图 7-67 所示。

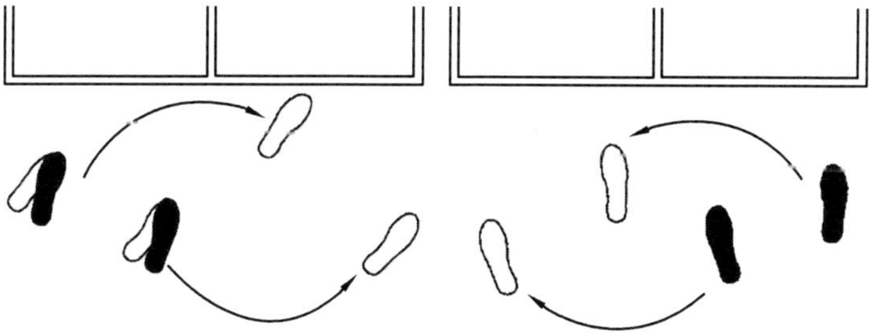

图 7-67　交叉步

5.并步

动作方法:先以来球异侧方向的脚用力蹬地向另一只脚移(或称并)半步或一小步,另一只脚在并步落地即向同方向移动,也就是一脚先并,同时另一脚跨出一小步,如图7-68所示。

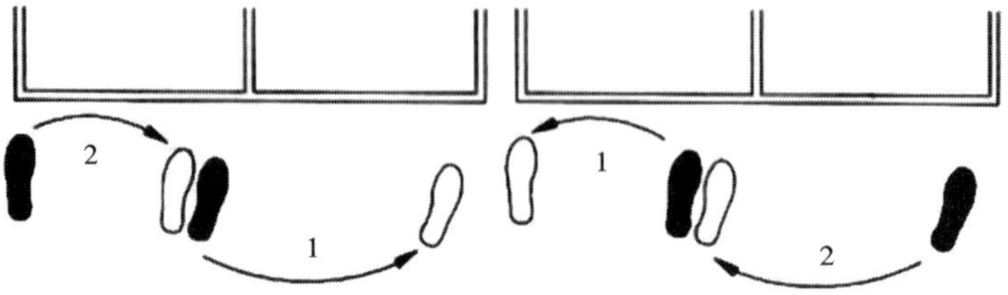

图7-68 并步

四、基本战术

(一)推攻战术

特点:主要运用正手攻球和反手推挡的速度和力量,并结合落点变化和节奏变化来压制和调动对方,以争取主动或得分。推攻战术是左推右攻打法对付攻击型打法的主要战术,有反手推挡能力的两面攻运动员、攻削结合运动员等常使用该战术。

主要方法:左推右攻;推挡侧身攻;推挡、侧身攻后扑正手;左推结合反手攻;左推、反手攻、侧身攻后扑正手。

(二)两面攻战术

特点:主要利用正、反手攻球技术的速度和力量压制对方,争取主动和创造扣杀机会。两面攻技术是两面攻打法对付攻击型打法的主要战术。

主要方法:攻左扣右;攻打两角,猛扣中路。

(三)拉攻战术

特点:连续运用正手快拉创造进攻机会,然后采用突击和扣杀来作为得分手段。拉攻战术是快攻打法对付削球类打法的主要战术。

主要方法:正手拉后扣杀;反手拉后扣杀。

(四)拉、扣、吊结合战术

特点:由拉攻与放短球相结合而成,是快攻型打法对付削球打法的常用战术。

主要方法:在拉攻战术的扣杀或突击后放短球;在拉攻战术中放短球后,结合扣杀或突击。

(五)搓攻技术

特点:主要运用"转、低、快、变"的搓球控制对方,以寻找战机,然后采用低突、快点或拉攻等技术展开攻势并进入连续进攻;在搓球中遇到机会球时进行扣杀,常常带有突然性,往往可以直接得分。搓攻战术是乒乓球各种打法都不可缺少的辅助战术。

主要方法:正、反手搓球结合正手快拉、快点、突击或扣杀;正、反手搓球结合反手快拉、快点、突击或扣杀。

乒乓球-发球与接发球技术　　乒乓球-攻球　　乒乓球-搓球

第五节　羽毛球运动

一、羽毛球运动的起源与发展

现代羽毛球运动起源于印度,形成于英国。

1877 年,第一本羽毛球比赛规则的书籍在英国出版。

1893 年,英国成立了世界上第一个羽毛球协会,规定了场地要求和运动标准。

1899 年,英国羽毛球协会在伦敦举办了第一届“全英羽毛球锦标赛”,每年举办一次,沿袭至今。

1910 年,现代羽毛球运动传入中国。

1934 年,国际羽毛球联合会(简称国际羽联,IBF)正式成立,总部设在英国伦敦。

1939 年,国际羽毛球联合会通过了各会员国共同遵守的《羽毛球竞赛规则》。

1981 年 5 月,国际羽毛球联合会重新恢复了中国在国际羽联的合法席位,从此揭开了国际羽坛历史上新的一页,进入了中国羽毛球选手称雄世界的辉煌时代。

1988 年,在汉城奥运会上,羽毛球被列为表演项目;1992 年,巴塞罗那奥运会上被列为正式比赛项目,设男单、女单、双打 4 块金牌;1996 年,亚特兰大奥运会上混合双打被列为比赛项目,羽毛球运动进入新的发展时期。

2006 年,国际羽毛球联合会正式更名为羽毛球世界联合会(BWF)。

二、羽毛球运动的特点与作用

1.羽毛球运动的特点

羽毛球运动是一种全身运动项目,可灵活调节运动量,不受场地限制,室内、室外均可进行,不受年龄、性别的限制,集体、个人皆宜。

2.羽毛球运动的作用

(1)娱乐性,包括自娱性和观赏性。

(2)锻炼性,包括增强体质、培养意志品质和陶冶心灵。

三、基本技术

(一)握拍

1.正手握拍法

以右手为例,张开右手使虎口对准拍柄窄面的小棱边,拇指和食指贴在拍柄的两个宽面上,食指和中指稍分开,中指、无名指和小指并拢握住拍柄,掌心不要紧贴,拍柄端靠近手掌的小鱼际,拍面基本与地面垂直,如图 7-69 所示。

2.反手握拍法

在正手握拍的基础上,拇指和食指将拍柄稍向外转,拇指顶点在拍柄内侧的宽面上,中指、无名指和小指并拢握住拍柄,柄端靠近小指根部,掌心留有空隙。球拍斜侧向身体左侧,拍面稍后仰,如图 7-70 所示。

图 7-69　正手握拍法

图 7-70　反手握拍法

(二)发球

发球可分为正手发球和反手发球两种。按球在空中飞行的弧线和距离分为高远球、平高球、平快球和网前球,如图 7-71 所示。

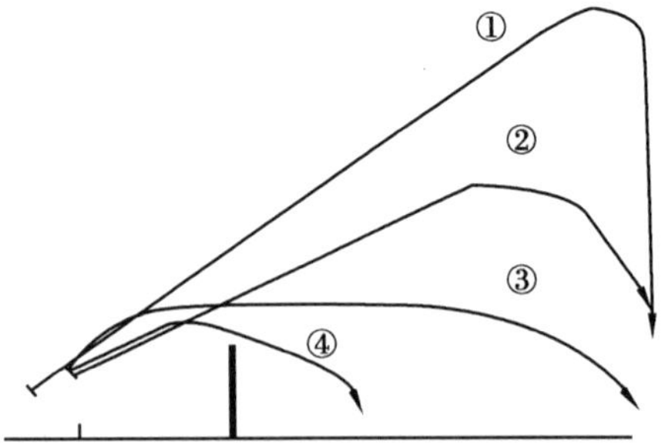

图 7-71　羽毛球飞行路线示意图

①—高远球;②—平高球;③—平快球;④—网前球

1.正手发球

正手发球是指在身体的右侧采用正拍面击球的一种发球方式,在实战中被广泛采用,它包括正手发高远球、平高球、平快球和网前球。用正手发球,不论是发何种弧线的球,其发球前的站位和准备姿势都是类似的。

1）正手发高远球

发高远球时，使球向对方的后场上方飞行，飞行的线路与地面形成的角度要大于45°，并在对方底线附近形成垂直下落，如图7-72所示。

图7-72　正手发高远球

2）正手发平高球

发平高球的动作大致与发高远球相同，只是在击球的一霎那，前臂加速带动手腕向前上方挥动。虽然球发得不太高，但是能迅速地越过对方场地的上空而落到底线附近。球在空中飞行时与地面大约成45°，如图7-73所示。

图7-73　正手发平高球

2.反手发球

反手发球是指在身体的左前方用反拍面击球的一种发球方式，主要靠挥动前臂和伸腕“闪”动发力，其特点是动作幅度小、出球快、隐蔽性强，一般在双打比赛中采用较多，主要有反手发网前球和反手发平快球两种方式，如图7-74所示。

图7-74　反手发球

1)反手发网前球

前臂向前挥动并带动手腕,通过球拍拍面弹击球,使球落到对方场区的前发球线附近。球的弧线略高于网顶。发球时,身体重心稍前倾。

2)反手发平快球

发球动作与发网前球一样,但在击球的一霎那,手腕采用弹击的方法将球击到对方场区的双打后发球线附近。

(三)接发球

接发球是羽毛球运动中一项重要的基本技术,其质量的好坏直接影响着运动员能否在一个比赛回合中获得主动,而要提高接发球的质量,首先要有正确的站位和准备姿势。接发球的站位和准备姿势又分为单打与双打的站位和准备姿势。

1)单打站位和准备姿势

站位:应站在离前发球线的 1.5 米处,在右发球区要站在靠近中线的位置,在左发球区则站在发球区中间位置,主要是防备对手直接进攻至反手部位。

准备姿势:以右手握拍为例,一般左脚在前,右脚在后,双膝微屈,收腹含胸,身体重心放在前脚上,后脚跟稍抬起。身体侧身向球网,球拍举在身前,两眼注视对方。

2)双打站位和准备姿势

站位:双打接发球时要站在离中线和前发球线适当的距离。

准备姿势:双打接发球准备姿势和单打接发球准备姿势基本相同,只是身体前倾较大,球拍举得略高些,当球来到网上最高点时击球。

(四)击球

熟练掌握羽毛球的各种击球技术,有助于提高击球的质量。击球技术依据其动作特点分为高手击球、网前击球和低手击球三种。

1.高手击球

1)击高球

高球可分为高远球和平高球。平高球飞行弧度较低,球速快,故具有更大的进攻威力,是快速调动对方、创造进攻机会的重要手段,如图 7-75 所示。

图 7-75　击高球

2)扣杀球

扣杀球时靠腰腹带动大臂、前臂、手腕的鞭打动作,全力向前下方击球,球拍触球时拍面前倾向前下方用力,手握紧球拍,击球点在右肩稍前上方。击球后,球拍随惯性向左下,身体重心由右脚移至左脚,如图 7-76 所示。

图 7-76　扣杀球

2.网前击球

1)搓球

搓球动作以正手网前为例,上网步伐快,左脚蹬地,右脚网前跨步成弓箭步,侧身对网,身体重心在右脚,手臂向前伸出,出手要快,握拍手腕和手指自然放松。击球时,拍面与球网成斜面向前。用手指控制好拍面并发力,使搓出的球尽可能贴网而过,如图 7-77 所示。

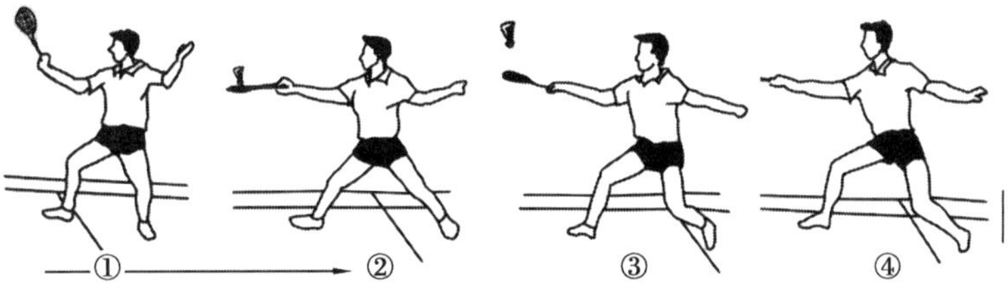

图 7-77　搓球

2)推球

推球动作与搓球基本相同,只是在击球的瞬间,拍面几乎与网平行,主要靠腕部的转动及手指的力量向前快速“闪”动,如图 7-78 所示。

图 7-78　推球

3.低手击球

1)正手挑高球

判断来球,快速上网,左脚积极蹬地,右脚跨步向前成弓箭步,侧身对网,身体重心在右脚。正手握拍,手臂自然向右前方伸出、展腕,左臂自然后伸起平衡作用。击球时,以肘关节为轴,小臂带动手腕、手指快速由右下方向前上方呈半圆形挥拍击球,如图 7-79 所示。

2)反手挑高球

判断来球,快速上网,左脚积极蹬地,右脚跨步向前成弓箭步,身体重心在右脚,侧身背对网。反手握拍,手臂向左前方伸出,屈肘、屈腕。右臂自然后伸起平衡作用。击球时,以肘关节为轴,小臂带动手腕,手指快速由左下方向前上方呈半圆形挥拍击球,如图 7-80 所示。

① ② ③ ④ ⑤

图 7-79 正手挑高球

① ② ③ ④

图 7-80 反手挑高球

(五)步法

1.上网步法

1)跨步上网

站位于球场中心稍靠后处,两脚左右开立,右脚略前,上体稍前倾,两眼注视对方击球。当对方吊网前球时,在对方击球瞬间,脚跟提起、轻跳并迅速调整身体重心至后脚,以协助快速起动。左脚迈一小步,用脚掌内侧蹬地,右脚向前跨一大步,以脚跟和脚掌外侧着地滑步缓冲,脚尖外斜,右腿屈膝成弓箭步,左腿随即向前拖动,以协助右脚回蹬。击球后,并步或交叉步退回中心位置。如果对方来球较近时,可用左脚蹬地,随即右脚跨一大步上网,如图 7-81 所示。

2)垫步上网

准备姿势同跨步上网,右脚先迈一小步,左脚立即垫一小步靠近右脚跟,并用脚掌内侧起蹬,右脚接着迅速向前跨一大步。击球后,并步或交叉步退回中心位置。这种步法蹬力强、速度快,在被动情况下,有利于迅速调整身体重心,快速接应来球,如图 7-82 所示。

3)蹬步上网

蹬步是为了提早击球时间,争取击球点在网顶上空,起到突击作用。当自己站位靠前,已做扑球准备,判定对方发(放)过来的是网前球时,右脚稍向前,刚一点地便起蹬,侧身扑向网前。当球至网顶时立即进行扑击,触球的同时右脚先着地,左脚随着身体的惯性在右脚后着地,并立即退回球场中心位置,如图 7-83 所示。

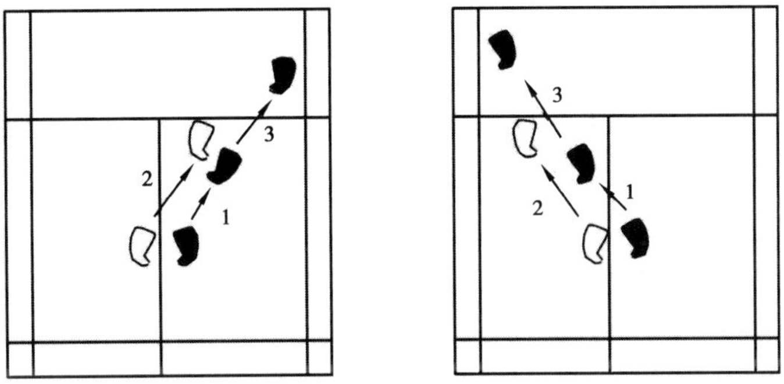

图 7-81 跨步上网

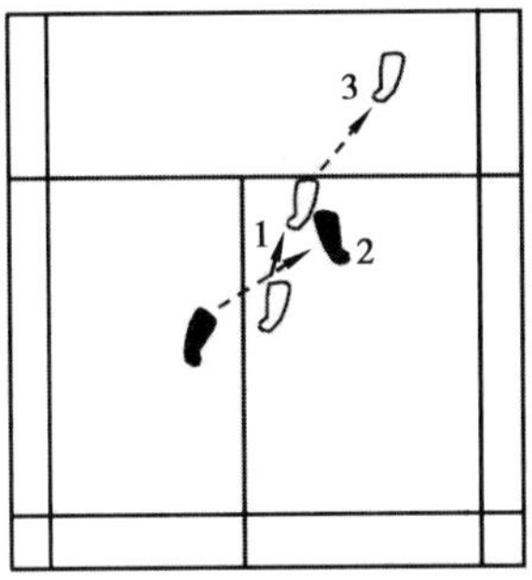

图 7-82 垫步上网

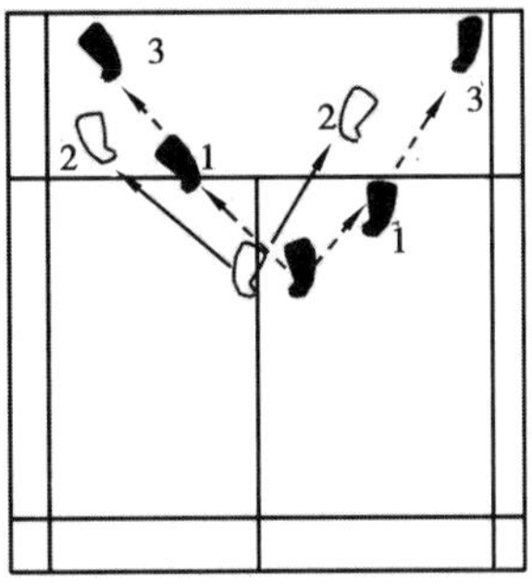

图 7-83 蹬步上网

2.后退步法

1)侧身并步后退步法

在对方击球前的瞬间,脚跟提起轻跳,迅速调整身体重心至右脚。接着右脚蹬地并快速向右后撤一小步,上体右转侧身对网,紧接着左脚并步靠近右脚,右脚再向后移至来球位置。击球后,并步或小步跑回中心位置,如图 7-84 所示。

2)交叉步后退步法

左脚撤后一小步后,左脚从体后交叉后退一步,右脚再向后移至来球位置。待来球在右肩上方下落时做正手底线原地击球或跳起击球。击球后,并步或小步跑回中心位置,如图 8-85所示。

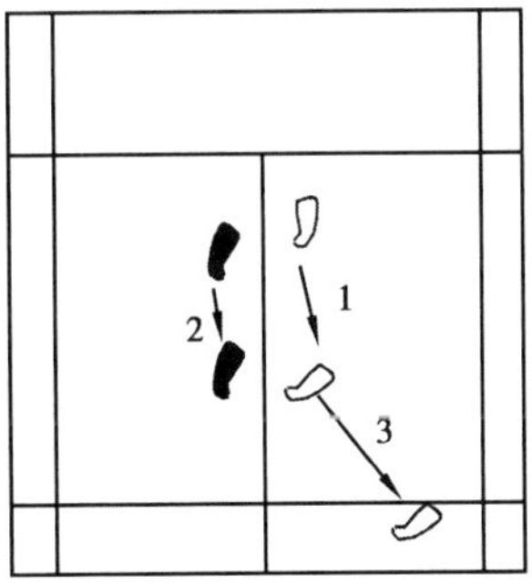

图 7-84 侧身并步后退步法

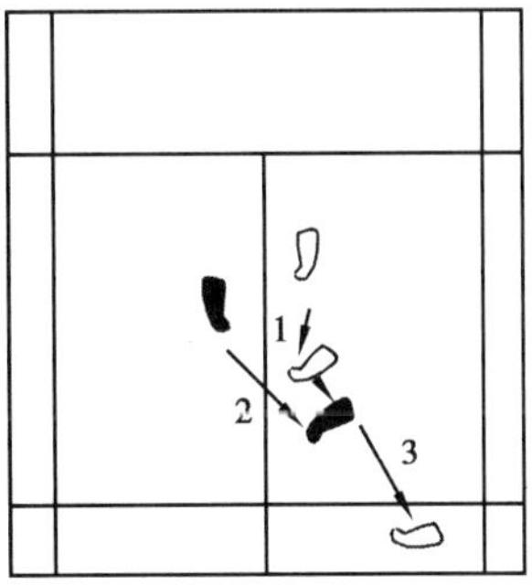

图 7-85 交叉步后退步法

四、基本战术

(一)单打战术

单打战术是根据比赛者的个人技术特点、身体素质、心理素质等条件而形成的技术打法,常见的单打战术有以下六种。

1.控后突前战术

采用后场的高远球和平高球,网前的推球和挑球等技术,重复压对方后场两角,造成对方被动,然后伺机采用杀球、吊球、搓球、勾对角球等技术攻击对方空当。

2.控制网前抢点突击战术

运用各种技术主动抢先放网,或迫使对方先放网后再凭借自己良好的网前手法,灵活运用搓、推、勾技术,造成对方网前直接失误,或抓住其被动击球的有利时机进行中后场的杀、劈、吊和网前的扑球得分。

3.拉开突击战术

先以快速而准确的落点控制对方场区四个角落,迫使对方前后左右来回奔跑,当对方来不及退回中心位置或身体失去平衡时,抓住空当或其弱点进行突击。

4.发球抢攻战术

以发网前球或平快球为主,限制对方进攻,迫使对方出高球,然后运用杀球和吊球攻击对方的弱点或空当。

5.对角线球路战术

无论在进攻或防守,前场或后场,都是以打对角线球路为主,从而迫使对方在移动中多做转体,多走曲线。

6.重复球战术

通过自身出球的节奏变化和良好的击球动作一致性,针对对方队员的某一个技术薄弱点或击球后回中心位置较快的特点,重复地将球攻击到对方场上的某一区域。

(二)双打战术

双打战术是根据双方的技术水平、身体素质和心理素质以及伙伴的配合特点,经过长期训练而形成的。常见的双打战术大致有以下四种。

1.攻人战术

在对方两名队员技术水平不平衡时,一般都采用这种战术。即使对付对方两名技术水平相差不大的球员时也可灵活运用。先将球下压或控制前场取得进攻机会,然后集中力量“二打一”,避其所长,攻其所短。

2.攻中路战术

将球击到对方两名队员站位之间的空隙,从而造成对方出现争抢回击,或相互让球漏接等错误，尤其针对一些配合不够默契的对手。当对方前后站位时，可将球击到对方中场两侧边线处。而在对方分边左右站位防守时，则可利用杀球、吊球等技术攻击对方的中路。

3.压后场拉开反击战术

通常用来对付后场扣杀能力较差的对手，也可将对方的弱者调到后场再使用。此战术是用平高球、平推球、接杀球、接吊球、挑后场球等技术，把对方一名队员紧逼在底线两角来回移动击球，并迫使其回击出质量不高的球，然后抓住有利时机反击。如在此过程中，对方处于前场的同伴欲后撤援助，则可伺机攻击网前空当或对其打追身球。

4.前场打点封压进攻战术

这种战术要求打法比较积极，前半场技术要好，步法移动要快，两名队员配合默契。主要通过前半场积极抢点放网、推拨半场、平抽平挡和接杀球挡网跟进等技术，迫使对方被动起高球，从而有利于自己一方后压前方进攻得分。

羽毛球-发球技术

第六节　网球运动

一、网球运动的起源与发展

网球运动起源于12—13世纪法国传教士在教堂回廊里用手掌击球的一种游戏，后来由于王室的参与使其变成了一种贵族运动。

1874年，温菲尔德少校把现代网球运动介绍到了英国。

1877年，全英板球俱乐部（现设在温布尔登）举办了第一届草地网球锦标赛。

1896年，在希腊雅典举行的第一届现代奥运会上，网球单打与双打被列为正式比赛项目。

19世纪末，温布尔登网球锦标赛正式拉开了现代网球运动的帷幕，与随后的美国网球公开赛、法国网球公开赛和澳大利亚网球公开赛并称为“四大网球公开赛”，并均为“大满贯”比赛项目。

1912年3月1日，国际网球联合会成立，总部设在巴黎。

1972年，国际男子职业网球协会成立；1973年，女子职业网球协会成立，网球运动的发展日趋职业化。

二、网球运动的特点与作用

1.网球运动的特点

网球运动具有独特的健身价值、欣赏价值、商业价值，比赛场地与攻防技战术具有多样性。

2.网球运动的作用

网球运动具有增强体质、促进健康，培养良好的意志品质和作风，增强团结协作、增进友谊，愉悦身心，陶冶情操等作用。

三、基本技术

（一）握拍

握拍是学习网球最基本的技术环节。正确的握拍方法是击球效果和质量的有效保障。握拍的基本方法有东方式、大陆式、西方式和双手握拍法。拍柄各部位名称如图 7-86 所示。

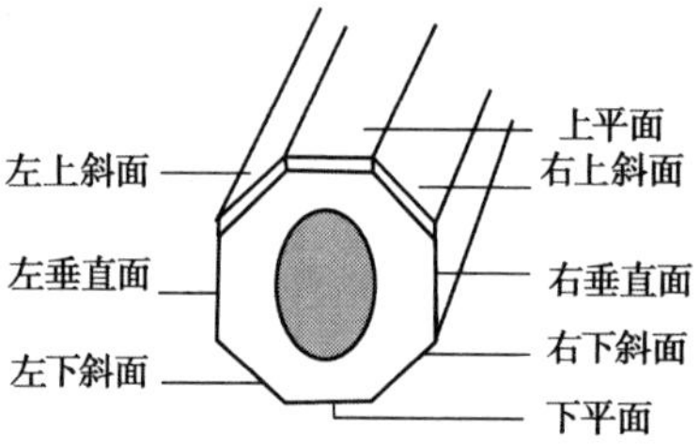

图 7-86　拍柄各部位名称

1.东方式握拍法

1）东方式正手握拍法

将球拍平放，大拇指与食指形成的“V”字形虎口对准拍柄右上斜面，拇指绕拍柄与中指接触，手掌与食指第三指节压住拍柄右垂直面，食指稍离中指，手掌根部与拍柄底部齐平。

2）东方式反手握拍法

东方式反手握拍法是在正手握拍法的基础上向左移动 1/4，使虎口对准拍柄左上斜面，拇指末节贴住左下斜面，食指第三指节压在右上斜面。

2.大陆式握拍法

将球拍平放，“V”字形虎口对准拍柄上平面与左上斜面的交界处，手掌根部贴住右上平面，拇指直伸为主拍柄，食指第三指节贴住右上斜面。

3.西方式握拍法

1）半西方式握拍法

“V”字形虎口对准拍柄右上斜面与右垂直面交界处，拇指压住拍柄上平面，食指第三指节贴住右上斜面。

2）西方式握拍法

“V”字形虎口对准拍柄右垂直面，手掌根部贴在拍柄右下斜面，拇指和食指都不前伸，拇指压在拍柄上平面，食指下关节握住拍柄的右下斜面，正反手用同一拍面击球。

4.双手握拍法

右手用东方式反手握拍法，握在拍柄底部，手掌根与拍柄底部齐平，左手握在右手的上方，用东方式正手握拍法。

（二）正手击球

正手击球是网球技术中最基本的击球方法，也是网球初学者最先学习的击球技术。正手击球技术由准备姿势、后摆引拍、挥拍击球和随挥跟进四个环节构成。正手击球技术根据击球时球拍擦击球体的不同部位分正手上旋球、正手平击球和正手下旋球（削球）等。本节主要介绍初学者常用的正手上旋球和正手平击球技术。

1.正手上旋球

正手上旋球飞行弧线高，下落快，落地反弹高，前冲力强。击球技术动作参照正手击球四个环节，击球时，拍面稍稍后仰，球拍从下至上，向前击球的后上部，如图 7-87 所示。

图 7-87　正手上旋球

2.正手平击球

正手平击球速度快，球落地后前冲力大。击球时，击球点在左脚右侧前方与腰齐高的位置，触球时手腕绷紧，拍面与地面基本垂直，如图 7-88 所示。

图 7-88　正手平击球

3.正手击球技术要点

①击球过程中眼睛要盯住球。

②击球提前后摆引拍。

③击球时，握紧球拍，绷紧手腕。

④击球后,球拍充分随挥至左前上方。

(三)反手击球

反手击球是网球基本技术中的重要击球方法,在动作技术上,反手击球与正手击球有相似之处。反手击球技术由准备姿势、转体引拍、挥拍击球和随挥跟进四个环节构成。反手击球技术包括反手上旋球、反手平击球和反手下旋球(削球)。

1.反手上旋球

反手上旋球与正手上旋球基本一样,落地反弹高,前冲力强。反拍击球时,首先要迅速侧身转肩转体,调整至反手握拍法向后引拍,击球时,拍面稍向后倾斜,击球完成后,随挥跟进,一直挥拍至右前上方为止,如图 7-89 所示。

图 7-89　反手上旋球

2.反手平击球

反手平击球速度快,飞行路线平直,球落地后前冲力大。来球时,迅速侧身转肩转体,反手握拍引拍至身体左后方,右肩或右背对球网。击球时,拍面与地面垂直,手腕绷紧,击球后,球拍应随挥至右肩上方,然后恢复准备姿势。

3.反手下旋球(削球)

反手下旋球(削球)的握拍方法主要是大陆式握拍方法,握拍手食指下关节紧贴在网球拍拍柄右上斜面上,手掌根部贴往上平面,与拍下平面对齐,其余三个手指稍分开;击球前,始终保持拍面呈开放状态(拍面与地面所成的角度应大于 90°)。

4.反手击球技术要点

①转肩、转体要迅速,尽早向后引拍。

②击球过程中眼睛紧盯住球。

③握紧球拍,绷紧手腕。

④击球结束后随挥至身体另一侧结束。

(四)发球

发球是网球基本技术之一,是比赛中由自己掌握并不受对方影响的重要技术。发球的好坏直接影响一分的得失,因此,良好的发球技术是网球比赛中的关键。发球一般分为平击发球、切削发球和上旋发球。

1.发球基本技术

发球的关键在于稳定性、精确性、多样性、力量和掩饰的结合。发球的基本技术如图8-90所示。

①　②　③　④　⑤　⑥　⑦　⑧

图 7-90 发球

1)握拍法

大陆式握拍法或东方式反手握拍法。

2)准备姿势

侧身站立于端线外中场标记附近,两脚分开站立,同肩宽。右区发球时,左脚与右区端线成45°,左区发球时,左脚与左区端线约平行站立,身体重心在左脚。左手持球轻托球拍。

3)抛球和后摆动作

抛球与后摆动作是同时进行的。抛球时要协调、平稳,并在最高点将球抛至空中,此时持拍手手肘向后外展同肩高,拍头指向天空,左侧腰胯成弓形,身体重心移至右脚。

4)击球动作

当球抛出时,球拍继续向上摆起,持拍手肘关节放松。当球下降至击球点时,迅速向上挥拍击球,左脚上蹬,手臂和身体充分伸展至身体与球网平行,击球时,持拍手腕带动小臂做一个内旋的鞭打动作。

5)随挥动作

球发出后,身体向场内倾斜,保持连续、完整的向前上方伸展的随挥动作。

(五)接发球

接发球是网球的基本技术之一,相对较难掌握。接发球是在比赛中争取主动、打破对方发球优势的重要手段。接发球基本技术包括握拍、准备姿势与站位、击球动作和随挥跟进四个环节。

1.接发球基本技术

1)握拍方法

根据个人习惯选择合适的握拍法,但由于运动员一般会向对方的反手发球,所以建议采用东方式反手握拍法,换成正手握拍也比较容易。

2)准备姿势与站位

两脚自然开立,与肩同宽,膝盖稍屈,脚后跟离地,身体重心前倾落在前脚掌,拍头指向对方,约与腰同高。接发球的站位,在左右方向上应在发球队员与左右两落点连线的分角线上,在前后方向上则根据发球队员发球方式和力量大小来确定。

3)击球动作

接发球时的击球动作与正常的击球动作基本相同,需要注意的是接球队员从对方发球到接发球击球的过程中,眼睛必须盯住球。

4)随挥跟进

击球完成后,随挥动作较小,顺势结束在较高处,身体重心落在前脚掌,立刻移动到自己场地中央,准备下一次接球或随球上网。

2.接发球的种类

接发球分正拍和反拍两种接法,可打出上旋球、下旋球、平击球等。根据战术的需要,除了用不同的回击力量和落点变化,还可以直接放轻球或挑高球,也可以接发球上网和接发球破网。

(六)截击球

截击球是在网前完成的一种进攻性击球方式,是指在球落地前将球击回对方场地,既可以在网前截击,也可以在场内任何位置截击空中球。网球比赛中,截击球是一种主要打法和进攻方式,是比赛中的重要得分手段之一。截击球基本技术包括握拍法、准备姿势与站位、击球动作。

1)握拍法

网前截击时一般采用大陆式握拍法。大陆式握拍法正反手截击都可以用,由于在近网截击中进攻转换迅速,采取大陆式握拍法可以不需要变换握拍方法。

2)准备姿势与站位

面向球网,两脚自然开立,与肩同宽,双膝稍屈,上身前倾,球拍放在身体前面,拍头朝前并高于握拍手,眼睛注视来球,准确判断来球的方向、路线,并及时起动,移动到位。站位上,网前截击应该是靠近网前较好,越是靠近网前,控制的角度范围越大,更容易占据进攻中的主动。

3)击球动作

截击球的击球动作有多种,主要包括正手截击球、反手截击球、截击高球、截击低球、近身截击球、中场截击球、凌空抽球等。

(七)高压球

高压球是指在头上用扣压动作完成的一种击球方式,是对付对方挑高球的一项进攻技术。根据挑高球高低程度不同,高压球可分为落地高压球和凌空高压球两种。高压球的击球动作又包括近网高压球、后场高压球、落地高压球、反手高压球等。

高压球是一项绝对的强攻性技术,其基本技术如图 7-91 所示。

①高压球的握拍与动作和发球的握拍与动作技术相似。当对方挑高球时,立即侧身转体并垫步向后退,同时持拍手上举至头部向后引拍,后腿弯曲,身体重心在两脚前脚掌上。

②准备击球时,另一只手上举指向来球的方向和高度,碎步调整好身体位置。击球时,动作与发球一样,击球点在右上前方。

③近网高球击球点可以偏前,以便于扣球动作的完成,后场高压的击球点可稍靠后,击球动作向前下方挥拍,避免下网。

④击球后的跟进与发球一样，完成随挥动作，如果是起跳高压球，则要保持身体的平衡。

图 7-91　高压球基本技术

（八）挑高球

挑高球技术主要是针对网前进攻时使用的一项防御技术。高质量的挑高球不仅能变被动为主动，而且可以直接得分。挑高球技术分为防守性挑高球和进攻性挑高球。

1.防守性挑高球

当接球时远离场地并在被动的情况下，一般采用防守性挑高球。击球过程中，眼睛注视来球，并在跑动中后摆引拍，击球动作与正反手击球动作相似，击球的下部，可以打下旋球，将球尽量往高处和深处打。击球完成后，注意随挥动作，并马上回到场中有利位置，如图8-92所示。

图 7-92　防守性挑高球

2.进攻性挑高球

进攻性挑高球又称上旋挑高球。击球采用西方式握拍法，击球前，拍头要低于来球，击球时，利用手腕和前臂的滚翻动作，由后向前上挥拍，做弧形击球动作，使球拍与球产生较大的摩擦力，从而使球剧烈地向前旋转，如图 7-93 所示。

图 7-93　进攻性挑高球

四、基本战术

网球比赛的战术，是根据运动员自身的技术特点、特长来确定的，技术是完成战术意图的重要保障。单打战术的运用要求运动员要有独立作战的能力，冷静的头脑和较强的适应能力；在应对不同类型打法的运动员时，要善于观察，富于变化，根据自己的技术、战术特点，把各种战术有机结合并合理应用。

（一）单打战术

1.上网型打法

上网型打法是指在网球比赛中根据场上的情况，适时采取上网击截、高压球等技术攻击对方，以获取胜利的一种战术打法。它的战术指导思想就是利用网前进攻作为主要得分手段。它的基本战术可分为发球上网、随球上网、接发球上网、偷袭上网、伺机上网和放轻球上网。

2.底线型打法

底线型打法是以底线正、反手抽击球为基础组成的一种战术。它的指导思想是用速度、旋转、落点的变化来创造进攻机会。底线型打法的主要战术有对攻、拉攻、侧身攻、紧逼攻、防反攻等。

3.综合型打法（全面型打法）

综合型打法的特点是在场地的任何地方都能将球处理好。这种打法要求选手的各项技术都比较均衡，如发球上网、中场侧身进攻、底线进攻以及防守时都能保持不失误等。作为一名综合型打法的选手，其实在比赛时不需要获胜的战术。但作为一名教练员，则应向这类选手教授如何应对其他类型打法选手的战术。

（二）双打战术

1.网前—底线型（图 7-94）

1）发球者

通过发球为搭档创造得分机会，同时要负责底线球，可打斜线球、直线球和进攻性挑高球。

2）接发球者

首先选择回斜线球，避免对方网前搭档抢网，其次选择打直线球或挑高球，打乱对方的进攻节奏。

3）发球者搭档

根据发球落点，适时调整网前位置，盯住接球方，判断回球方向，及时上前抢网，可选择打接发球者搭档的脚下或小斜线直接得分。

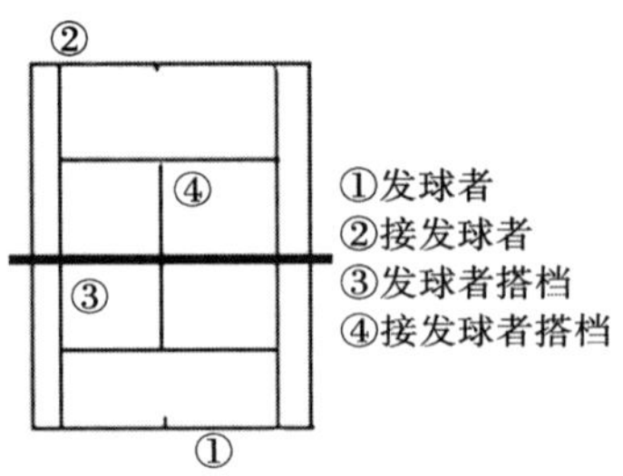

图 7-94　网前—底线型

4）接发球者搭档

要提防发球者的直线球和挑高球，同时要提防发球者搭档的抢网球，根据来球不断调整网前位置。

2.**双底线型**(图 7-95)

1)发球者

发球者的首要选择是发出刁钻的一发后上网,在发球线处截击将球推到接发球方的底线深部,待接发球方回球时跟进到网前,在网前打出直接得分球。

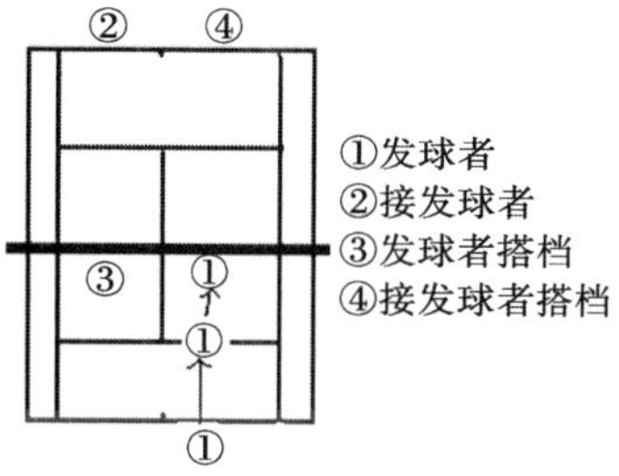

图 7-95　双底线型

2)接发球者

首先选择回斜线球,打到发球者的脚下,使其截击困难,择机出其不意打出直线穿越球或挑高球。

3)发球者搭档

根据发球落点,适时调整网前位置,盯住接球方,判断回球方向,及时上前抢网,同时注意防守双打边线和单打边线之间区域的直线穿越球。

4)接发球者搭档

退到底线防守发球者搭档的截击球,同时要提防发球方第一次截击球,根据不同方向的来球,打出中路穿越球或挑高球。

3.**双上网进攻型**(图 7-96)

1)发球者

发出刁钻的一发球后上网,在发球线处截击将球打到接发球方脚下,待接发球方回球时跟进到网前,在网前打出直接得分球。

2)接发球者

选择进攻型的接发球,回到发球者脚下,同时迅速上网,在发球线处截击把球打到对方中间结合部,再来到网前,找机会打出得分球。

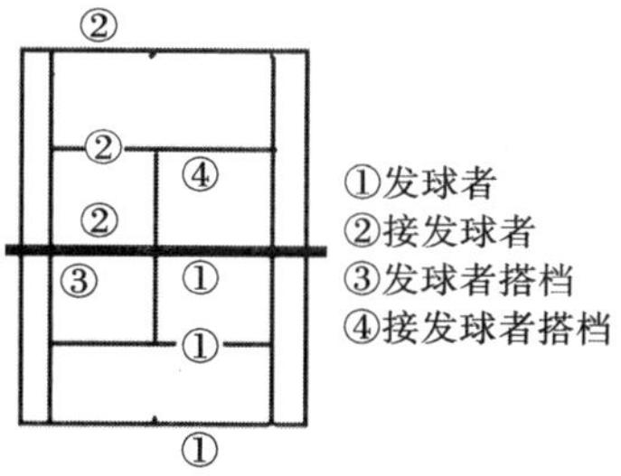

图 7-96　双上网进攻型

3)发球者搭档

根据发球落点,适时调整网前位置,盯住接球方,判断回球方向,及时上前抢网,同时注意防守双打边线和单打边线之间区域的直线穿越球。

4)接发球者搭档

在发球线附近防守发球者搭档的截击球,同时要提防发球方第一次截击球,根据来球,来到网前打出小斜线或高压球得分。

网球运动-正手击球

网球运动-反手击球

网球运动-截击和高压握拍、击球技术

思考题

1.足球运动中脚内侧踢地滚球及高远球技术要领是什么?
2.足球运动中,什么叫作越位犯规?
3.原地单手肩上投篮的技术动作方法,技术要领是什么?
4.原地双手胸前传接球的技术动作要领是什么?
5.排球双手垫球的技术动作方法是什么?
6.乒乓球正手攻球的动作要领是什么?
7.正手发高远球技术要领有哪些?
8.网球基本技术中,正反手击球动作技术环节及其要点是什么?

第八章　游泳运动

章节内容提要

本章介绍了游泳运动的起源和发展、游泳与健康的相关知识、游泳运动的重大赛事，详细讲解了初学者熟悉水性的步骤与方法，阐述了游泳的基本技术（蛙泳与自由泳），讲述了游泳安全知识。

学习目标

1.了解游泳运动的起源和发展、游泳与健康的相关知识、游泳运动的重大赛事；

2.掌握熟悉水性的步骤与方法，掌握一种游泳基本技术（蛙泳或自由泳）。

3.熟知游泳安全知识。

第一节　游泳运动概述

一、游泳运动的起源和发展

根据现有史料考证，国内外较一致的看法是早在远古时代，居住在江、河、湖、海一带的古人类为了生存，在水中捕捉水鸟和鱼类等作为食物，通过观察和模仿鱼类、青蛙等动物在水中游动的动作，逐渐学会了漂浮、游动、潜水等水中活动技能。原始人狩猎时，为猎取动物而跋山涉水，在与人或兽的战争及格斗中，游泳是最基本的技能之一。

现代游泳运动起源于英国。17 世纪 60 年代，英国不少地区的游泳活动就开展得相当活跃，18 世纪初传到法国，继而成为风靡欧洲的运动。

1828 年，英国在利物浦乔治码头修造了第一个室内游泳池。

1837 年，在英国伦敦成立了第一个游泳组织，同时举办了英国最早的游泳比赛。

1869 年 1 月，在伦敦成立了大城市游泳俱乐部联合会（现英国业余游泳协会前身）并把游泳作为一个专门的运动项目正式固定下来。

1896 年，游泳被列为奥运会竞赛项目时，不分泳姿，是真正的“自由式”，只有 100 米、500 米、1 200 米 3 个项目。

1908 年，国际游泳联合会（简称国际泳联，FINA）成立，是游泳的最高组织机构，总部设在瑞士洛桑。

游泳运动的重大赛事有奥运会游泳比赛（开始于 1986 年，全世界规模最大、水平最高、影响最广的游泳比赛）、国际泳联游泳世界杯（开始于 1989 年，是国际顶级游泳赛事）、世界游泳锦标赛（开始于 1973 年，国际泳联主办的最高级别的大型国际性游泳赛事）、世界短池游泳锦标赛(开始于 1993 年,国际泳联主办的在 25 米游泳池里进行的世界锦标赛,每两年举办一次)、世界冠军游泳系列赛(开始于 2019 年,国际泳联设立,参赛选手计划为奥运会和世锦赛的奖牌获得者)。

二、游泳与健康

1.游泳与身体健康

游泳是水浴、空气浴和日光浴三者结合的运动。游泳时身体呈水平姿势平躺于水中,不受重力的影响,脊柱、关节、肌肉、手臂和腿都能在没有负荷的状态下得到全面锻炼。水的阻力、压力和浮力对皮肤血管的压打拍击,能对身体起到良好的"按摩"作用。经常从事游泳锻炼能提高心肺耐力和肺活量,增强心血管系统的机能,从而明显提高人的身体素质,增强抵抗力,改善健康状况。

2.游泳与心理健康

游泳时人被水包围,这与人们平时生存生活的环境有很大的不同,入水前几乎每个人都会有恐惧心理。通过游泳,逐渐克服这种恐惧心理本身就是一种积极的心理体验。游泳有调节情绪、培养意志品质、增强自信心等作用。

3.游泳与社会适应能力

因其活动环境的特殊性,开始学习游泳就是一个锻炼个体环境适应能力的过程。特殊的生存环境改变着个体对环境的已有认知,各种刺激都可能成为一种信息来源。经过收集信息认知到适应水中环境,最后在水环境中行动自如,是一个人对环境的完整适应过程。通过游泳,人们还能在水中和竞赛中体验自由、平等、进取等意识和精神。此外,通过游泳,人们还有机会结识很多新朋友,了解各种各样的信息,这也是社会适应的一部分。

第二节　熟悉水性

对初学游泳的人来说,下水游泳前一定要了解水的基本特性,这样有利于更快、更好地学会游泳。人到水中,会碰到水的浮力、阻力和压力,浮力常常使人站不稳,阻力使人的移动受到限制,压力让人感到呼吸困难。因此,不会游泳的人初到水里都会产生怕水心理。

熟悉水性,就是让初学者通过一些简单的练习,如水中行走、水上呼吸、漂浮与站立、水中滑行等了解水的特性,消除怕水心理,为学习各种泳姿打下基础。

一、水中行走

1.练习目的

熟悉水性的第一步就是水中行走。练习水中行走的目的是使初学者感受并适应水的阻力。因为人在水中游泳时水的阻力是空气阻力的 800 多倍,所以在水中行走要比在陆上困难得多。在水中行走,可以体会在水的浮力、阻力、压力的影响下如何保持身体平衡,消除怕水心理。

2.练习方法

①扶池边向前、向后行走。

②集体拉手围成圆圈或者平行一排行走、跳跃。

③完成借助两臂在体侧划水来获得推进力的单人行走练习。

④做各种方向的走、跑、跳、转身、跃起、下沉等动作练习。

二、水上呼吸

1.练习目的

呼吸练习是初学者熟悉水性的第二步，掌握在水中憋气的规律，了解水上呼吸与陆上呼吸的不同之处，通过练习较熟练地掌握水上呼吸方法。游泳时，要先用嘴在水面吸气，然后用嘴和鼻在水中缓慢地吐气。

2.呼吸方法

(1)水上呼吸方法：水面上用嘴快速深吸一口气，低头浸入水中稍闭气，再用鼻和嘴慢慢呼气，在头即将露出水面时，使劲将最后的气呼出，反复练习，直至逐步熟悉水中的呼吸方法为止。

(2)呼吸的完整过程：快吸—稍闭—慢吐—猛吐，如此循环。无论是快做或慢做，都要保持这个完整的过程，不可打乱，如图 8-1 所示。

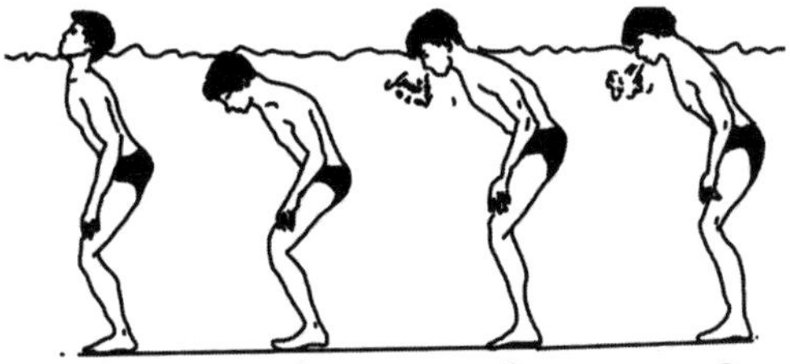

图 8-1　呼吸的完整过程

3.练习方法

①头浸水闭气练习，该练习可单人扶池壁进行，也可以两人手拉手轮流进行。练习的方法是用嘴吸足气后闭气，然后慢慢下蹲把头部浸入水中，稍等片刻后起立，头出水面后再呼吸换气。

②手扶池壁呼吸练习，如图 8-2 所示。

③双人手拉手呼吸练习，如图 8-3 所示。

图 8-2　手扶池壁呼吸练习

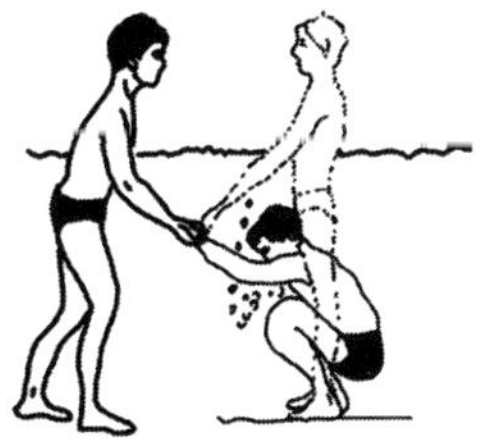

图 8-3　双人手拉手呼吸练习

④水中下蹲手摸池底练习浸水呼气。

三、漂浮与站立

1.学习目的

漂浮与站立练习的主要目的是使初学者感受水的浮力，消除怕水心理并提高在水中控制身体平衡的能力和学习在水中站立的方法。

2.练习方法

1）抱膝浮体

原地站在1~1.2米深的水中，深吸气后闭气下蹲，然后在低头的同时前脚掌轻蹬池底，顺势屈腿团身，两膝尽量靠近胸部，身体会在浮力的作用下自然漂浮起来。想要站立时慢慢地吐气，两臂前伸，同时用手掌压水抬头，两腿下伸碰到池底站稳。注意双手在体侧压水，保持身体平衡，如图8-4所示。

2）展体漂浮

站立在水中，深吸气后埋头闭气，两臂放松自然前伸，身体前倾，前脚掌轻轻蹬池底，身体就会自然漂起来，如图8-5所示。练习展体漂浮时应吸足气，蹬地，放松，两臂、两腿伸直。

图8-4　抱膝浮体

图8-5　展体漂浮

3）水中站立

由于游泳时人是横在水面的，无法站立，没有安全感，容易慌乱。练习时可以使用浮板或游泳圈，蹬游泳池壁，头埋在水中，两臂前伸，身体伸直，向前滑行。想站立时收腿，身体抱团，由于人的腿部密度相对较大，身体自然垂直，此时，向下伸腿即可踩到池底站立。

四、水中滑行

1.练习目的

水中滑行练习的主要目的是使初学者体会水中身体流线型状态，并提高控制身体平衡的能力。初学者学会漂浮以后就可以尝试完成水中滑行练习。它可以提高初学者在漂浮时控制身体平衡的能力，因此，水中滑行练习是熟悉水性的重要阶段。练习水中滑行就是为学习各种游泳姿势打下良好的技术基础。

2.练习方法

1）蹬池底滑行

两臂前伸，手指并拢，深吸一口气，上体前倾，两膝微屈，同时两脚并拢，前脚掌蹬池底，两腿上浮并拢，使身体呈流线型向前方滑行，如图 8-6 所示。站立时慢慢吐气，同时收腹屈膝，抬头，脚触到池底就可以慢慢站立了。

图 8-6　蹬池底滑行

2）蹬池边滑行

一手抓池边，一手臂前伸，背对池壁，收腹，屈腿，上体前倾，平浮于水中。深吸一口气，低头，随即松开抓池边的手，同时脚用力蹬池壁，两臂并拢前伸，两腿并拢使身体呈流线型，如图 8-7 所示。站立姿势与蹬池底滑行一样。

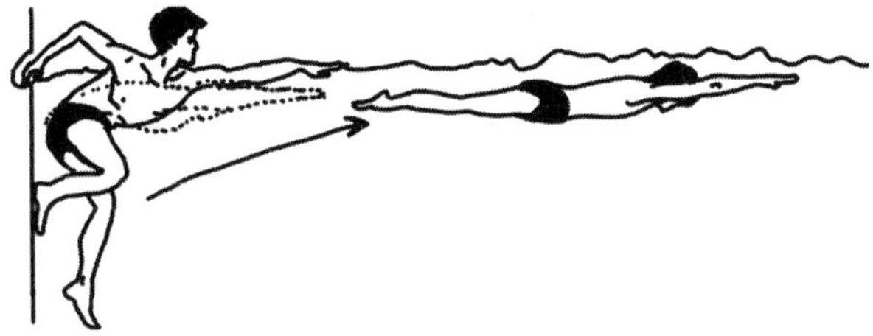

图 8-7　蹬池边滑行

第三节　基本技术

一、蛙泳技术

蛙泳是人们模仿青蛙游泳而衍生出来的一种游泳姿势。蛙泳是所有游泳姿势中最常用的一种姿势。它的特点是动作较缓慢、省力，呼吸方便，易于观察方向并能充分利用水的浮力使人体长时间漂游，深受游泳爱好者的喜爱。

1.身体姿势

游蛙泳时，身体应俯卧于水中，在完成臂和腿的动作后身体几乎呈水平姿势，两臂向前伸直，两腿并拢向后伸直，头略低使脸部浸入水中，水齐前额，眼睛在水下注视前方，使身体保持流线型状态向前滑行。在游进过程中，躯干跟随臂、腿的动作有节奏地起伏，抬头吸气时，头不要抬得过高，以免下肢下沉。

2.腿部动作

1）收腿

收腿时，大腿带动小腿向身体的侧下方前收，两腿边收边分，腿部肌肉要自然放松。收腿的速度要相对缓慢，如果收腿速度太快，就会增大阻力，影响游泳的速度。收腿结束时，小腿应尽量收在大腿的投影面内，以减小阻力。此时大腿与躯干约成130°，膝关节纵切面与池底垂直，两膝与肩同宽。整个收腿就像压缩弹簧一样，为强有力的蹬水做好准备，如图8-8所示。

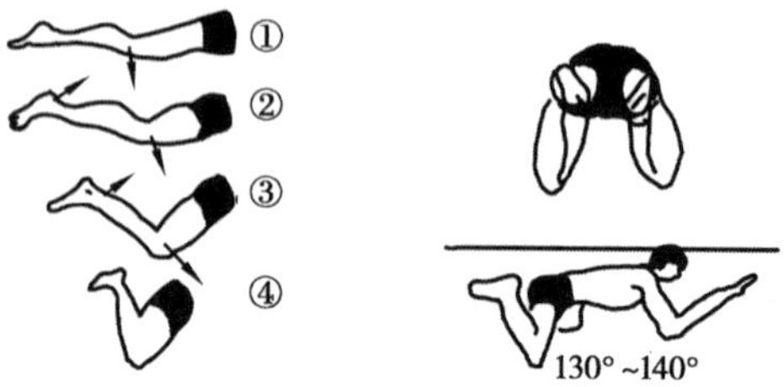

图8-8　蛙泳收腿动作

2）翻脚

收腿快结束时开始翻脚掌，此时，大腿稍内旋，使膝关节向内扣的同时，小腿向外翻，接着两脚勾脚尖外翻，脚尖向外，使小腿内侧和脚内侧正对蹬水方向，如图8-9中的③④⑤所示。翻脚动作的好坏直接影响蹬水效果，脚部踝关节的灵活性和腿部的柔韧性是翻脚动作好坏的关键。

3）蹬夹水

蹬夹水是蛙泳游进中获得推进力的主要阶段，包括蹬腿和夹水2个部分。翻脚动作结束后，大腿立即用力向外、向后，再向内做弧形加速蹬夹水动作至两腿伸直并拢。蹬夹腿是通过伸髋和伸膝，以小腿内侧和脚掌向后蹬水来完成。蹬腿的移动轨迹像两条弧线，强有力的蹬夹腿能最大限度地提高蛙泳速度。蹬水时，脚踝应该在两腿蹬直后再伸直，如图8-9中的⑥⑦⑧⑨所示。

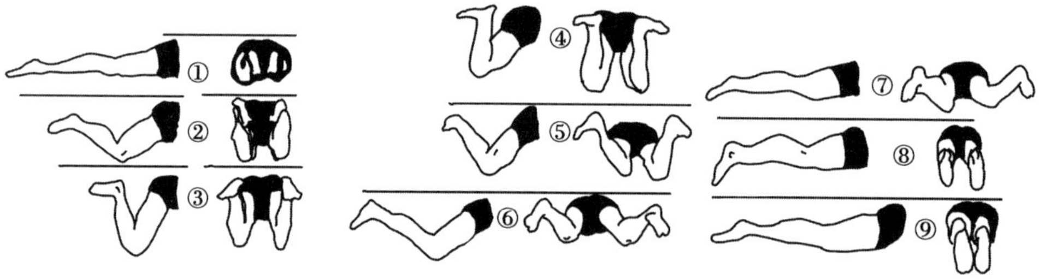

图8-9　蛙泳腿部完整动作

4）并腿滑行

蹬腿结束时，身体获得最大速度，两腿充分伸直，身体成水平姿势向前滑行。在蛙泳动作技术中，腿的动作是掌握蛙泳技术的基础，在腿的一次动作过程中，收、翻、蹬、夹动作要连贯，收腿、翻脚速度要比蹬夹水动作慢一些。

3.手臂动作

蛙泳手臂的动作包括开始姿势、抓水、划水、收手、伸臂五个阶段，整个划手路线近似于两个相对的“桃心形”，如图8-10所示。

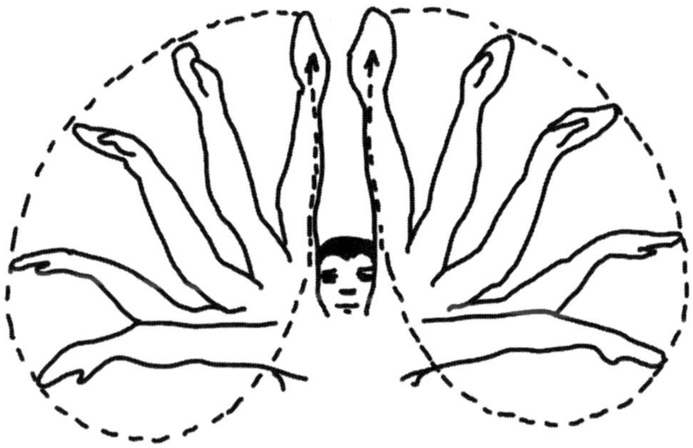

图 8-10　蛙泳划手路线

1)开始姿势

两臂自然伸直,手指并拢,与水面平行,身体成一条直线。

2)抓水

两臂略内旋,双手掌心略转向斜下方,稍勾手腕,双手分开向侧斜下方压水。抓水结束时,两臂与前进方向的夹角是 15°~20°,如图 8-11 所示。

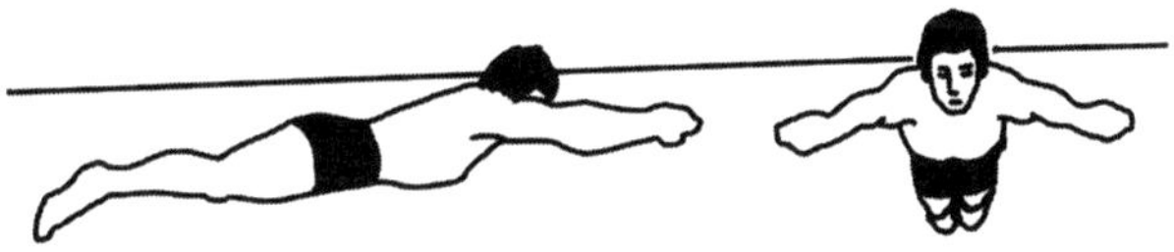

图 8-11　蛙泳抓水动作

3)划水

在双手继续外分的同时,使手掌和前臂逐渐积极地向侧、下、后方屈臂划水,肘关节保持较高的位置,在划水主要阶段,它与上臂的夹角约 90°,肘关节的角度应保持在 120°~130°,这样能在最有效的角度内快速积极地向后划水。划水结束时,手臂与划水方向的夹角应该为 80°左右,如图 8-12 所示。

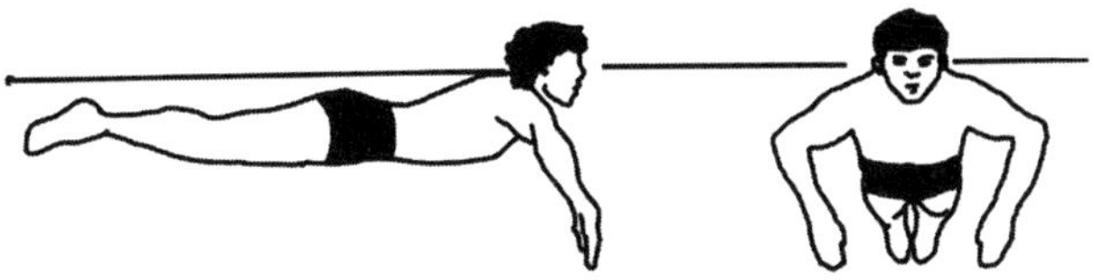

图 8-12　蛙泳划水动作

4)收手

收手是划水阶段的继续,收手过程也能产生较大的推进力和上升力。当臂划至肩的延长线时,两臂和掌同时向里,收手至头前下方时,臂与肘应几乎同时做动作,当收手至头前下方时,双手掌心相对,肘关节低于手。整个收手动作应是快速、连贯、圆滑的。收手时,两臂宽不应超过肩宽。

5)伸臂

收手后,两臂继续向前伸直,掌心向下。伸臂动作是伸肩关节的同时伸肘关节。双手先向上再向前伸，双手掌心也由相对逐渐转为向下。两臂伸直后便恢复成滑行姿势，如图9-13所示。

图 8-13　蛙泳伸臂动作

4.呼吸和完整配合技术

蛙泳的呼吸方法有两种，一种是早吸气，一种是晚吸气。早吸气是两臂分手抓水时抬头做呼吸动作，两臂前伸时低头。早呼吸方法适合于一般游泳锻炼者或初学者，用这种方法呼吸时，在空中停留的时间相对较长，能吸进气多，动作也比较平稳，节省体力。晚吸气是划水快结束时才开始抬头呼吸，收手结束臂前伸时低头。运动员多采用晚呼吸方法，它的特点是动作连贯，前进速度均匀，有利于加快速度。

蛙泳的完整配合技术（图 8-14）是在一个动作周期里采用一次呼吸、一次划臂、一次蹬腿的配合技术。即当两臂划水时抬头吸气，划水将结束时开始收腿，手臂开始前伸时收腿结束，双手伸直时用力蹬夹水，蹬水后，手腿伸直并拢向前滑行，同时在水中呼气，然后做下一个动作。

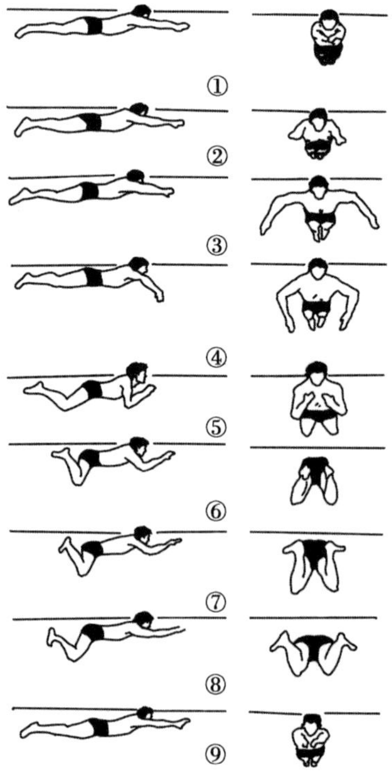

图 8-14　蛙泳的完整配合技术

二、爬泳技术

爬泳,因其动作很像爬行,故人们称之为“爬泳”。在竞技游泳比赛中,爬泳速度最快,人们通常采用爬泳技术参加自由泳比赛,故爬泳也称为自由泳。

1.身体姿势

游爬泳时,身体自然伸直、平卧于水面,上体位置尽可能高,头的 1/3 露出水面,水齐发际,眼视前下方。游进过程中,身体随划水和呼吸动作绕纵轴做有节奏的转动,转动角度为 35°~45°,如图 8-15 所示。

2.打腿动作

爬泳打腿动作主要起平衡作用,使下肢抬高,保持身体成流线型,同时具有一定的推进作用。打水时,两腿上下交替,脚尖稍内扣,踝关节放松,以髋关节为支点发力,通过大腿带动小腿和脚做上下鞭状形交替打水动作。打水时,动作应有力并有弹性,腿上提时放松,下压时用力,如图 8-16 所示。

图 8-15 爬泳身体姿势

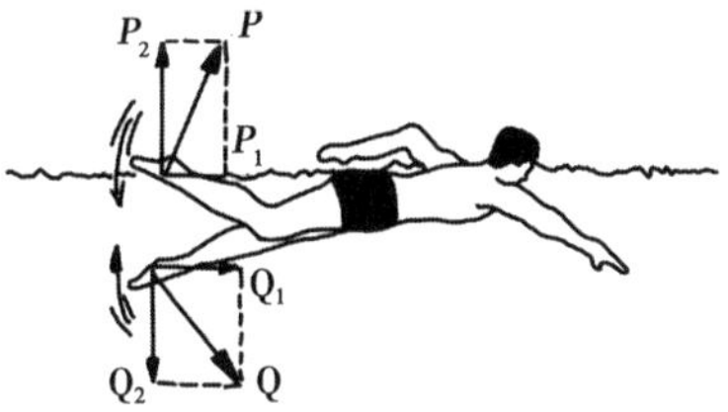

图 8-16 爬泳打腿动作

1)向上打水

爬泳腿向上打水的重点是以髋为轴,大腿带动小腿,用交替协调的鞭状动作做直腿打水。向上打水有助于体会大腿带动小腿的动作,不要急于过渡到屈腿打水。爬泳打腿练习易累,可以多做辅助练习,如陆上坐、卧交替,扶边打水快、慢交替,漂浮打水可单、双臂在前或双臂在后交替练习。游进中,腿向上打水时,脚应接近水平。从垂直面看,两腿分开的距离为 30~40 厘米,膝关节弯曲的角度约为 160°。

2)向下打水

小腿和脚向上打水结束后,开始在大腿的带动下向下打水,它们的打水方向是向后下方。当大腿向下打水到最低点并向上抬起时,小腿和脚与大腿仍保持一个角度,并继续向下移动打水,直至完全伸直为止,才随大腿向上移动,开始第二个循环的动作。

3.手臂动作

爬泳手臂划水是推动身体前进的主要动力。它包括入水、抱水、划水、推水、出水与空中移臂六个阶段。水下整个划水过程呈“S”形路线。

1)入水

手在肩的延长线上入水。入水时,手指自然并拢,向前下方斜插入水中,指尖先行。

2)抱水

入水后肩随之前伸,同时屈腕提肘向后高肘抱水。

3)划水

继续保持高肘,手臂向内、向上和向后运动至肩下,此时肘关节弯曲最大。

4)推水

当划至肩下时,手臂随身体侧转,向后伸肘加速推水至大腿旁。

5)出水

推水结束后,借助惯性由上臂带动前臂向外上方提拉出水。

6)空中移臂

手肩提拉出水后,借助肩关节自然转动,高肘将两臂前移至肩前方,准备再次入水。

4.完整配合技术

爬泳完整配合技术形式多样。常见的有 6∶2∶1、4∶2∶1、2∶2∶1 等配合技术。应用最广泛的是 6∶2∶1,即 6 次打腿、2 次划臂、1 次呼吸的配合技术。一般而言,6 次打腿技术较适合于短距离项目和初学者,4 次和 2 次打腿技术则适合于中、长距离项目。

1)两臂配合技术

爬泳两臂是交叉轮流划水,可分为前交叉配合(图 8-17①)、中交叉配合(图 8-17②)和后交叉配合(图 8-17③)。

前交叉配合技术特点是容易维持身体平衡,有利于初学者掌握爬泳动作,故对初学者来说,两臂配合以采用前交叉技术为宜。后两种交叉配合技术易提高动作频率,加快速度,保持连续的推进力。

图 8-17　爬泳划水的三种交叉配合

2)呼吸与划臂的配合

爬泳时,一般在两臂各划水 1 次的过程中做 1 次完整的呼吸,即吸气、闭气和呼气。吸气时,肩和头应向一侧转动。以右侧转头呼吸为例,当右手划至肩下方时,头部开始向右侧转动并慢呼气,随着右臂推水与提肘出水动作的进行,迅速转头张嘴换气,右臂出水空中移臂至一半时完成吸气动作,然后憋气将头转正,接着右臂入水并开始下一次呼吸。爬泳完整动作如图 8-18 所示。

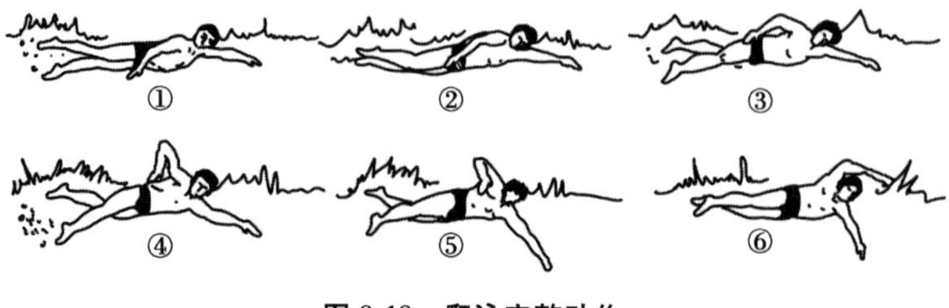

图 8-18　爬泳完整动作

第四节　游泳安全

一、游泳基本常识

1.游泳禁忌

①严禁患有各种传染性疾病(如患有皮肤病、结膜炎、急性沙眼等)的人游泳,这是因为他们不仅会将疾病传染给其他游泳者,带来交叉感染,而且对自身的健康也是不利的。

②严禁患有心脏病、肺炎(肺结核)、精神疾病、肝肾疾病、高血压的人游泳。禁止酒后游泳。因为人在饮酒后中枢神经系统处于过度兴奋或抑制状态,表现为反应迟钝,此时游泳容易发生事故。

③太饿或者太饱时都不适宜游泳,饭后 1 小时内不可以游泳。这是因为饭后消化系统活动加强,需有较多的血液流向消化器官,如果饭后立刻游泳,大量的血液就要流向肌肉以保证全身活动的需要,流向消化器官的血液就会相对减少,从而影响胃肠对食物的消化吸收。

④剧烈运动或强体力劳动后不宜游泳。剧烈运动或强体力劳动后,人体处于疲劳状态,此时体力下降、肌肉反应能力减弱、水中动作不易协调,如果马上游泳,会造成疲劳的积累,极易发生溺水事故。

⑤女生例假期不宜游泳。

2.游泳前做好准备活动

在游泳之前一定要做充足的准备活动。夏季天气炎热,如果不做准备活动马上入水,因为水温、体温、气温相差很大,骤然入水,毛孔迅速收缩,刺激感觉神经,轻则引起肢体抽筋,重则引起反射性心脏骤停、休克,很容易造成溺水死亡。游泳前的准备活动如下:

①通过跳跃、慢跑使身体发热但不出汗,活动 2~4 分钟。其目的是克服各机能器官的惰性,提高神经系统的兴奋性和灵活性,使身体适应低水温的刺激,从而减少痉挛、拉伤等事故的发生。

②伸展运动,使身体各关节、韧带及身体肌肉做好充分活动准备,以防受伤。

③入水前用冷水淋浴一下,以适应水温,然后下水。

④水上准备工作。入水后不宜马上快速游泳,更不宜马上游入深水区。应在浅水区适应一段时间后,再逐渐加速或游入深水区。

3.游泳过程中应注意的问题

①对自己进行有效保护。如果游泳池中人比较多,应注意互相谦让,不要拥挤,避免意外的发生。在水中要注意观察其他游泳者的位置,避免因游泳方向不一致而发生头部和鼻子的碰撞。

②不要在泳池边相互追逐打闹。游泳池的四周大多是马赛克地面,游泳的人在上面来回走动,留下了许多水,地面很滑。不在浅水区跳水,不做比较危险的练习。在游泳中,如果

突然觉得身体不舒服,如眩晕、恶心、心慌、气短等,要立即上岸休息或呼救。在游泳中,若小腿或脚部痉挛,千万不要惊慌,可用力蹬腿或做跳跃动作,或用力按摩、拉扯痉挛部位,同时呼叫同伴救助。

③下水后身体的正常反应与不适应现象。一般在刚下水的几分钟内,皮肤表面的毛细血管收缩,血液循环减慢,流向皮肤的血液减少,皮肤变白,或起"鸡皮疙瘩",身体感觉寒冷。这是正常的生理反应,称为"初期反应"。之后,体内各器官的活动和物质代谢加强,热量增加,体表血管扩张,血液循环改善,身体有温暖的感觉,这是身体适应外界寒冷环境的一种积极反应,称为"二期反应"。这一阶段是在水中进行活动的最好时间。"二期反应"以后,如果继续在水中,皮肤血管就会再一次保护性地收缩,起"鸡皮疙瘩",嘴唇发紫,全身打战,这表明游泳者在水中时间太长,散热过多而出现"三期反应"。

④游泳时眼睛的保护。游泳时,眼睛不可避免地会接触水,为了保护眼睛,最好在游泳时戴上游泳镜。

⑤游泳结束后,要注意个人卫生和保养。游泳后应认真洗澡,游泳穿的衣裤也应及时漂洗、晾晒备用。有些人游泳后发觉眼睛发红或刺痒,这是游泳池内漂白粉等消毒药水刺激造成的眼结膜充血,这种现象待出水后几个小时即可自然消退,一般不需治疗。需要提醒的是每次游泳后最好用清水冲洗眼睛,也可用消炎眼药水滴眼,避免眼部炎症的发生。此外注意清除耳、鼻中残存的水。

二、游泳场所的选择

1.相应设施须齐全

正规游泳场所应该配有救生员、救生设备,安全标志要准确明显。常见的救生设备有救生圈、救生绳、救生杆、救生抛球,这些设备应该放置在明显的位置,便于急用。救生员要有专门的从业资格和技术水平。正规游泳场所管理比较规范,水质和安全卫生等条件都有专门的政府卫生部门监督,池水也会经常消毒、排污和过滤,清洁度较高。

2.相应制度须健全

正规游泳场所都应有相关的管理规定,特别是有相应的管理制度、责任人来约束游泳场所管理者的行为,做到责任到人。

三、水上遇险的生存常识

1.游泳中遇到抽筋情况的自救

抽筋是肌肉不自主地强直性收缩,水温过低或游泳时间过长都可能引起抽筋,发生抽筋时最重要的是保持镇静,不惊慌。

如果发现抽筋现象,应马上停止游泳,立即上岸休息,并对抽筋部位进行按摩。如果在深水中发生抽筋,且自己无力处理,而周围又无同伴时,应向岸边呼救,千万不要慌张。在水中处理抽筋的方法主要是牵引抽筋的肌肉,使收缩的肌肉伸展。需注意的是,不管发生什么样的抽筋,都应先向同伴或其他游泳者呼救。

2.溺水的急救

1）发现溺水者如何将其救上岸

救助者可将救生圈、竹竿、木板等物抛给溺水者，再将其拖至岸边。若没有救护器材，可以入水直接救护。接近溺水者时要转动他的髋部，使其背向自己然后拖运。救助者通常采用侧泳或仰泳拖运法。需注意的是，未成年人发现有人溺水，不能贸然下水营救，应立即大声呼救或利用救生器材施救。

2）如何开展岸上急救

如果溺水者已昏迷，马上拨打“120”急救电话。救助者将溺水者运到平坦安全处后应及时进行急救。如溺水者肚子很大且已昏迷，应先将其口、鼻中的泥沙与污物清除。救助者解开其衣扣、腰带等，然后倒水，可将溺水者的腹部趴在自己一只屈膝的大腿上或用其他隆起的物体垫在溺水者腹下，并将溺水者头部放低，然后用手挤压溺水者背部和腹部，使水排出，也可使溺水者头低脚高地趴在斜坡上。如果溺水者呼吸很弱，救助者要立即对其就地进行人工呼吸，通常采用口对口吹气的方法效果较好。若溺水者心跳停止还应立即配合胸外心脏按压，进行心脏复苏。

游泳-熟悉水性

游泳-蛙泳

思考题

1.简述游泳运动的概念。

2.熟悉水性的步骤有哪些？

3.游泳有哪几项基本技术？

4.蛙泳的脚上动作分为几个步骤？分别是什么？

5.游泳过程中应注意哪些问题？

6.生活中发现溺水者，我们应该如何施救？

第九章　瑜　伽

章节内容提要

本章通过瑜伽的内涵、起源与发展、主要流派、功法及其特点，以及一些简单的瑜伽体式和向太阳敬礼十二式的介绍，使学生了解什么是瑜伽，它的来源和发展状况，以及练习瑜伽的好处、练习瑜伽时如何呼吸，从而学会简单的瑜伽体式和健身套路。

学习目标

1. 了解瑜伽的起源与发展、主要流派、功法及其特点。
2. 掌握瑜伽呼吸法、常用坐姿和简单的体式及健身套路。

第一节　瑜伽概述

一、瑜伽的内涵

瑜伽是梵语"yoga"的音译。瑜伽这个词的词根"yug"原义是把牛马套在车辕上，作词义理解为"相印"或"结合，合一"。瑜伽是指瑜伽练习者通过种种练习方法，使自我（小我）与自然乃至宇宙本体（大体）融合，让我们与自然和谐相处。即瑜伽教会人们学会控制自己的行为，以及意识转变。《薄伽梵歌》里这样描述瑜伽："沉着地去履行责任，放弃对成败的一切执着。这样的心意平衡就叫作瑜伽。"

二、瑜伽的起源与发展

瑜伽起源于古印度哲学，距今有5 000多年的历史，从广义上讲它属于古印度六大哲学之一，从狭义上讲它是融体位动作、心理调节、心智开发、健康饮食等为一体的一整套健身方法，它可以改善身体姿态、增强身体活力、延缓机体衰老、提高新陈代谢、促进身体健康，是一种体育养生的重要手段。

瑜伽理念应是随着佛教传入中国的。20世纪三四十年代美国著名瑜伽导师英蒂拉·德菲（被称为"瑜伽第一女士"）在中国上海创办了第一所瑜伽学校，宋美龄等开始练习瑜伽。20世纪80年代中央电视台联播的张蕙兰瑜伽术教学片，使国人开始了解和关注瑜伽。最初，瑜伽主要在中国沿海城市传播、开展，近年来，瑜伽会所、瑜伽培训机构开始在全国各地兴起，大有普及之势。

2016年是健身瑜伽元年，国家体育总局社会体育指导中心、全国瑜伽运动推广委员会组织全国瑜伽专家，以传统瑜伽为参考，结合中国国情与大众健身需求，审定了《健身瑜伽108

式体位标准》。该标准规定体式本着“循序渐进、全面均衡、安全有效”的原则。这也是健身瑜伽练习的指导原则。在体式的编排上按难易程度排序；在体式的选择上，根据体式的主要形态，均衡采用前屈、后展、侧弯、中立伸展、扭转、倒置、平衡、坐姿与其他等类别，同时兼顾练习安全与健身效果。中国化瑜伽的总体特征与趋势：去宗教、去神秘、去个人崇拜，全民健身化，以体位法为主导，与中国传统养生法相结合。在近几年的试行中，该标准不断修订和完善，目前规定体式已增至180式。

三、瑜伽的主要流派

根据《薄伽梵歌》的记载及瑜伽的发展史，瑜伽有以下主要流派：

①王瑜伽，又称八支分法瑜伽。此为冥想之道。王瑜伽是通往精神世界的必由之路，王瑜伽抛弃了大多数严格的瑜伽体位，偏向于调息和冥想。王瑜伽积极提倡瑜伽的八支分法，即禁制、遵行、坐法、调息、制感、内省、冥想、三摩地。

②哈他瑜伽，又称诃陀瑜伽。此为强身之道。哈他瑜伽是打开瑜伽之门的钥匙，它注重生理，是身体洁净、呼吸和身体锻炼方法的体系。同时它利用瑜伽中的体位、呼吸法强化身体、增强能量流动。因为身心本是相互影响的，所以欲强其心，先强其身，这是哈他瑜伽的基础。现代很多新的瑜伽流派从哈他瑜伽演化而来，如阴瑜伽、高温瑜伽、艾扬格瑜伽等。

③智瑜伽，又称吉纳瑜伽。此为启悟之道。智瑜伽注重哲学，是探讨真和非真、永久与暂时、生命力与物质等问题的哲学思辨体系。智瑜伽是期望通过知识和智慧的途径达到明心见性的瑜伽修习体系。

④业瑜伽，又称实践瑜伽。此为净心之道。业瑜伽认为行为是生命的第一表现，它倡导将精神集中于内心世界，通过内心的精神活动，引导更加完善的行为。

⑤巴克提瑜伽，又称奉爱瑜伽。此为爱心之道。唯有内心充满爱，方能与真理合二为一。

⑥希瓦南达瑜伽，一种传统的瑜伽，强调适当的运动呼吸、深度放松、素食，以及正面的思考和冥想，每次课程都有固定的程序，以十二个传统的瑜伽体式为主，包括呼吸练习、唱诵、放松练习。

除了以上瑜伽派系，现代瑜伽还发展出了其他瑜伽派系，如艾扬格瑜伽、阿斯汤加瑜伽、活力瑜伽、流瑜伽、阴瑜伽、昆达里尼瑜伽、维尼瑜伽、比克拉姆热瑜伽（高温瑜伽）等。

为了吸引更多的人练习瑜伽，出现了按照训练人群分类的瑜伽：男子瑜伽、孕妇瑜伽、儿童瑜伽、双人瑜伽、亲子瑜伽、中老年瑜伽；按照功效分类的瑜伽：香薰瑜伽、纤体瑜伽、产后瑜伽、减压瑜伽、力量瑜伽、康复瑜伽、美容瑜伽、智能瑜伽；按照训练器械分类的瑜伽：球瑜伽、椅子瑜伽、空中瑜伽、维密瑜伽、墙绳瑜伽等。

第二节　瑜伽功法及其特点

一、呼吸法

1.腹式呼吸

仰卧放松，把手放在腹部，不给腹部压力，用鼻子慢慢吸气，感觉气沉肺底，横膈膜下沉，腹部隆起，注意此时腰背部仍然在地上，双手被腹部微微抬起，吐气时横膈膜渐渐复位，腹部回落，彻底排尽肺底残留气体。

2.胸式呼吸

自由盘坐或选择山式站姿，腰背部挺直，骨盆保持中立，双肩下沉，收缩腹部，鼻子慢慢吸气，胸腔壁内收同时下部升高，肋骨向外扩张，吐气时缓慢柔和，肋骨内收，胸腔回落还原。

3.锁骨呼吸

自由盘坐，腰背部挺直，骨盆保持中立，双肩下沉，将双手放于锁骨两侧，不要施加压力，鼻子慢慢吸气，腹部和胸腔始终收紧，感觉双手被锁骨推起，呼气时，腹部和胸腔继续收紧，感觉双手和锁骨回落还原。

4.完全式呼吸

仰卧放松，身体在一条直线上，双脚自然分开，将腹式、胸式、锁骨呼吸技巧结合起来形成完全式呼吸。鼻子慢慢吸气，当腹部隆起时，肋骨扩张，肺部气体上提，锁骨上推，肩跟随吸气微微向上提。呼气时收肩，锁骨回收，肋骨还原，腹部内收上提。

二、瑜伽的常用坐姿

对健康的人群而言，瑜伽能使自己在较长时间内保持身体的稳定，强化腰骶肌肉，减缓肌肉紧张，降低血压；减少腿部血液循环，使血液较多地供应到内脏器官，将能量积累在骨盆区域，有助于提升内脏的活力。有坐骨神经痛和骶骨损伤的练习者只能练习雷电坐和英雄坐，而有膝关节损伤和髌骨劳损、错位的人群咨询医生后方可训练。下面简单介绍简易坐、雷电坐、武士坐、至善坐和全莲花坐五种坐姿。

1.简易坐

简易坐又称安逸坐，这是用于调息和冥想最简单的坐姿。此坐姿加强髋、膝、踝的能量流动，有效提高其神经系统功能，可以减轻和消除风湿和关节炎。

练习方法：坐在地上，双腿伸直，弯起右小腿，把右脚放在左膝盖下或左大腿下，弯起左小腿，把左脚放在右膝或右大腿之下。双手五指自然分开，掌心向下，安放膝盖上。也可交换体位，继续保持这种姿势。

2.雷电坐

雷电坐又称金刚坐或砖石坐。对不能盘坐的人群来说，这是一种很适合的坐姿，它不仅可以强化腰背部力量,还可以帮助人们控制情绪,达到心灵平和的目的。这种坐姿能帮助消化食物,对胃部不适的朋友有很大帮助。对妊娠期妇女来说,这也是很有效的产前练习动作。

练习方法:膝盖并拢,双膝跪地,将双腿的胫骨和脚背放在地面,两个大脚趾相互交叉重叠,脚跟外展,背部伸直,臀往下坐于双脚内侧的脚跟之间,双手放在膝盖上。

3.武士坐

武士坐又称神人坐,这是最简单的平衡体式,它能促进精神上的平衡和自我认知,使髋、膝、踝等关节变得灵活,使腿部外侧和臀部肌肉得以拉伸,同时减少其赘肉。

练习方法:双腿并拢,直角坐姿,腰背部伸直。屈双膝,右脚从左膝下穿出,脚跟放在左臀外,左脚跨过右膝,脚跟放在右臀外。此坐姿的两膝盖重叠与鼻尖在一条直线上。

4.至善坐

至善坐又称完美坐,是瑜伽体式中最为放松的一种。这种坐姿有助于梳理人体经络,使之畅通无阻。

练习方法:双腿并拢向前伸直,挺直腰背坐着。屈右膝,右脚跟抵会阴,脚底抵左大腿,屈左膝,让左膝的四个脚趾插入右大腿和小腿间,左脚跟和右脚跟在一条直线上,左脚跟尽量抵耻骨,双手自然置于膝上。

5.全莲花坐

全莲花坐可以使生命能量从底轮直接到顶轮。这种坐姿可以滋养腹内脏器,使中枢神经充满活力,减缓肌肉紧张,降低血压。但是有坐骨神经痛、骶骨损伤、膝关节损伤、髌骨损伤的练习者需在医生的许可下才能练习此动作。

练习方法:双腿伸直,腰背挺直,将右脚脚心朝天,尽量放在左大腿根部,脚跟抵左侧小腹,将左脚脚心朝天,尽量放在右大腿根部,脚跟抵右侧小腹。尽量将双膝压向地面,在极限的边缘尽量长时间保持姿势。双手合十放于胸前。

三、简单的瑜伽体式

1.山式站姿

身体像山一样站立,挺拔。首先做到双脚内侧缘并拢,收缩小腿和大腿肌肉以及臀大肌和核心肌群;骨盆保持中立,使身体的双脚脚跟、两小腿肚、臀部两点和后脑枕骨保持在一个平面上,如图 9-1 所示。

2.树式

山式站姿开始,屈左膝,将左脚置于右大腿的内侧,足跟靠近会阴,髋外展,双手合十于胸前,吸气,双手沿着眉心向上送,直至两大臂夹于耳后,双手于头顶上方,保持几组呼吸,吐气时还原。双脚交换方向锻炼。此动作可以缓解肩背部不适,增强双腿的力量,提高身体的平衡能力,如图 9-2 所示。

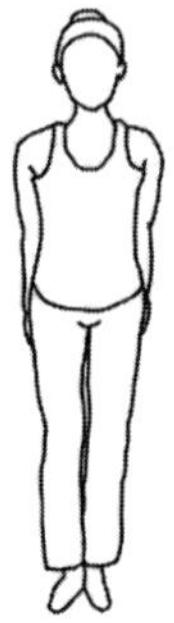

图 9-1　山式站姿

图 9-2　树式

3.斜板支撑

雷电坐开始，身体前倾，变成四脚板凳姿势，即双手和双脚垂直于地面（也称基本猫动作）。此时在手不动的情况下，双脚向后撤，直到身体呈一条直线。保持几组呼吸，吐气时还原。此动作可以稳定肩袖肌群，增强手臂和核心力量，达到提高身体整体机能的目的，如图 9-3 所示。

4.增延脊柱前屈伸展

山式站姿开始，吸气时双手臂经体侧向上至两大臂并夹于耳后，掌心向前，延伸脊柱，吐气时髋屈曲，双手抓住脚踝，或抓住小腿。保持背部平直，双腿伸直，尽量垂直于地面。此动作可加强腹部器官功能，助消化。有腰椎间盘突出的练习者不宜练此动作，如图 9-4 所示。

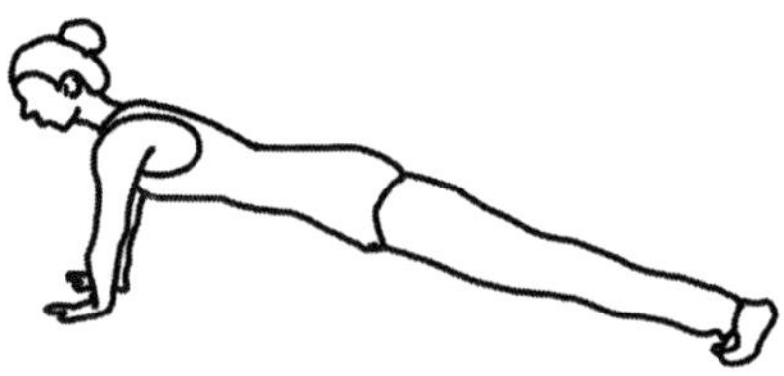

图 9-3　斜板支撑

图 9-4　增延脊柱前屈伸展

5.侧角伸展

山式站姿开始，双腿分开约两肩半的距离，左脚向左侧转动 90°，右脚稍内扣，左脚的脚后跟和右脚的足弓在一条直线上；双臂侧平举，屈左膝，左小腿垂直于地面。躯干向左侧延伸弯曲，左手肘置于左腿上，右臂向斜上方伸展，与身体在一条直线上，如图 9-5 所示。

6.顶峰

四脚板凳姿势开始（双手和双腿垂直于地面跪姿开始），吸气时双脚脚跟尽量压向地面，双臂和双腿伸直。身体重心放在脚跟上，身体像一座桥。双臂和背在一条直线上，双脚并拢，双腿后侧充分拉伸。有高血压和低血糖的练习者尽量不做头低于心脏的动作。此动作可以有效地拉伸背部和腿部后侧肌群，缓解疲劳，如图 9-6 所示。

7.猫式

雷电坐开始，身体前倾变成四脚板凳姿势，即双手和双脚垂直于地面，双脚分开与髋同宽。吸气时，脊柱逐渐伸展，塌腰翘臀，扩展胸腔；吐气时，收腹，拱背，眼睛看向肚脐。猫式可以很好地增加脊柱的灵活性,放松肩部,如图 9-7、图 9-8 所示。

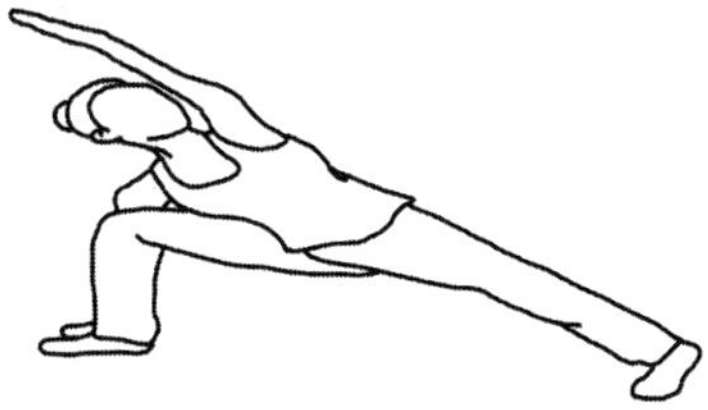

图 9-5 侧角伸展

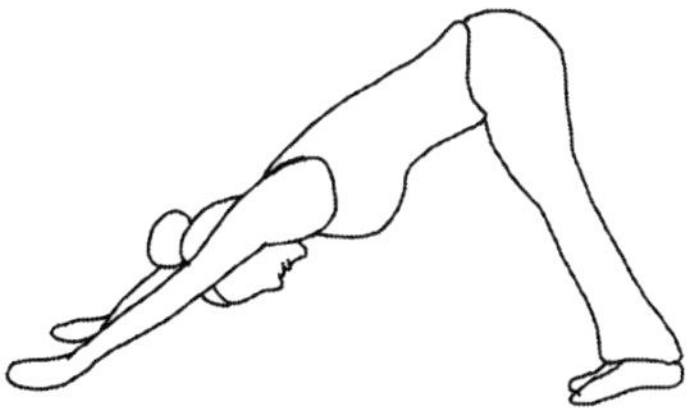

图 9-6 顶峰

图 9-7 猫式一

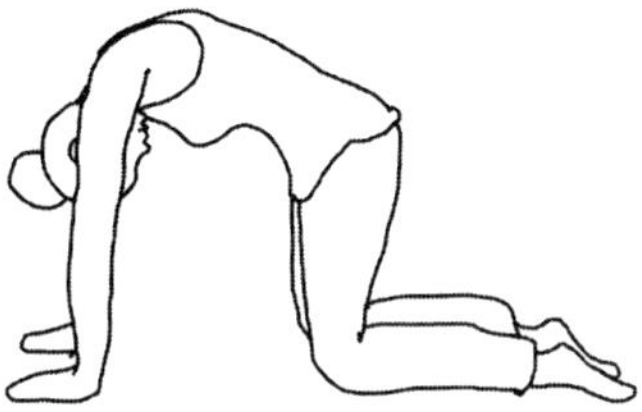

图 9-8 猫式二

8.半骆驼式

双膝跪立,双腿垂直于地面,两膝盖分开一横拳的距离,保持骨盆中立,左手护腰,吸气时顶髋,从腰部向后弯曲身体,胸腔充分伸展,右手掌放于右脚跟上,手指指向脚趾的方向,也可手心和脚心相对,同时左臂向上、向后抬起伸展。身体在极限的边缘停留。呼气时还原,换做反方向的动作。此动作有助于矫正圆肩、驼背,改善不良体态,如图 9-9 所示。

9.鹤禅

山式站姿开始,双腿分开与髋同宽,屈双膝下蹲,双手放于双脚前方,双膝抵住腋窝,身体前移,肘内收微屈,小臂与地面垂直,同时双腿抬离地面,两小腿与地面平行,同时背部保持平整,目视前方。保持自然呼吸,提高专注力和平衡力,如图 9-10 所示。

图 9-9 半骆驼式

图 9-10 鹤禅

10.战士一式

山式站姿开始,双腿分开约两肩半的距离,左脚向左侧转动 90°,右脚稍内扣,向左转髋,保持中立,吸气时双臂经体侧向上抬起,直至两大臂夹于耳后,双手在头顶合十,吐气时屈左膝呈 90°,小腿与地面垂直,大腿与小腿垂直。换另一条腿锻炼。战士一式可增强髋、膝、踝的稳定性,增强腿部力量,如图 9-11 所示。

11.船式

直角坐姿开始,上半身垂直坐于垫子上,双腿伸直,如图 9-12 所示。吸气时脊柱延伸,呼气时双手、双脚和躯干同时往上伸，大腿贴近腹部，以坐骨为支点，收紧腹部，让双腿伸直，双手抓住自己的两小腿，让身体形成一个“V”字形，腰背部伸直，吸气时还原。保持几组呼吸。船式可有效增强腹部肌肉力量，提高平衡力，如图 9-13 所示。

图 9-11 战士一式

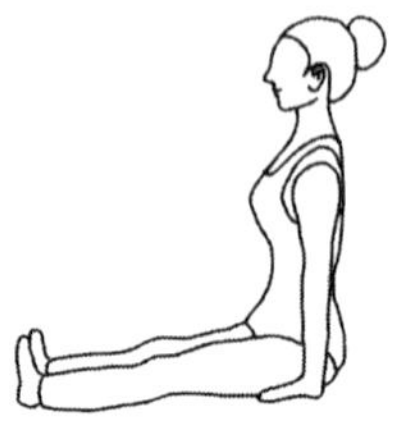
图 9-12 直角坐姿

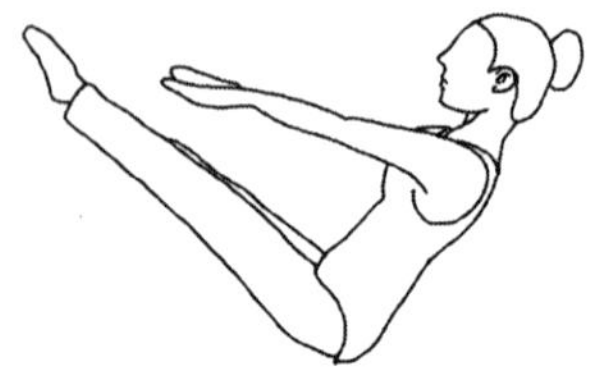
图 9-13 船式

第三节 向太阳敬礼十二式

向太阳敬礼十二式又称为拜日十二式。许多人会把这一瑜伽动作作为开始练习瑜伽前的热身瑜伽，是最常做的瑜伽动作，也是瑜伽入门的基本动作。向太阳敬礼十二式为一个合体，两个回合为一个完整的向太阳敬礼式。向太阳敬礼式第一回合的前一个骑马式是右脚向后迈出，后一个骑马式开始时右腿由顶峰式屈膝回收至双手间；第二个回合的前一个骑马式左腿向后迈出，后一个骑马式开始时左腿由顶峰式屈膝回收至双手间。

1. 向太阳敬礼之祈祷式

山式站姿，挺身站立，身体在放松和警醒中保持平衡，双脚靠拢，双掌在胸前合十，正常呼吸，如图 9-14 所示。

2. 向太阳敬礼之展臂式

山式站姿，双脚保持平放在地上。吸气时双手由体侧向上，双臂高举头上（举臂时，双手食指相触，掌心向前），缓慢而深长地吸气，上身自腰部起向后方弯下，如图 9-15 所示。

图 9-14 向太阳敬礼之祈祷式

图 9-15 向太阳敬礼之展臂式

3. 向太阳敬礼之站立前屈式

吸气时，从展臂式慢慢收回身体，大臂仍然靠近双耳，掌心向前，一边呼气，一边慢慢向前弯身，用双掌或双手手指触及地板（不要弯曲双膝）。背部平直，下肢垂直于地面。在极限的边缘实现坐骨上提，小腹贴住大腿，额头寻找胫骨，以不感到太费力为限，尽量使头部靠近双膝,如图 9-16 所示。

4.向太阳敬礼之骑马式

再次吸气时,抬头,打开双肩,向前看,双手落于脚的两侧,保持双掌放于右脚两侧,向后撤左脚,左膝和左脚趾着地,呼气时屈右膝,右小腿垂直于地面,右脚的膝盖和指尖在同一直线上且膝盖不超过脚尖。吸气时脊柱充分伸展,吐气时髋部下沉,目视前方,慢慢呼吸,如图 9-17 所示。

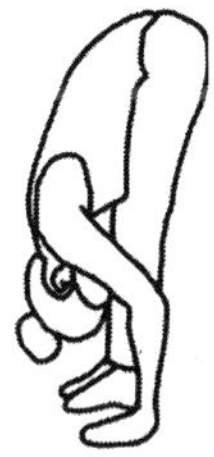

图 9-16 向太阳敬礼之站立前屈式

图 9-17 向太阳敬礼之骑马式

5.向太阳敬礼之顶峰式

一边慢慢呼气,一边把右脚向后移,使双脚靠拢,坐骨向上即臀部向上方抬起。双脚脚跟尽量压向地面,双臂和双腿伸直。身体重心放在脚跟上,如图 9-18 所示。

6.向太阳敬礼之八体投地式

吐气,由顶峰式开始,屈双膝,落双膝于垫子上,同时竖起双脚脚趾,屈肘,胸部落于双手之间,下颌、双手、胸部、双膝及双脚脚尖与地面接触,如图 9-19 所示。

图 9-18 向太阳敬礼之顶峰式

图 9-19 向太阳敬礼之八体投地式

7.向太阳敬礼之眼镜蛇式

吸气,由八体投地式慢慢向前推送身体至极限,一边把胸部向前,向上移直到双手伸直,手肘内收,同时腹部及两条大腿接触地面。再次吸气,胸腔上提,手推地伸直双手,上身从腰部向上升起。背部应成凹拱形,头部像眼镜蛇那样向后,但不过分后仰,如图 9-20 所示。

8.向太阳敬礼之顶峰式重复

呼气时由八体投地式竖起双脚的脚趾,脚趾用力、脚跟下压,膝盖上提,由眼镜蛇式往回拉身体,同时把臀部提高到空中再到顶峰式,如图 9-21 所示。

9.向太阳敬礼之骑马式重复

一边吸气,一边由顶峰式弯曲左腿并向前迈一大步,屈左膝,左小腿垂直于地面,膝盖不超过脚尖,同时左脚脚趾与双手指尖平行;右脚脚趾回勾,膝盖落地。向上看,胸膛向前挺,后背伸直,眼睛平视前方,如图 9-22 所示。

10.向太阳敬礼之站立前屈式重复

吸气时由骑马式开始，左腿用力，一边保持双掌放在地上用力推，一边慢慢呼气，把右脚收回与左脚并拢，伸直双腿，尽量使头部靠近双膝。背部平直，双腿垂直于地面，如图 9-23 所示。

图 9-20　向太阳敬礼之眼镜蛇式

图 9-21　向太阳敬礼之顶峰式重复

图 9-22　向太阳敬礼之骑马式重复

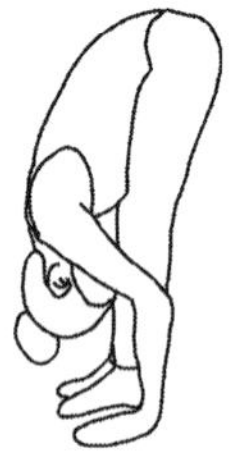

图 9-23　向太阳敬礼之站立前屈式重复

11.向太阳敬礼之展臂式重复

吸气，由前屈体式开始，双臂由体侧向上伸直慢慢抬高，同时慢慢抬起身体，再打开胸腔，双臂和背部向后弯，头不过分后仰至展臂式，如图 9-24 所示。

12.向太阳敬礼之祈祷式重复

吐气时由展臂式回到祈祷式，山式站姿，挺身站立，但要放松，双脚靠拢，双掌在胸前合十，正常呼吸，如图 9-25 所示。

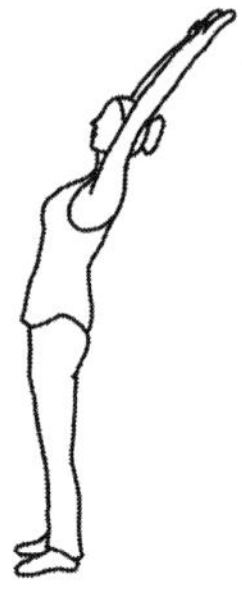

图 9-24　向太阳敬礼之展臂式重复

图 9-25　向太阳敬礼之祈祷式重复

第四节　瑜伽练习注意事项

①练习瑜伽之前应该将手机等电子设备设置成静音，这是对自己和他人的尊重；练习前，取下身上的首饰，解除束缚，脱掉袜子，赤脚练习。

②饮食无特别要求，可以使胃里有一半食物，1/4 存水，其余 1/4 保持空缺，吃七分饱即可，以免感到沉重和懒散。练瑜伽前后 1 个小时内不要进食，以免引起胃部不适，饭后 2 个小时内尽量避免练习。

③有高血压或心脏疾病的练习者在练习时避免做头部朝下的动作。瑜伽作为一种健身方式，在练习之前记得要先热身几分钟。练习中通过倾听自己深沉平缓的呼吸来感受身体每一处的变化，引导你从一个姿势到另一个姿势。如果感觉不适，应当延缓瑜伽动作或者停下来稍作休息。同时，不要模仿别人，没有两个人的身体机能和身体状态是相同的，不要跟其他练习者攀比，遵从自己身体的能力，每个人都有自己的优劣势。你只要在自己身体许可的情况下挑战自己的极限即可。

④熟悉自己身体的各个部位，尤其是你的双腿、双脚、双手、尾骨、坐骨、耻骨、骶骨、腹部、肋骨、锁骨、肩胛骨、颈部、头部等位置，在做动作时随时关注自己的身体状态。做动作时，不要过度用力或勉强做动作，以免身体不适或者受伤。

⑤练习时，专注自己的动作和呼吸，保持有规律、较深沉的呼吸，这有助于身体放松。适当的时候可以使用瑜伽的辅助道具，它们可以帮助我们更好更有效地伸展身体的各个部位。

⑥在空气清新、空气流通好的地方练习瑜伽。可以在自由吸入氧气、环境优雅、比较空旷的室内；也可以在室外练习，但环境要轻松愉悦，比如校园、公园、草坪、森林、海边等，不要在大风、寒冷或不洁的空气中练习。不要在妨碍练习的任何场所练习，以免发生意外，尤其在做倒立体式时。

⑦训练完后，不要立即吃东西，不能大量饮水，如果非常口渴，可以少喝一点，练习完瑜伽 0.5~1 小时之后就可以正常进食了。

⑧切忌练习后立即沐浴，建议过 0.5~1 小时后再沐浴。练习瑜伽后，皮肤的毛孔随之张开，身体感觉变得特别敏锐，忽冷忽热的刺激易导致身体不适应，从而伤害身体，同时立即沐浴也会洗去一些对身体有益的分泌物。

⑨虽然练习瑜伽极为有益，甚至还能缓解身体的某些病状，有助于某些疾病的辅助治疗，但如果患了严重的疾病，不要因为练瑜伽而忽视有效的医疗治理，应把瑜伽看作一种保健措施。

⑩自学练习者在做每个姿势之前应先认真看一些视频，并了解其文字说明，注意动作的禁忌，了解动作的起始位置和动作的线路，再仔细按照要求练习。

瑜伽-完整
练习欣赏

思考题

1.简述瑜伽的概念。
2.瑜伽有哪些功法?
3.瑜伽的特点是什么?
4.瑜伽练习的注意事项是什么?
5.向太阳敬礼十二式分别是什么?

第十章　健美操

章节内容提要

本章通过健美操运动的起源与发展、分类、特点及功能来阐述什么是健美操，它来自哪里、它的发展状况，以及练习健美操的好处，使学生学会健美操基本动作及一套健美操基本动作组合。

学习目标

1.了解健美操运动的起源与发展、分类、特点及功能。

2.掌握健美操基本动作和基本动作组合。

第一节　健美操运动概述

一、健美操运动的起源与发展

健美操的起源可以追溯到 2 000 多年前的古希腊，古希腊人对人体美的崇尚举世闻名，他们认为，在世界万物中，只有人体的健美才是最匀称、最和谐、最庄重、最有生气的。古希腊人采用跑跳、投掷、柔软体操和健美舞蹈等各种体育项目进行人体美的锻炼，提出了“体操锻炼身体，音乐陶冶精神”的主张。体操的出现是健美操得以形成的重要因素。

健美操作为一项体育运动，起源于 20 世纪 60 年代末的美国，最早是由美国太空总署的医生库珀博士为宇航员设计的体能训练内容，即配上音乐的一些训练动作。现代健美操真正得到发展是在 1981 年，影视明星简・方达写的《简・方达健美术》引起了世界性的轰动。1983 年，国际健美操联合会（IAF）成立，总部设在日本，每年举办健美操世界杯赛。1983 年，美国举行了首届健美操比赛，1984 年首届远东区健美操大赛在日本举行，健美操运动在世界各地全面兴起。1995 年，第一届世界健美操锦标赛在法国巴黎举办。20 世纪 80 年代初健美操传入我国。随着健美操运动的广泛开展，参与人数日益增多，1992 年 2 月中国大学生健美操艺术体操分会在北京成立，同年 9 月中国健美操协会成立。这些都标志着我国健美操运动已进入一个崭新的发展阶段。2002 年 8 月，我国组队参加了第七届健美操世界锦标赛，取得了三人操第七名。2006 年，第九届世界健美操锦标赛在中国南京举行，中国队在 5 个项目中获得 2 金、2 银、1 铜。2012 年，第十二届世界健美操锦标赛中国队获得三人操、六人操、有氧舞蹈、有氧踏板 4 项冠军。目前中国竞技健美操水平已经达到世界强国水平。如今，全国中小学和各高等院校已成为我国健美操发展的重要基地。

二、健美操运动的分类

（一）健身健美操（大众健美操）

健身健美操练习的主要目的在于健身，保持健康。健身健美操的动作简单、实用性强、重复较多，音乐速度缓慢，并以对称的形式出现。它的练习时间较长，节奏速度适中，运动强度中等，属有氧代谢。它可以提高心肺功能，改善身体有氧代谢的能力，提高肌肉控制力量，纠正不良体态，培养良好气质。健身健美操适合不同的人群，既可以休闲健身又可以放松身心。健身健美操按练习形式可分为：徒手健美操（一般健美操、搏击操、拉丁健美操等）、轻器械健美操（哑铃、踏板、健身球等）和特殊场地健美操（水中操、固定器械健美操等）。

（二）竞技健美操

竞技健美操是在健身健美操基础上发展起来的，在统一、规定的竞赛规则和评分办法下，以基本步伐为基础，结合身体难度，和音乐配合默契，以高质量、高水平充分展示优美动作组合、身体柔韧、肌肉力量，并且体现"健、美、力"的项目特征的比赛项目。竞技健美操主要目的是竞赛，其比赛项目有：男单、女单、混双、三人操、六人操、有氧舞蹈和有氧踏板。

三、健美操运动的特点及功能

（一）健美操运动的特点

1.全面的功效性

健美操是以运动训练学、人体解剖学、运动生理学、保健学、体育心理学、人体美学等多学科理论为基础，结合现代教育学和音乐艺术等，以健身、健美、健心为目的而创建的运动项目。健美操运动动作简单易学，以基本步伐结合力度和弹动来完成动作组合。在音乐伴奏下，在原地弹动、走、跳、跑等系列动作组合中全面消耗能量，燃烧脂肪，达到减脂塑形的目的。健美操多角度、多方位的全面练习，对提高心肺功能、协调性，灵敏性、体适能等有很大益处。

2.强烈的节奏感

健美操结合多种音乐风格特点，使其节奏鲜明、强劲有力、欢快活泼，具有烘托气氛、振奋人心、激发人们情绪的作用，使人们爱上健美操的同时，也使健美操比赛和表演更具有观赏性。

3.广泛的适应性

健美操音乐风格多变、形式多样，基础动作全面，简单易学、运动负荷强度有梯度等，使其练习形式多样，运动量可调节，加上该运动项目对场地器材要求不高，不同年龄层次、不同性别、不同身体素质、不同技术水平的人都能从健美操练习中找到适合自己的方式，也都能从健美操练习中得到乐趣，所以深受男女老少喜爱，具有广泛的适应性。

4.健身的安全性

健美操所设计的动作有梯度，其运动负荷、运动节奏、运动强度，都充分考虑了不同人群运动的可行性，使之能适合不同年龄、不同身体素质的练习者。人们在欢快的音乐声中，跟随快慢有序的节奏进行健美操运动，十分安全、有效。

5.高度的艺术性

这主要体现在其“健、美、力”的项目特征上。健美操音乐多变，风格多样，其动作协调、流畅、有力、多样、有弹性，使练习者不仅能锻炼身体、增强体质、提升气质、陶冶情操，还能从中得到“美”的享受，提升审美意识和艺术修养。

（二）健美操运动的功能

1.增强身体素质

经常参加健美操锻炼可以发展人体的心肺功能、增强心肌功能、增加肺活量、减少呼吸系统疾病、减少脂肪沉积、发展身体柔韧性和灵敏性。经常锻炼会使人的呼吸功能加强，在安静状态时呼吸加深，次数减少，可使呼吸肌得到充分的休息时间，呼吸功能好，对保持旺盛的精力十分有利。跳健美操时呼吸加深，膈肌大幅度上下移动和腹肌的激烈活动，能对胃肠道起到按摩作用，从而增强消化系统的功能，改善肾脏的血液供应，提高肾脏排除代谢废物的能力，从而达到增强身体素质的目的。

2.提升气质修养

长期的健美操练习有益于肌肉、骨骼、关节的匀称与协调发展，可以提高健身人士关节的韧性、弹性和灵活性。健美操结合各种风格舞蹈的形式，通过对全身各主要部位（头、颈、肩、胸、腰、髋、膝及上下肢部位）进行刺激性练习，来减少和控制皮下脂肪的增长，达到减肥的目的。健美操能够消耗体内多余脂肪，降低体重，保持优美的体形；健美操中的力量练习可使骨骼粗壮、肌肉围度增大，使人变得匀称健美，从而表现出良好的气质与修养，给人以活力四射、朝气蓬勃、积极向上的感觉。

3.改善心理健康

练习健美操能使心肺功能加强，使心肌纤维变得强壮而有力，有利于改善心理健康。健美操运动动作优美、协调，简单易学。通过全面锻炼身体，同时结合节奏欢快、风格多样的音乐，练习者可以尽情享受健美操运动所带来的欢乐，缓解精神压力，陶冶情操，愉悦身心，从而增强人们社会交往、增进友谊、促进团结、增强协作、融洽人际关系的能力。

4.协助医疗保健

健美操作为一项有氧运动，其特点是强度低、密度大，运动量可大可小，容易控制。

有氧运动是指人体在氧气充分供应的情况下进行的体育锻炼。也就是说，在运动过程中，人体吸入的氧气与需求相等，达到生理上的平衡状态。因此，健美操运动除对健康的人具有良好的健身效果外，对一些病人、残疾人和老年人也是医疗保健的理想手段，能达到协助医疗保健的目的。

第二节　健美操基本动作

本节主要介绍健美操基本动作。

一、常用手形

(1)掌形:五指伸直并拢。

(2)五指张开形:五指用力伸直张开。

(3)并掌:大拇指指关节弯曲内扣,其余四指并拢伸直;手腕伸直,手臂成一条直线;腕关节与掌指关节适度紧张(图 10-1)。

(4)开掌:五指用力分开,并伸直(图 10-2)。

(5)立掌:手掌用力上屈,五指自然弯曲(图 10-3)。

(6)拳形:握拳,拇指在外,压在食指弯曲部位(图 10-4)。

(7)西班牙舞手形:五指分开,小指内旋,拇指内收(图 10-5)。

(8)响指形:无名指和小拇指屈,拇指和食指或中指摩擦后,中指击打大鱼际产生声音(图 10-6)。

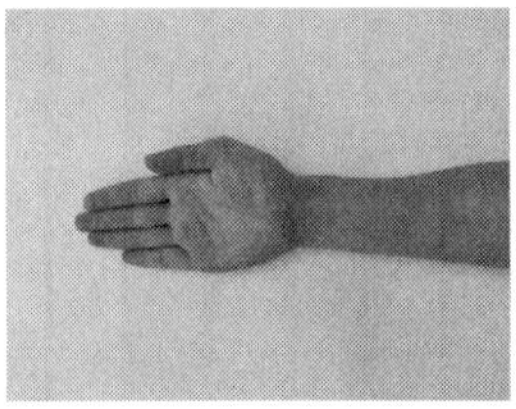

图 10-1　并掌

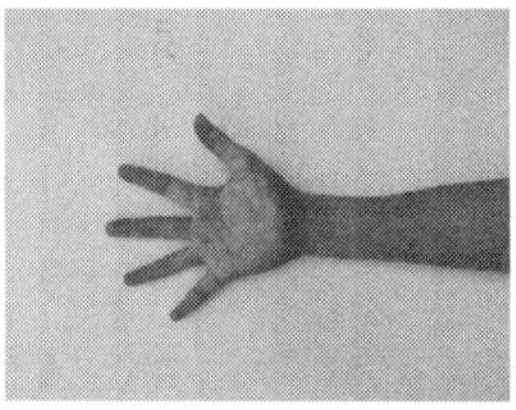

图 10-2　开掌

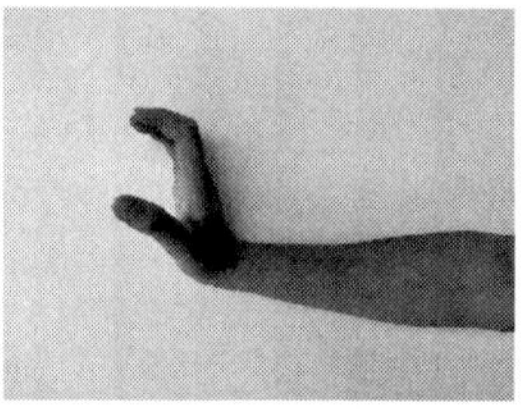

图 10-3　立掌

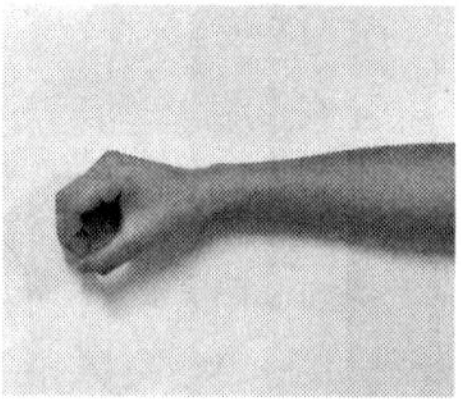

图 10-4　拳形

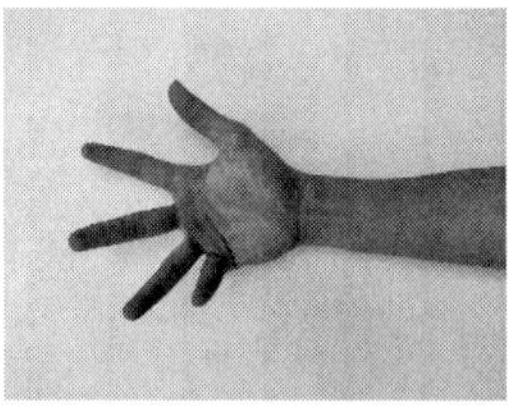

图 10-5　西班牙舞手形

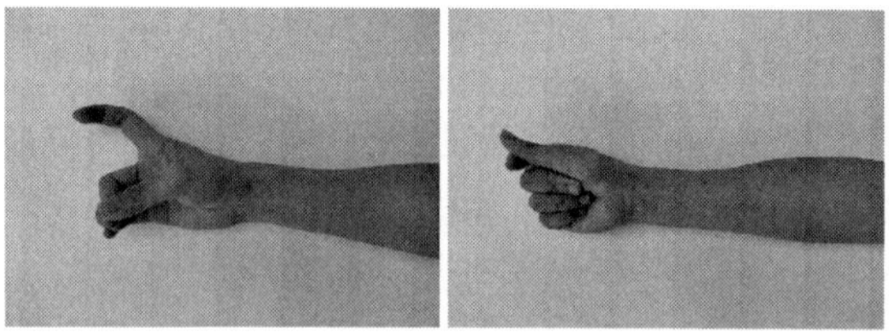

图 10-6　响指形

二、常用上肢动作

(1)交叉:两臂重叠成上 X 形或下 X 形(图 10-7)。

(2)绕和绕环:以肩关节为轴,手臂在 180°~360°运动为绕;大于 360°以上的圆周运动为绕环(图 10-8)。

(3)下拉:臂由上举或侧上举拉至身体两侧(图 10-9)。

(4)肩上推:立掌,屈臂由肩部向上推(图 10-10)。

(5)冲拳:屈臂握拳,由腰间猛力向前冲拳(图 10-11)。

(6)屈臂摆动:屈肘,在体侧自然地摆动(图 10-12)。

(7)上提:屈臂或直臂由下向上提起(图 10-13)。

(8)胸前推:立掌,臂由肩部向前推(图 10-14)。

(9)伸臂:前臂与上臂角度不断增大(图 10-15)。

(10)摆动:以肩关节为轴,手臂在 180°以内运动(图 10-16)。

(11)举:臂伸直向某方向抬起。主要用于侧举和上举(图 10-17)。

(12)屈臂:前臂与上臂角度不断减小(图 10-18)。

图 10-7　交叉

图 10-8　绕和绕环

图 10-9　下拉

图 10-10　肩上推

图 10-11　冲拳

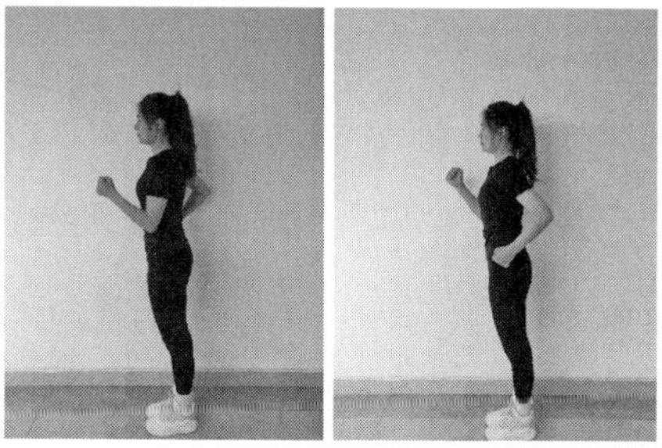

图 10-12　屈臂摆动

图 10-13　上提

图 10-14　胸前推

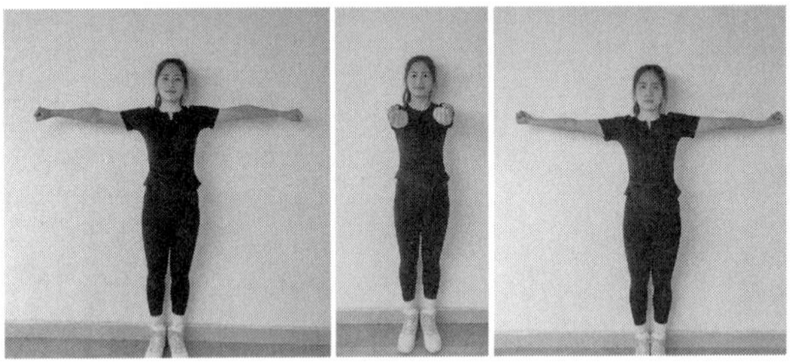

图 10-15　伸臂

图 10-16　摆动

图 10-17　举

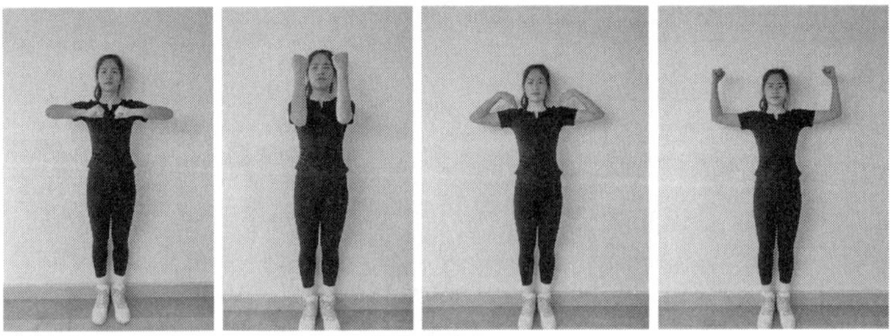

图 10-18　屈臂

三、健美操基本步伐

健美操基本步伐是健美操动作中最基本的单位，体现健美操练习者下肢动作基本姿态的主要练习手段，是健美操练习的重要组成部分。弹动是健美操基本步伐的基础动作，是体现健美操的最基本特征，主要依靠踝关节、膝关节、髋关节的屈伸缓冲而产生。

1.**半蹲**(Squat)

动作描述:两腿有控制地屈和伸,两腿左右分开稍大于肩,屈膝、屈髋向下,脚尖稍外开(图 10-19)。

技术要点:屈膝时膝关节角度约大于 90°,方向与脚尖方向一致,屈伸膝关节有弹动。

2.**弓步**(Lunge)

动作描述:两脚前后分开,平行站立,半蹲时,后腿膝关节向下,大腿垂直于地面,直立时后腿伸直(图 10-20)。

技术要点:身体重心在两脚之间,前腿膝关节弯曲不能超过 90°,膝关节不能超过脚尖。

图 10-19　半蹲

图 10-20　弓步

3.**踏步**(March)

动作描述:两腿原地依次抬起、落地,由前脚掌过渡到全脚掌(图 10-21)。

技术要点:下落时,踝、膝、髋关节依次有弹性地缓冲。

4.**一字步**(Easy Walk)

动作描述:一脚向前走一步,另一脚并于前脚,然后依次还原(图 10-22)。

技术要点:向前走步时,脚跟先着地,过渡到前脚掌;前后均要有并腿过程,每一节拍动作膝关节依次有弹性地缓冲。

图 10-21　踏步

图 10-22　一字步

5.“V”**字步**(V step)

动作描述:一脚向前侧方迈一步,另一脚随之向另一方侧迈一步,成两脚开立,屈膝,然后依次退回原位(图 10-23)。

技术要点:两腿膝、踝关节始终保持弹动状态,分开后成分腿半蹲,身体重心在两脚之间。上半身保持直立。

图 10-23 “V”字步

6.**漫步**(Mambo)

动作描述:一脚向前迈出,屈膝,身体重心随之前移,另一脚稍抬起,然后原地落下;或者向后撤一步,身体重心后移,另一只脚稍抬起,再原地落下(图 10-24)。

技术要点:两脚始终保持交替落地,身体重心随动作前后移动,但始终在两脚之间。

图 10-24 漫步

7.**并步**(Step Touch)

动作描述:一腿迈出,另一腿随之并拢,屈膝点地,再向反方向迈步(图 10-25)。

技术要点:两膝始终保持弹动,动作幅度和力度可依动作风格而定。

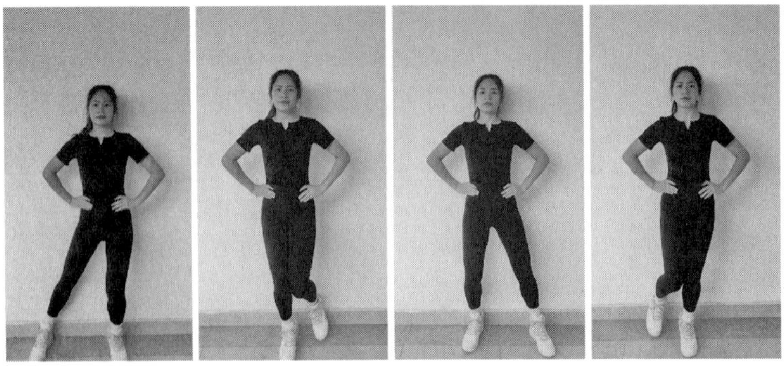

图 10-25 并步

8.**迈步吸腿**(Step Knee)

动作描述:一腿迈出一步,另一腿屈膝抬起,然后反方向迈步(图 10-26)。

技术要点:向前迈步时屈膝,经过屈膝后半蹲,还原时支撑腿稍屈膝。

图 10-26　迈步吸腿

9.**迈步后屈腿**(Step Cur)

动作描述:一腿迈出一步,另一腿后屈,然后向反方向迈步(图 10-27)。

技术要点:经过屈膝半蹲,支撑腿稍屈膝,后屈腿的脚跟靠近臀部。

图 10-27　迈步后屈腿

10.**侧交叉步**(Grapevine)

动作描述:一脚向前侧方迈一步,另一脚在其后交叉,随之再向侧迈一步,另一脚并拢,屈膝点地(图 10-28)。

技术要点:第一步脚跟先落地,身体重心快速随着脚步移动,保持膝、踝关节的弹动。

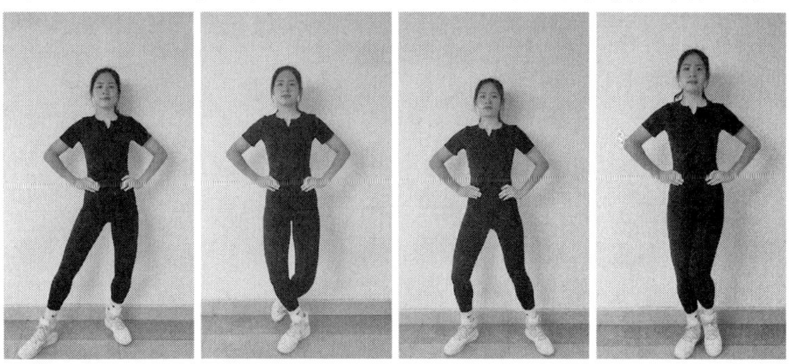

图 10-28　侧交叉步

11.**点地**(Step Touch)

动作描述:一腿稍屈膝站立,另一腿伸出,脚尖(脚跟)点地,然后还原到并腿姿势(图10-29)。

技术要点:支撑腿始终保持屈膝站立,并且随动作有弹性地屈伸。

图 10-29 点地

12.**迈步点地**(Step Tap)

动作描述:一腿向一侧迈一步,两腿经屈膝移动身体重心,另一腿在前、侧或后用脚跟或脚尖点地(图 10-30)。

技术要点:两腿同时有弹动地屈伸,身体重心移动轨迹尽量呈弧形,上体保持直立,且在一个平面上。

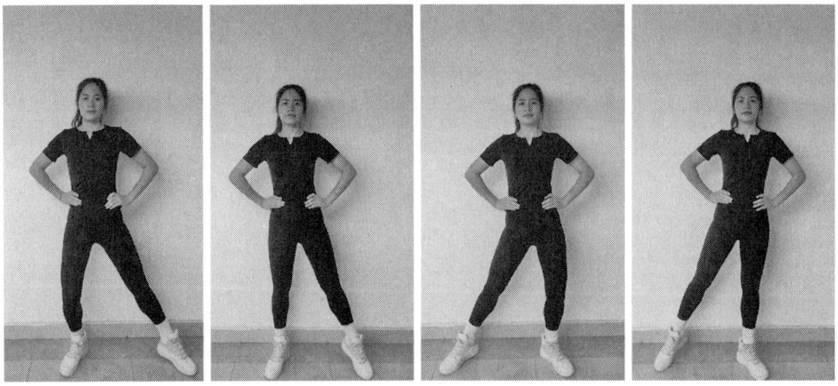

图 10-30 迈步点地

13.**弹踢腿(跳)**(Skip)

动作描述:双腿起跳,单脚落地,另一腿先向后屈,然后向前下方弹踢,还原(图 10-31)。

技术要点:腿弹出时要有控制,脚尖绷直,保持上体正直。

14.**开合跳**(Jumping Jack)

动作描述:由并腿跳起,分腿落地,再由分腿跳起,并腿落地(图 10-32)。

技术要点:分腿屈膝时,两脚自然外开,膝关节沿脚尖方向屈,夹角不小于 90°,脚跟落地,膝关节有弹性地缓冲。

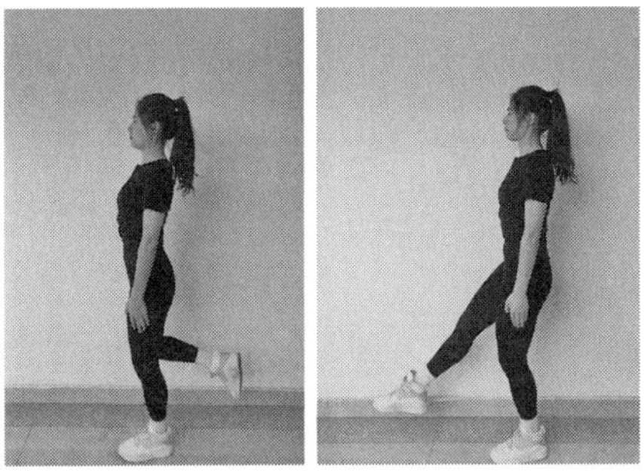

图 10-31　弹踢腿(跳)

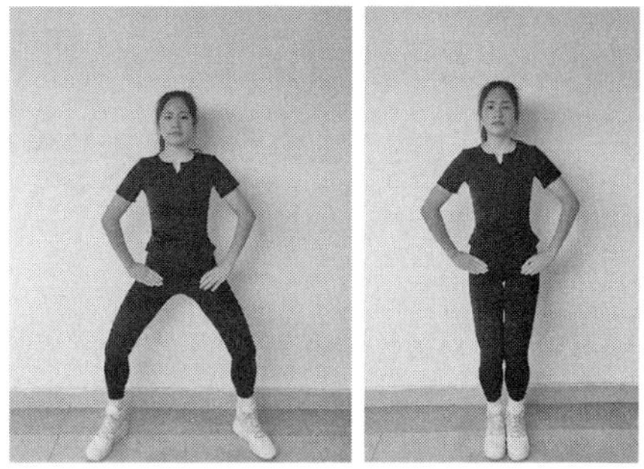

图 10-32　开合跳

15.后踢腿跑(Jogging)

动作描述:两脚依次经过腾空后,一脚落地缓冲,另一腿小腿后屈,两臂配合下肢前后摆动(图 10-33)。

技术要点:膝、踝关节有弹动地缓冲,落地时前脚掌着地。

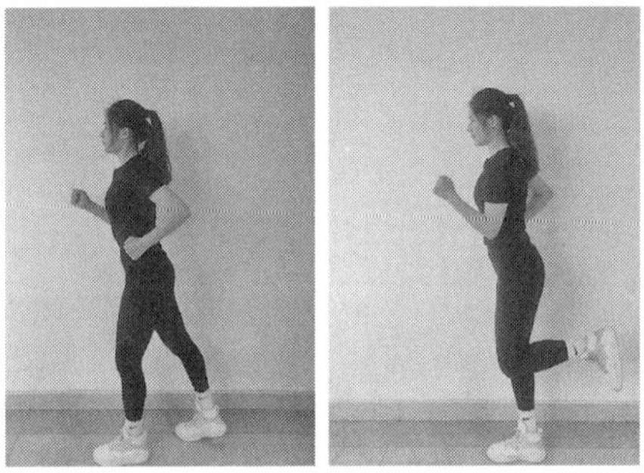

图 10-33　后踢腿跑

16.小马跳(Pony)

动作描述:以右脚起步为例。左脚蹬地跳起,同时右脚向侧迈步落地,随之左脚并右脚前脚掌点地,随后反方向做一次,动作相同,方向相反(图 10-34)。

技术要点:两脚轻松蹬地,身体重心随之平稳移动,身体保持直立,注意膝、踝关节的弹动。

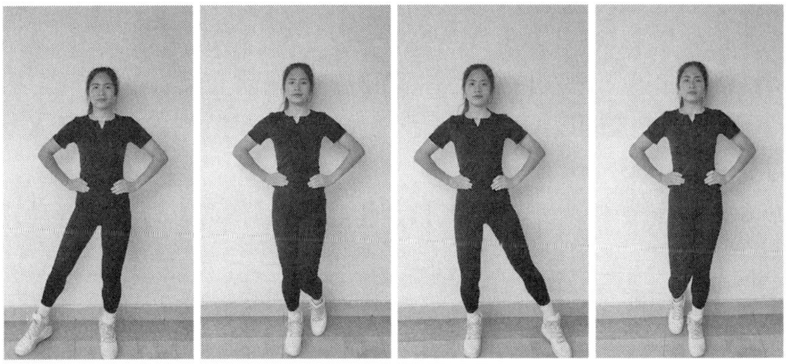

图 10-34　小马跳

第三节 健美操基本动作组合

一、第 1 小节(4×8 拍)

(1)第 1 个 8 拍动作要领:脚上步伐是第 1—4 拍向右有两次侧并步,第 5—8 拍相反向。上肢动作为第 1 拍双手伸直上举,五指分开,第 2 拍收手握拳、拳眼相对。第 3 拍和第 1 拍相同,第 4 拍和第 2 拍相同,第 5—8 拍和第 1—4 拍方向相反、动作相同(图 10-35)。

图 10-35 第 1 小节第 1 个 8 拍动作

(2)第 2 个 8 拍动作要领:右脚步伐是第 1—4 拍“V”字步,第 5—8 拍“A”字步。上肢动作为第 1 拍右臂斜上举,第 2 拍左臂斜上举,第 3、4 拍胸前交叉右、左,第 5 拍右臂斜下举,第 6 拍左臂斜下举,第 7、8 拍同第 3、4 拍。手形为第 1、2、6 拍并掌,第 4、7、8 拳,第 3、5 拍一手为拳,一手为掌(图 10-36)。

(3)第 3 个 8 拍动作要领:与第 2 个 8 拍动作相反,动作为上臂自然摆动,手形为自然手形(图 10-37)。

(4)第 4 个 8 拍动作要领:步伐是第 1—4 拍右脚侧交叉步,第 5—8 拍左脚侧交叉步。上肢动作为第 1 拍双手侧平举,掌心向下,第 2 拍双手胸前平屈,掌心向下。第 3 拍和第 1 拍相同,第 4 拍和第 2 拍相同;第 5—8 拍左脚和第 1—4 拍方向相反、动作相同(图 10-38)。

图 10-36　第 1 小节第 2 个 8 拍动作

图 10-37　第 1 小节第 3 个 8 拍动作

图 10-38　第 1 小节第 4 个 8 拍动作

二、第 2 小节(4×8 拍)

(1)第 1 个 8 拍动作要领:右脚步伐是第 1—4 拍一字步,第 5 拍右脚向右打开,第 6 拍左脚向左打开,第 7 拍右脚收回,第 8 拍左脚收回。上肢动作为第 1、2 拍胸前平屈,第 3、4 拍双手收回体侧,手形为拳,第 5—8 拍为自然摆动(图 10-39)。

图 10-39　第 2 小节第 1 个 8 拍动作

(2)第 2 个 8 拍动作要领:步伐是第 1、2 拍向前“V”字步,第 3、4 拍身体右转 180°,面向后;第 5、6 拍向后“A”字步,第 7、8 拍右转 180°,面向前。上肢动作为第 1 拍右臂斜上举,第 2 拍左臂斜上举,第 3、4 拍胸前击掌,第 5—8 拍手臂同第 1—4 拍,手形为并掌(图 10-40)。

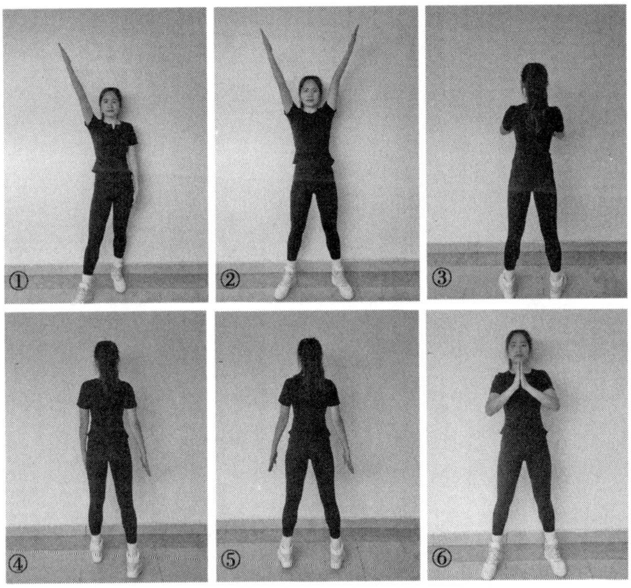

图 10-40　第 2 小节第 2 个 8 拍动作

(3)第 3 个 8 拍动作要领:步伐是第 1、2 拍左脚向右的侧漫步,第 3、4 拍恰恰,第 5—8 拍同第 1—4 拍,方向相反。上肢动作是第 1、5 拍双手上举,第 3、4、7、8 拍击掌。手形为西班牙舞手形(图 10-41)。

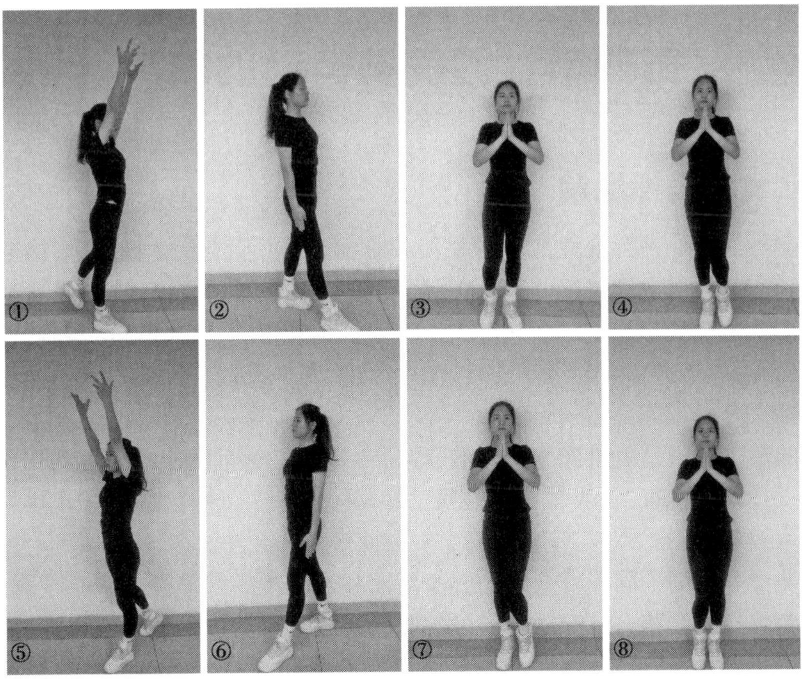

图 10-41　第 2 小节第 3 个 8 拍动作

(4)第 4 个 8 拍动作要领:步伐是第 1—4 拍右脚向迈步吸腿,第 5—8 拍左脚向左迈步吸腿。双手前后摆臂。手形为半握拳(图 10-42)。

图 10-42　第 2 小节第 4 个 8 拍动作

第四节　健美操运动的欣赏

一、如何欣赏健美操运动

大众健美操作为一种群众性的健身手段和方法,在进行拉丁健身操、形体健美操、舞蹈健美操、有氧健美操、搏击健美操等练习时,不要刻意追求形式或模式,要以安全有效、全面均衡、健身健美、愉悦身心为主。大众健美操的编排难易程度、动作幅度、运动量大小和运动强度要因人而异,尽量符合大众运动强度,循序渐进,安全有效。大众健身操的编排要合理,达到健身、健心,全面锻炼身体的目的。

表演性的健美操则是以事先编排好的套路,专门为表演而设计的成套动作,配合独特的服饰和音乐烘托现场气氛,表演者也可以通过轻器械及一些风格化的舞蹈来烘托现场气氛,增强表演艺术效果。

竞技健美操竞赛则不同于群众性的健身活动和表演性的健美操。它是根据规则的要求专门为比赛而编排的套路,在竞赛中则以规则为准绳,以运动员临场表现为评分依据。无论是中老年或青年健美操,还是竞技健美操,我们要看成套操是否具有全面锻炼身体的价值、动作设计是否符合练习者年龄的特点和本人所完成动作的能力，在观赏健美操时，应从以下两方面去欣赏。

（一）成套动作的艺术性

在音乐选择方面，健美操音乐要动听、优美、健康、合理、自然，且有为比赛增强现场效果的作用。动作类型、表现应和音乐的风格一致，协调统一。动作编排设计要新颖、动作舒展、套路连贯，动作之间的衔接要自然合理、巧妙、美观大方。在编排中应该有主题和高潮，可以表达一种情绪或意境，或体现一种积极向上、热情洋溢、斗志昂扬的精神面貌。

完美的造型和有层次的托举既是视觉冲击的体现，也是比赛套路的点睛之笔；既能体现团队的创造精神、审美意识，也能体现一个运动队的团结协作精神。一套动作要有好的开始和完美的结尾，开始动作和结束动作应该相互呼应。集体项目除编排特点外，更应做到运动员配合默契，情感交流自然，动作整齐划一，动作衔接流畅，队形变换多样，给人以强烈的视角冲击，做到点与线、线与线、点与面，即点、线、面合理搭配，充分展现健美操项目的特点。

（二）成套动作完成情况

身体姿势正确，技术规范，动作准确，难度到位。弹动、力度和控制是健美操运动的重要特点。集体动作要整齐，动作幅度要一致。动作的表现力也非常重要，运动员通过自己的表演、表情及情绪去感染观众，同时激发自己的热情。比赛服装设计新颖，健美操服装、鞋子和发式应合体、统一，充分展现运动员的精神面貌，体现套路的风格特点，并且展现运动员的优美形体，为比赛或表演增添魅力。一套好的健美操应该集健身、健美、艺术表现为一体，使人赏心悦目、振奋精神，给人以美的享受。

二、健美操套路的编排原则

（一）根据目标与任务科学创编

编排前，必须确定编排目标与任务。创编需围绕安全有效、全面均衡、循序渐进、促进健康的原则。编排要根据人体解剖学特点，结合运动生理学、运动训练学的要求，选择头、颈、胸、腰、臀、上肢、下肢等部位，配合健美操的脚上基本步伐，身体做屈伸、内收、外展、上提、下拉、振、绕、绕环等动作。在编排时，需考虑不同练习者的年龄、性别、喜好、身体素质、接受能力、技术水平、运动能力及场地设施等因素进行总体设计，确定编排要达到什么目的，完成什么具体任务，采取什么样的音乐与动作风格，成套动作时间多长，段落如何布局，难易程度确定，以及用什么具体方式来进行，等等。编排的动作要适合人体运动的生理规律，做到运动强度由小到大、循序渐进，安全有效。

（二）动作的创编

健美操成套动作是由若干动作组合而成的，单个动作是构成成套动作的最小单元。单个动作是由身体各个部位的动作组合而成的。健美操的基本部位动作，包括头、颈、胸、腰、臀、四肢动作是编排的主要要素，腿部动作则是健美操动作的核心要素。单个动作的创编可通过改变动作方向、动作节奏、移动路线、肢体长度、单双侧动作、动作平面、参与部位和空间等因素进行。

（三）音乐的选择与编辑

音乐是健美操的灵魂，音乐的风格特色决定了动作的主题风格特征。在选择音乐时，必须考虑所设计的成套动作的风格、节奏的快慢、动作的特征等是否与每段音乐的强弱、速度快慢、音乐风格吻合。音乐与锻炼效果、表现力、感染力融为一体。在选择音乐时，还需考虑练习者的年龄、性别和职业特点及爱好，尽量编排适合他们的动作套路。

（四）成套动作编排

编排好音乐、单个动作和各个组合动作后，将这些元素根据运动生理学和运动训练的要求，按照顺序连贯起来，结合音乐节拍、方向变化、线路变化及动作强度进行合理再次创编，最后结合音乐风格和情绪渲染、音乐的结构和原来设计的总体方案进行成套动作的连接与调整。衔接动作时还要尽量使成套动作流畅，最好是前一个动作的结束是后一个动作的开始。此外，还应考虑运动轨迹与发力方式的吻合，以及各个动作间的衔接是否有助于提升成套动作的艺术价值和锻炼价值。

健美操运动-基本手型

健美操运动-基本步伐

健美操运动-套路动作完整示范

思考题

1.简述健美操的概念。
2.健美操运动有哪些特点？
3.健美操的基本步伐包括几大类？
4.健美操运动的功能有哪些？
5.健美操套路的编排原则是什么？

第十一章　体育舞蹈

章节内容提要

本章从体育舞蹈的内涵、起源和发展、特点及分类等方面来分别阐述什么是体育舞蹈、它的发展状况，以及练习体育舞蹈的好处，使学生学会体育舞蹈基本舞步及体育舞蹈中的华尔兹舞套路和恰恰舞组合套路。

学习目标

1.了解体育舞蹈的内涵、起源和发展、特点及分类。

2.掌握体育舞蹈华尔兹舞和恰恰舞的基本舞步和组合套路。

第一节　体育舞蹈概述

一、体育舞蹈简介

体育舞蹈(国际标准交谊舞)是一种娱乐和竞技为一体的、新兴的体育项目，是男、女双人在界定的音乐范畴内，运用身体动作技术与技巧并结合艺术表现力来完成的，且具有一定规范性的体育运动项目。体育舞蹈是人们健身、娱乐、陶冶情操的一种高雅体育活动。

二、体育舞蹈的起源和发展

摩登舞起源于欧洲，拉丁舞起源于拉丁美洲。20 世纪 20 年代，在英国皇家舞蹈教师协会的带动下，体育舞蹈逐步发展成竞技性、规范性的体育竞技运动。这种艺术舞蹈在 20 世纪 20 年代之后风靡整个欧洲，并且由世界杯赛和世界锦标赛掀起狂热。20 世纪 30 年代，交谊舞传入中国，而竞技性舞蹈则于 20 世纪 80 年代中期才开始在中国推行。经过几十年的发展，我国的体育舞蹈已经成为国际体育舞蹈的一支"主力军"。

三、体育舞蹈基本知识

(一)体育舞蹈的特点

体育舞蹈是由属于文艺的大范围舞蹈演变而来的体育项目，介于舞蹈和体育之间，具有两者共有的特征，如竞技性、自娱性、表演性和观赏性等。作为竞技项目，它具有规范性、艺术性、竞技性、健身性、娱乐性等特点。

(二)体育舞蹈的分类

按照舞蹈的风格和技术结构,可以将体育舞蹈分为标准舞(摩登舞)和拉丁舞两大类。标准舞包括华尔兹舞、狐步舞、探戈舞、快步舞、维也纳华尔兹;拉丁舞包括伦巴舞、桑巴舞、恰恰舞、牛仔舞、斗牛舞。每个舞种均有自己的舞曲、舞步及风格。

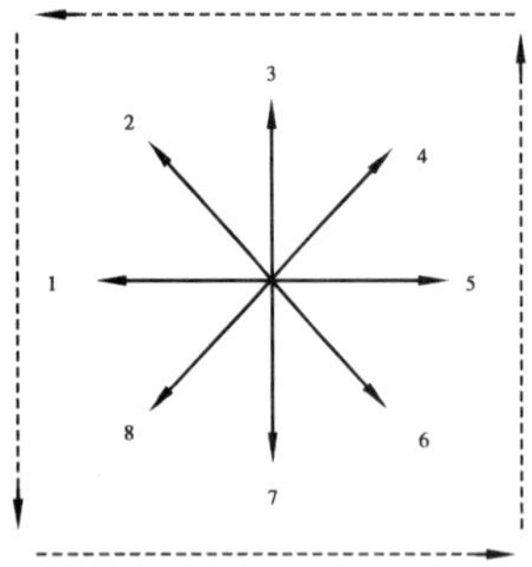

图 11-1 国际体育舞蹈规定的八条线

(三)场地方位术语

在舞池中,为避免互相碰撞而严格规定舞者必须按照逆时针方向进行,这个行进方向叫舞程向。而舞者必须沿逆时针方向围绕舞池中央跳舞,这个行进线路就叫舞程线。舞程线通常由两条长线和两条短线构成。舞程线中,长的两条为 A 线,短的两条为 B 线。国标舞以男伴面对舞程线方向为基准,对舞步的行进方向规定了八条线(图 11-1)。脚或身体转动的幅度用度数来表示,通常以 45°为单位加以描述。只要舞者沿着舞程线行进,无论到哪个点上,都可以按八条线来区分方位和角度。

(四)国际体育舞蹈规定的八条线

①面对舞程线。

②面斜壁线。

③面对壁线。

④背斜中央线。

⑤背对舞程线。

⑥背斜壁线。

⑦面对中央线。

⑧面对斜中央线。

第二节 体育舞蹈基本舞步与组合套路

一、华尔兹舞基本舞步和组合套路

(一)节奏和基本舞步

1.节奏

华尔兹舞(Waltz)用“W”表示,也称“慢三步”,是维也纳华尔兹(快三步)的变化舞种,是标准舞项目之一。其舞曲旋律优美抒情,节奏为 3/4 的中慢板,每分钟 28~30 小节。每小节三拍为一组舞步,每拍一步,第 1 拍为重拍,三步一起伏循环。通过膝、踝、足底、跟掌趾的动作，结合身体的升降、倾斜、摆荡，带动舞步移动，使舞步起伏连绵，舞姿华丽典雅。

2.基本舞步

华尔兹舞的基本舞步有两种，前进并换步（表 11-1）和后退并换步（表 11-2）。

这两种步法俗称前进方步和后退方步，是华尔兹舞步中的基本功，也是其他几个摆荡性舞蹈的基本功，是标准舞的入门技术，男女均需要练习。可运用此基本动作来训练华尔兹舞的升降、摆荡、倾斜，培养音乐节奏，直至进入双人配合和转度练习。这两种步法的技术要点如下：

①主力腿屈膝，降低身体重心，完成蓄力。

②主力腿伸直，带动移动脚向前或向后移动，完成身体重心在两脚间的转换。

③当进行到一脚向侧摆时，身体重心从低位升至高位，逐渐完成摆荡过程。在摆荡过程中，两腿内侧肌群主动收缩，同时支撑脚向地板方向用力，使膝、踝、趾关节上升，促使移动脚向支撑脚横移。摆荡一直持续到身体重心达到最高点。

④两脚并拢后，通过转移身体重心，使身体向移动方向的反向倾斜，要求外侧身体比内侧身体沿纵轴拉伸得更长，但切忌抬肩膀。

表 11-1　前进并换步

步　序	步　位	步　法	方　位	转　度	升　降	倾　斜	反身动作	节　奏
1	右脚前进 （左脚前进）	脚跟、脚尖	面向墙壁 或中央	不转动	结尾 开始上升		轻微	1
2	左脚前进 （右脚前进）	脚尖	面向墙壁 或中央		继续上升	右（左）		2
3	右脚并左脚 （左脚并右脚）	脚尖、脚跟	面向墙壁 或中央		继续上升 结尾下降	右（左）		3

表 11-2　后退并换步

步　序	步　位	步　法	方　位	转　度	升　降	倾　斜	反身动作	节　奏
1	左脚后退 （右脚后退）	脚尖、脚跟	面向墙壁 或中央	不转动	结尾 开始上升		轻微	1
2	右脚向侧 并稍后退 （左脚向侧 并稍后退）	脚尖	面向墙壁 或中央		继续上升	左（右）		2
3	左脚并右脚 （右脚并左脚）	脚尖、脚跟	面向墙壁 或中央		继续上升 结尾下降	左（右）		3

华尔兹舞的方步练习需要在个人能独立完成的基础上，再练习双人配合；在前进方步与后退方步熟练的基础上，再逐渐加上左转、右转，使方步的应用更贴近组合中的技术要求。

（二）男士握姿

（1）直立：两脚并拢，挺胸立腰，收腹微提臀，两膝自然放松。

(2)左手与女士右手掌心相对互握,虎口向上,前臂与大臂的夹角约为 135°,高度在女士右耳峰水平位置。

(3)右手五指并拢,轻轻置于女士左肩胛骨下端,前臂与大臂的夹角约为 75°。

(4)头部自然挺立,目光从女士右肩看出。

(5)身体稍微向女士右侧偏移约 1/2 距离。

(三)女士握姿

(1)直立:两脚并拢,膝关节放松,收腹提臀,紧腰,上体向后微屈。

(2)右手轻轻挂在男士左手虎口上,与男士左手掌心相对互握。

(3)左手轻轻搁置在男士右肩峰处,虎口位于男士三角肌上端。

(4)头部略向左倾斜,目光从男士右肩方向看出。

(5)身体稍微向男士右侧偏移约 1/2 距离。

(四)华尔兹组合套路

面向舞程线:

①左足并换步	123	L.F.Closed Change
②右转步	123 456	Natural Turn
③右足并换步	123	R.F.Closed Change
④左转步	123 456	Reverse Turn
⑤叉形步(扫步)	123	Whisk
⑥侧行追步	123	Chasse from P.P.
⑦右转步	123	Natural Turn
⑧踌躇换步	123	Hesitation Change
⑨左转步的前三步	123	Reverse Turn 123
⑩华尔兹式迂回步	123 456	Weave In Waltz Time
⑪右旋转步	123 456	Natural Spin Turn
⑫左转后三步	123	Reverse Turn

二、恰恰舞基本舞步和组合套路

(一)节奏和基本舞步

1.节奏

恰恰舞的音乐节拍为 4/4 拍,每小节强拍在第 1 拍。起跳应该从每小节的第 1 拍开始。音乐速度为每分钟 30~32 小节。由于恰恰舞音乐的构造方式造成每小节的第 4 拍被等分成两半,使恰恰追步的第一、二步由被等分的第 4 拍形成,每步各占 1/2 拍。其第三步则为下一个小节的第 1 拍。

2.基本舞步

恰恰舞所有的前进步都是以脚尖着地开始,再以脚前掌对地板施压,脚跟在步法完成之前下降。此种脚底动作称为“脚掌平伏”。后退走步则先以脚前掌着地，随着脚的移动再换成脚尖，脚跟在舞步抵达时下降，身体重心也转过来。一个舞步完成后，不支撑体重的脚的脚跟便可轻松、自然、不被察觉到有任何弯曲地离开。表 11-3 至表 11-5 介绍了恰恰右追步、前进右锁步和后退右锁步。

表 11-3　恰恰右追步(右、左、右)

步　序	步　位	步　法	使用动作	转　度	时　值	节　奏
1	右脚向侧	掌、跟	右膝弯曲 胯部开始 移至右边	根据舞步设置而定	1/2	4
2	左脚向右脚半合并	掌、跟	两膝弯曲 胯部开始 移回中间		1/2	&
3	右脚向侧	掌、跟	两膝伸直 胯部向右移动		1	1

恰恰左追步(左、右、左)内容同上，左右脚交换。

表 11-4　恰恰前进右锁步(右、左、右)

步　序	步　位	步　法	使用动作	转　度	时　值	节　奏
1	右脚前进 右肩带动	掌、跟	右膝弯曲 胯部开始 移至右边	根据舞步设置而定	1/2	4
2	左脚在右脚后面交叉	脚尖	两膝弯曲， 胯部移回中间 成拉丁交叉		1/2	&
3	右脚前进 右肩带动	掌、跟	两膝伸直 胯部向右 移动		1	1

恰恰前进左锁步(左、右、左)内容同上，左右脚交换。

表 11-5　恰恰后退右锁步(右、左、右)

步　序	步　位	步　法	使用动作	转　度	时　值	节　奏
1	左脚后退， 脚尖向外传， 左肩带动	脚尖	左膝伸直 胯部开始 移至左边	根据舞步设置而定	1/2	4
2	右脚在左脚前面交叉	掌、跟	两膝弯曲 胯部开始 移回中间 成拉丁交叉		1/2	&
3	左脚后退 左肩带动	掌、跟	两膝伸直 胯部向左移动		1	1

恰恰后退左锁步（左、右、左）内容同上、方向相反。

（二）恰恰舞组合套路

面向舞程线：

①1—5 闭式基本步	1-5 Close Basic
②扇形步	Fan
③阿力玛娜	Alemena
④曲棍步	Hockey Stick
⑤2 前进锁步	Forward Lock×2
⑥3 后退锁步	Backward Lock×3
⑦臂下右转步	Under Arm Turn To Right
⑧手拉手×3	Hand to hand
⑨原地左转步	Spot Turn Left

思考题

1.简述体育舞蹈的概念。
2.体育舞蹈的特点有哪些？
3.体育舞蹈可以分为哪几类？
4.华尔兹舞基本舞步有哪些？
5.恰恰舞基本舞步有哪些？

第十二章　杨氏太极拳

章节内容提要

本章讲解了杨氏太极拳的起源、风格特点及练习的益处，介绍了杨氏太极拳的动作要领，通过本章学习，学生能掌握杨氏太极拳的动作。

学习目标

1.了解杨氏太极拳的起源、风格特点及练习的益处。

2.掌握杨氏太极拳的24个动作。

第一节　杨氏太极拳概述

杨氏太极拳，即二十四式太极(拳)，也称简化太极拳，是国家体委(现为国家体育总局)于1956年组织太极拳专家汲取杨氏太极拳之精华编制而成的。尽管它只有24个动作，但相比传统的太极拳套路，其内容更精练，动作更规范，并且也能充分体现太极拳的运动特点。

一、杨氏太极拳的起源

杨氏太极拳是历史悠久的拳术，是太极拳的重要流派之一，由河北省邯郸市永年人杨露禅及其子杨班侯、杨健侯，其孙杨少侯、杨澄甫等人发展创编。由于杨氏太极拳姿势开展，平正朴实，练法简易，因此它深受广大群众热爱，开展得最为广泛。杨式太极拳对手眼身法步有严格的要求，练拳和推手，手眼身法步按要求做到正确才能达到良好的效果。目前的48式、24式及在许多场合表演的太极拳，都是这种杨式太极拳或由其演化而来。

二、杨氏太极拳的风格特点

杨式太极拳拳架舒展优美、身法中正、动作和顺、平正朴实、由松入柔、刚柔相济，一气呵成，犹如湖中泛舟，轻灵沉着兼而有之。因练法简洁，深受大众的喜爱，故而流传最广。

杨式太极拳动作要求如长江大河，滔滔不绝。此动作之完成，乃下一动作开端，绵延相续。心法上也要求一气呵成。

三、练习杨氏太极拳的益处

杨氏太极拳通过改善大脑功能，调节大脑皮层的兴奋和抑制活动，对白领亚健康产生的神经衰弱失眠、头晕、头痛、过度疲劳等疾病，有着显著的健脑去病的作用。而且太极拳要求我们全身要放松，使得人体的血管阻力减少，能够加速血液循环，减轻心脏负担。太极拳的呼吸是采用的腹式深呼吸，气沉丹田，能够对五脏六腑有着良好的按摩保健作用。

第二节 杨氏太极拳的动作要领及图解

一、第一组动作及图解

1.**起势**(图 12-1)

①开步站立：身体自然直立，两脚开立，与肩同宽，膝关节微微弯曲，脚尖向前；两臂自然下垂，双手放在大腿外侧；目向前平视[图 12-1(1)]。

要领：全身放松，头颈正直；排除杂念，精神集中，呼吸自然。

②提气升掌：随吸气身体重心慢慢升高；两臂慢慢向前平举，双手高与肩平，与肩同宽，手心向下[图 12-1(2)]。

③屈膝按掌：上体保持正直，两腿屈膝下蹲；同时两掌轻轻下按至腹前，两肘下垂与两膝相对；目向前平视[图 12-1(3)]。

要领：下蹲时上体要保持正直，不可前俯后仰；手的升降动作与两腿的屈伸、呼吸配合一致；呼吸均匀细长。

①　②　③

图 12-1　起势

2.**左右野马分鬃**

1)野马分鬃一(图 12-2)

①丁步抱球：上体微向右转，身体重心移至右腿上；同时右臂收在胸前平屈，手心向下，左手经体前向右下划弧放在右手下，手心向上，双手心相对成抱球状；左脚随即收到右脚内侧，脚尖点地；目视右手[图 12-2(1)]。

要领：抱球手离身体 30 厘米左右，双肘不要内夹。

②转体迈步：上体微向左转，左脚向左前方迈出，脚跟着地；双手掌微微分开；目视左手[图 12-2(2)]。

要领：迈步落脚要轻，身体重心留在右脚，不要急于前移。

③弓步分掌：右脚跟后蹬，右腿自然伸直，左腿前弓，脚掌慢慢踏实，成左弓步；同时，上体继续向左转，左右手随转体慢慢分别向左上右下分开，左手高与眼平，手心斜向上，肘微屈，右手落在右胯旁，肘也微屈，手心向下，指尖向前；目随左手转视[图 12-2(3)]。

要领：分掌和弓步动作同时完成；胸微微内含，双臂保持自然弧形。

图 12-2　野马分鬃一

2)野马分鬃二(图 12-3)

①重心后坐：上体慢慢后坐，身体重心移至右腿，左脚尖翘起；上肢动作保持不变。

要领：重心后坐时，上体保持正直，不要前俯后仰[图 12-3(1)]。

②前移抱球：左脚尖微向外撇(45°～60°)，身体左转，随后右腿蹬伸，左腿慢慢前弓，脚掌慢慢踏实，身体重心慢慢移至左腿；同时左臂收在胸前平屈，掌心翻转向下，右手向左上画弧放在左手下，手臂外旋，掌心上翻，双手心相对成抱球状；目视左手[图 12-3(2)]。

③丁步收腿：当身体重心移至前腿后，右脚慢慢收到左脚内侧，脚尖点地；目视左手[图 12-3(3)]。

要领：收腿过程中左腿保持弯曲，身体重心不要升高。成丁步后，右脚虚点地面，身体重心完全在左脚。

④斜向进步：右腿向右前方斜向迈出，脚跟着地；双手掌微微分开；目视右手[图 12-3(4)]。

要领：迈步落脚要轻，身体重心留在左脚，不要急于前移。

⑤弓步分掌：左腿自然伸直，右腿前弓成右弓步；同时上体右转，左右手随转体分别慢慢向左下右上分开，右手高与眼平(手心斜向上)，肘微屈，左手落在左胯旁，肘也微屈，手心向下，指尖向前；目随右手转视[图 12-3(5)]。

要领：右手分掌动作要和身体右转配合，做到以腰带手。其余同野马分鬃一③。

图 12-3　野马分鬃二

3)野马分鬃三(图 12-4)

①重心后坐:上体慢慢后坐,身体重心移至左腿,右脚尖翘起;上肢动作保持不变[图 12-4(1)]。

要领:同野马分鬃二①。

②前移抱球:右脚尖微向外撇(45°~60°),身体左转,随后左腿蹬伸,右腿慢慢前弓,脚掌慢慢踏实,身体重心慢慢移至右腿;同时右臂收在胸前平屈,掌心翻转向下,左手向左上画弧放在右手下,手臂外旋,掌心上翻,双手心相对成抱球状;目视右手[图 12-4(2)]。

③丁步收腿:当身体重心移至前腿后,左脚慢慢收到右脚内侧,脚尖点地;目视右手[图 12-4(3)]。

要领:同野马分鬃二③。

④斜向进步:左腿向右前方斜向迈出,脚跟着地;双手掌微微分开;目视右手[图 12-4(4)]。

要领:同野马分鬃二④。

⑤弓步分掌:右腿自然伸直,左腿前弓成左弓步;同时上体左转,左右手随转体分别慢慢向左上右下分开,左手高与眼平(手心斜向上),肘微屈,右手落在右胯旁,肘也微屈,手心向下,指尖向前;目随左手转视[图 12-4(5)]。

要领:同野马分鬃二⑤。

图 12-4　野马分鬃三

完整练习提示:以起势站位的左方为正前方,野马分鬃的三次迈步方向为左右 30°,成之字形路线;迈步动作时,身体重心不要急于前移,等脚跟着地后再慢慢移动身体重心;在身体重心的前后移动过程中,身体不要前俯后仰,身体重心不要有太大的起伏。

3.白鹤亮翅(图 12-5)

①跟步抱球:上体微向左转,右脚跟进半步;左手翻掌向下,左臂平屈胸前,右手向左上划弧,手心转向上,与左手成抱球状;目视左手[图 12-5(1)]。

②虚步亮掌:上体后坐,身体重心移至右腿,上体先向右转,面向右前方,眼看右手;然后左脚稍向前移,脚尖点地,成左虚步,同时上体再微向左转,面向前方;双手随转体慢慢向右上左下分开,右手上提停于右额前,手心向左后方,左手落于左胯前,手心向下,指尖向前;目随右手转视[图 12-5(2)]。

图 12-5　白鹤亮翅

二、第二组动作及图解

1.左右搂膝拗步

1)搂膝拗步一(图 12-6)

①转体侧抱:右手从体前下落,由下向右后上方划弧至右肩外侧,肘微屈,手与耳同高,手心斜向上,左手由左下向上、经面部、向右下方划弧至右胸前,手心斜向下;同时上体也微向左再向右转;左脚收至右脚内侧,脚尖点地;目视右手[图 12-6(1)]。

图 12-6　搂膝拗步一

②弓步推掌:左脚向左前迈出,右脚蹬伸,身体重心前移成左弓步,上体左转;同时右手屈回由耳侧向前推出,高与鼻尖平,左手向下从左膝前搂过落于左胯旁,指尖向前;目随右手转视[图 12-6(2)]。

要领:搂手、推掌动作与身体重心前移协调一致;上身不要前俯,肘关节微屈;右掌由耳侧向前推出过程中,手腕由直逐渐坐腕,由开始的掌指向前穿变为最后的掌根前推。

2)搂膝拗步二(图 12-7)

①重心后坐:右腿慢慢屈膝,上体后坐,身体重心移至右腿,左脚尖翘起;上肢姿势不变[图 12-7(1)]。

②丁步侧抱:左脚尖微向外撇,身体左转,随后身体重心移至左腿,右脚收到左脚内侧,脚尖点地;同时左手由左后向上划弧至左肩外侧,肘微屈,手与耳同高,手心斜向上,右手随转体向上、向左下划弧落于胸前,手心斜向下;目视左手[图 12-7(2)]。

③弓步推掌:右脚向右前迈出,脚跟着地,左脚蹬伸,身体重心前移成右弓步,上体右转;同时左手屈回由耳侧向前推出,高与鼻尖平,右手向下从右膝前搂过落于右胯旁,指尖向前;目随左手转视[图 12-7(3)]。

3)搂膝拗步三(图 12-8)

①重心后坐:左腿慢慢屈膝,上体后坐,身体重心移至左腿,右脚尖翘起;上肢姿势不变[图 12-8(1)]。

②丁步侧抱:右脚尖微向外撇,身体右转,随后身体重心移至右腿,左脚收到右脚内侧,脚尖点地;同时右手向外翻掌由右后向上划弧至右肩外侧,肘微屈,手与耳同高,手心斜向

上，左手随转体向上、向右下划弧落于胸前，手心斜向下；目视右手[图 12-8(2)]。

③弓步推掌：左脚向左前迈出，脚跟着地，右脚蹬伸，身体重心前移成左弓步，上体左转；同时右手屈回由耳侧向前推出，高与鼻尖平，左手向下从左膝前搂过落于左胯旁，指尖向前[图 12-8(3)]。

完整练习提示：三次动作的迈步方向为左右 30°，成之字形路线；完整练习各步骤要连贯，但不要漏做身体重心后移、脚尖外摆的衔接过程。

图 12-7　搂膝拗步二

图 12-8　搂膝拗步三

2.**手挥琵琶**(图 12-9)

①顺势跟步：身体重心随弓步推掌动作继续前移，右脚跟进半步，上肢姿势不变，目视右手[图 12-9(1)]。

②后坐挑掌：上体后坐，身体重心移至右腿上，上体半面向右转，左脚略提起稍向前移，变成左虚步，脚跟着地，脚尖翘起，膝部微屈；同时左手由左下向上挑举，高与鼻尖平，掌心向右，臂微屈，右手收回放在左臂肘部里侧，掌心向左；目视左手食指[图 12-9(2)]。

图 12-9　手挥琵琶

3.**左右倒卷肱**(图 12-10)

1)倒卷肱一

①转体托掌:上体右转,右手翻掌(手心向上)经腰侧由下向后上方划弧平举,臂微屈,左手随即翻掌向上;眼的视线随着向右转体先向右看,再转向前方看左手[图 12-10(1)]。

要领:上体右转不要太大,右手向后上托掌后,双臂保持自然弯曲,配合含胸拔背合抱成圆弧。

②退步推掌:左腿轻轻提起向后(偏左)退一步,前脚掌先着地,然后全脚慢慢踏实,身体重心移至左腿上,右脚随转体以脚掌为轴扭正,脚跟离地,成右虚步;同时右臂屈肘折向前,右手由耳侧向前坐腕推出,手心向前,左臂屈肘后撤,左手回抽至腰侧,手心向上;目视右手[图 12-10(2)]。

要领:退步时,左脚向左后方斜向插步,避免两腿落在正方向的同一直线上;右手推掌不要完全伸直,保持肘关节微微弯曲,肘尖自然下垂,做到沉肩垂肘;右手前推和左手回抽要配合转体在胸前交错进行。

2)倒卷肱二

①转体托掌:上体微向左转,同时左手随转体向左上方划弧平举,手心向上,右手随即翻掌,掌心向上;眼随转体先向左看,再转向前方看右手[图 12-10(3)]。

②退步推掌:右腿轻轻提起向后(偏右)退一步,前脚掌先着地,然后全脚慢慢踏实,身体重心移至右腿上,左脚随转体以脚掌为轴扭正,脚跟离地,成左虚步;同时左臂屈肘折向前,左手由耳侧向前坐腕推出,手心向前,右臂屈肘后撤,右手回抽至腰侧,手心向上;目视左手[图 12-10(4)]。

3)倒卷肱三

①转体托掌:上体微向右转,同时右手随转体向右上方划弧平举,手心向上,左手随即翻掌,掌心向上;眼随转体先向右看,再转向前方看左手[图 12-10(5)]。

②退步推掌:与倒卷肱一②解同[图 12-10(6)]。

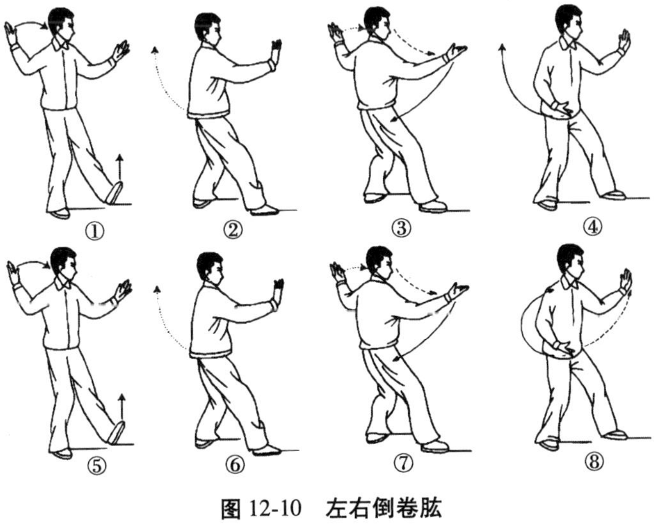

图 12-10　左右倒卷肱

4）倒卷肱四

①转体托掌：与倒卷肱二①解同［图 12-10（7）］。

②退步推掌：与倒卷肱二②解同［图 12-10（8）］。

完整练习提示：在向后退步的过程中，支撑腿要保持一定的弯曲度，使身体重心水平后移，没有上下起伏；转体托掌和退步推掌连贯完成，中间不要有停顿；最后退右脚时，右脚尖要外转，便于做"左揽雀尾"的动作。

三、第三组动作及图解

1.左揽雀尾（图 12-11）

①转体抱球：身体重心落在右腿上，上体向右转，左脚收到右脚内侧，脚尖点地；同时，左手自然下落逐渐翻掌经腹前划弧至右肋前，手心向上，掌指向右，右手由腰间向右向上弧线撩掌，至肩高时右臂屈肘，手掌收至右胸前，手心转向下，掌指向左，双手相对成抱球状；目视右手［图 12-11（1）］。

②弓步掤：上体微向左转，左脚向左前方迈出，脚跟着地，上体继续向左转，右腿自然蹬直，左腿屈膝，成左弓步；同时左臂向左前方掤出（即左臂平屈成弓形，用前臂外侧和手背向前方推出，高与肩平，手心向后），右手向右下落放于右胯旁，手心向下，指尖向前；目视左前臂［图 12-11（2）（3）］。

要领：迈步时不要急于做上肢动作，掤要配合身体重心前移完成，做到手脚同时到位；左臂自然弯曲，右臂微屈外撑，配合胸微微内含，形成圆滑的弧形。

③后坐捋：身体微向左转，左手随即向左前摆伸，手指前指，掌心向下，同时右手翻掌向上，经腹前向上、向前伸至左前臂下方。然后身体右转，重心移至右腿；同时双手下捋（即上体向右转，双手回拖右髋斜前方，右手继续向后上方划弧，直至右手高与肩平，手心向上，同时左手沿身体右侧上升直至左臂平屈于胸前，手心向后）；目随右手转视［图 12-11（4）］。

要领：双手左前摆伸时，上体不要前俯，身体只配合微微左转；双手回拖时，要配合身体右转从左上方向右下方弧线斜带，不可直线回抽。

④弓步挤：上动不停，上体微向左转，右臂屈肘折回，右手附于左手腕里侧。右腿蹬伸，身体重心逐渐移向左脚变成左弓步，同时上体继续向左转；同时双手向前慢慢挤出，左手心向后，右手心向前，左前臂要保持半圆；目视左手腕部［图 12-11（5）］。

⑤后坐收掌：左手顺势前伸翻掌，右手经左腕上方向前、向右伸出，双手掌指向前，掌心向下，与肩同高，双手左右分开，宽与肩同。然后左脚蹬伸，右腿屈膝，上体慢慢后坐，身体重心移至右腿上，左脚尖翘起；同时双手屈肘回收至腹前，手心均向前下方；目视前方［图 12-11（6）（7）］。

⑥弓步按掌：上动不停，右腿蹬伸，身体重心慢慢前移，左腿前弓成左弓步；同时双手向前、向上按出，掌心向前；目视前方［图 12-11（8）］。

要领：按掌不要完全伸直，保持肘关节微微弯曲，肘尖自然下垂，做到沉肩垂肘；后坐收掌后双手不要停顿，连续做按掌。

图 12-11 左揽雀尾

2.右揽雀尾(图 12-12)

①转体抱球:上体后坐并向右转,身体重心移至右腿,左脚尖内扣;右手经体前向右在水平面划弧至右侧,左手位置不变,双臂肘关节微屈,双手保持立掌,掌心向斜前方;目随右手转视。右腿蹬伸,身体重心移至左腿上;右手自然下落,左臂向上屈肘。然后右脚收至左脚内侧,脚尖点地;同时右手由右下经腹前向左上划弧至左肋前,手心向上;左臂屈肘后平屈于胸前,左手掌心向下与右手成抱球状;目视左手[图 12-12(1)(2)(3)]。

要领:身体重心移动过程要做清楚,做到虚实分明;双掌分开后,不要伸太直,保持自然弯曲,微微向前合抱。

②弓步掤:上体微向右转,右脚向右前方迈出,脚跟着地,上体继续向右转,左腿自然蹬直,右腿屈膝,成右弓步;同时右臂向右前方掤出(即右臂平屈成弓形,用前臂外侧和手背向前方推出,高与肩平,手心向后),左手向左下落放于左胯旁,手心向下,指尖向前;目视右前臂[图 12-12(4)]。

③后坐捋:身体微向右转,右手随即向右前摆伸,手指前指,掌心向下,同时左手翻掌向上,经腹前向上、向前伸至右前臂下方。然后身体左转,重心移至左腿;同时双手下捋(即上体向左转,双手回拖左髋斜前方,左手继续向后上方划弧,直至左手高与肩平,手心向上,同时右手沿身体左侧上升直至右臂平屈于胸前,手心向后);目随左手转视[图 12-12(5)(6)]。

要领:同左揽雀尾③。

④弓步挤:上动不停,上体微向右转,左臂屈肘折回,左手附于右手腕里侧。左腿蹬伸,身体重心逐渐移向右脚变成右弓步,同时上体继续向右转;同时双手向前慢慢挤出,右手心向后,左手心向前,右前臂要保持半圆;目视右手腕部[图 12-12(7)]。

⑤后坐收掌:右手顺势前伸翻掌,左手经右腕上方向前、向左伸出,双手掌指向前,掌心向下,与肩同高,双手左右分开,宽与肩同。然后右脚蹬伸,左腿屈膝,上体慢慢后坐,身体重心移至左腿上,右脚尖翘起;同时双手屈肘回收至腹前,手心均向前下方;目视前方[图 12-12(8)(9)]。

⑥弓步按掌:上动不停,左腿蹬伸,身体重心慢慢前移,右腿前弓成右弓步;同时双手向前、向上按出,掌心向前;目视前方[图 12-12(10)]。

完整练习提示:揽雀尾由“掤、捋、挤、按”四个动作组成,四个动作在衔接上要做到势势相连,动作的虚实转换、姿势变化都要连贯一气,不出现停顿的痕迹;在动作过程中,身体重心保持在相同的高度,不要上下起伏;注意区别两次重心后坐时的脚尖动作,“捋”时前脚全脚掌着地,脚尖不动,“按”时前脚脚尖翘起。

图 12-12　右揽雀尾

四、第四组动作及图解

1.单鞭(图 12-13)

①转体侧抱:右脚蹬伸,上体后坐,身体重心逐渐移至左腿上,右脚尖内扣;同时上体左转,双手(左高右低)向左弧形运转,直至左臂平举,伸于身体左侧,手心向左,右手经腹前运至左肋前,手心向后上方;目随左手转视[图 12-13(1)(2)]。

要领:上体左转和身体重心左移同时进行,边移边转;双手左移划弧过程中,掌心向后,左手经面部前,到左侧后再向外翻掌,掌心向外,右手经腹前。

②丁步勾手:左脚蹬地,身体重心再渐渐移至右腿上,上体右转,左脚向右脚内侧收腿靠拢,脚尖虚点地;右手随上体右转经面部前方向右上方划弧,掌心向内,至右侧方时,掌心外翻变成勾手,勾尖向下,臂与肩平,左手向下经腹前向右上划弧停于右肩前,手心向里;转体过程中目随右手转视,最后目视左手[图 12-13(3)]。

要领:收腿动作要在身体重心右移到右腿后再进行。

③弓步推掌:左脚向左前侧方迈出,脚跟着地,上体向左转;同时左掌随上体的左转经面部慢慢移向左侧,掌心向内;接着右脚跟后蹬,左脚掌慢慢踏实,身体重心移向左腿成左弓步;同时左掌慢慢翻转向前推出,手心向前,手指与眼齐平,臂微屈,右手勾手不变;目视左手[图 12-13(4)(5)]。

完整练习提示:转体扣脚和丁步勾手动作连贯完成,双手走圆滑的弧线;目光跟随上面的手。

图 12-13　单鞭

2.云手

1)云手一(图 12-14)

①转体侧抱:左脚蹬伸,身体重心移至右腿上,身体渐向右转,左脚尖内扣;左手经腹前向右上划弧至右肩前,手心斜向后,同时右手变掌,手心向右前;目视右手[图 12-14(1)]。

②并步云手:上体慢慢左转,身体重心随之左移;左手掌心向内由脸前向左侧运转,手心渐渐外翻转向左方,右手由右下经腹前向左上划弧,至左肩前,手心斜向后;同时右脚靠近左脚,成小开立步(两脚距离为 10~20 厘米);目随右手转视[图 12-14(2)]。

2)云手二(图 12-15)

①开步云手:上体再向右转,身体重心转移到右脚上;同时左手经腹前向右上划弧至右肩前,手心斜向后,右手掌心向内,经面部向右侧运转,到右侧后手心外翻向右;随之左腿向左横跨一步;目随左手转视[图 12-15(1)]。

②并步云手:与云手一②解同[图 12-15(2)]。

3)云手三(图 12-16)

①开步云手:与云手二①解同[图 12-16(1)]。

②并步云手:与云手一②解同[图 12-16(2)]。

完整练习提示:身体转动时要以腰为轴;向左移动的整个过程身体重心要保持同一高度;两臂随腰运转,要自然圆活,速度均匀缓慢,三个云手的手部动作连贯划圈,不要停顿;右手沿顺时针方向划圈,左手沿逆时针方向划圈,当手运行至面部前时为最高点,掌心向面部,前臂竖立,手指向上,与眼同高,当手运行至腹前时为最低点,双手肘关节保持自然弯曲,不可僵直。

图 12-14　云手一

图 12-15　云手二

图 12-16　云手三

3.单鞭(图 12-17)

①丁步勾手:身体重心落在右腿上,左脚跟慢慢提离地面,脚尖点地,同时上体向右转;右手随上体右转经面部前方向右上方划弧,掌心向内,至右侧方时,掌心外翻变成勾手,勾尖向下,臂与肩平,左手向下经腹前向右上划弧停于右肩前,手心向里;转体过程中目随右手转视,最后目视左手[图 12-17(1)]。

②弓步推掌:左脚向左前侧方迈出,脚跟着地,上体向左转;同时左掌随上体的左转经面部慢慢移向左侧,掌心向内;接着右脚跟后蹬,左脚掌慢慢踏实,身体重心移向左腿成左弓步;同时左掌慢慢翻转向前推出,手心向前,手指与眼齐平,臂微屈,右手勾手不变;目视左手[图 12-17(2)(3)]。

完整练习提示:云手后,不要停顿,顺势划弧完成单鞭,使整个动作一气呵成,但动作要匀速缓慢;其余见本组动作的第一个单鞭。

图 12-17　单鞭

五、第五组动作及图解

1.高探马(图 12-18)

①跟步翻掌:右脚跟进半步,身体重心逐渐后移至右腿上,同时身体微向右转,左脚跟渐渐离地;右勾手变成掌,双手心翻转向上,两肘弯曲;目视左前方[图 12-18(1)]。

要领:在跟步前,身体重心先微微向左脚移动,但不要升高,把身体重心控制在左脚,确保跟步时重心平稳。

②虚步推掌:上体微向左转,面向前方;右掌经右耳旁向前推出,手心向前,手指与眼同高,左手收至左侧腰前,手心向上;同时左脚微向前移,脚尖点地,成左虚步;目视右手[图 12-18(2)]。

要领:上体自然正直,沉肩垂肘。

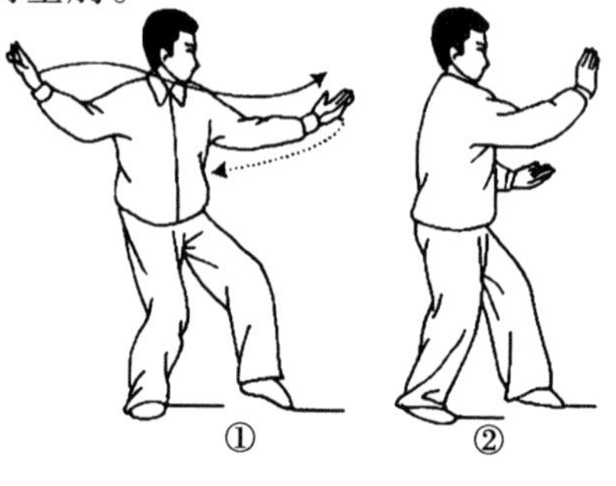

图 12-18　高探马

2.右蹬脚(图 12-19)

①左手穿掌:下肢不动;左手手心向上,手指向前伸至右手腕背面,双手相互交叉;目视左手[图 12-19(1)]。

②迈步分掌:上动不停,左脚提起向左前侧方进步(脚尖略外撇),身体重心前移,右腿自然蹬直,成左弓步;同时左手翻掌向外,双手向两侧分开并向下划弧,手心斜向下;目视前方[图 12-19(2)(3)]。

要领:迈步的脚离地不要太高,步幅要小,落脚时以脚跟先着地,然后慢慢踏实;双手外分时在身体斜前方走曲线,肘关节保持适当的弯曲度。

③跟步合抱:上动不停,身体重心继续前移至左腿,接着右脚向左脚内侧收腿靠拢,脚尖点地;双手由外圈向里圈划弧,双手交叉合抱于胸前,右手在外,手心均向后;目视右前方[图 12-19(4)]。

要领:双手向下划弧时身体不要前俯,收腿动作要慢。

④提膝分掌:上动不停,身体重心慢慢升起,右腿屈膝提起,踝关节自然放松;同时两臂左右划弧微微分开,肘部弯曲,双手掌立掌外翻,手心均向前;目视右手[图 12-19(5)]。

⑤蹬腿撑掌:上动不停,右脚向右前方慢慢蹬出,脚尖向上;同时两掌左右推出;目视右手[图 12-19(6)]。

要领:身体重心升高后,上体要直立,不可为了抬高右腿而后仰身体;蹬腿动作完后,两腿膝关节微屈,右脚脚尖勾紧;双手推掌不要推成直线,微向斜前推出,使双手保持在一个圆弧上,右手与右脚方向一致,做到上下呼应。

图 12-19　右蹬脚

完整练习提示:以高探马面对方向为正前方,右蹬脚迈步动作向前,蹬腿方向为右 30°左右。

3.双峰贯耳(图 12-20)

①收腿合掌:右腿屈膝收回,平举,踝关节自然放松;左手翻掌掌心向上,由后向前平摆至体前,右手手心翻转向上,双手掌沿相对,距离同肩宽,双肘微微下落回收;目视前方[图 12-20(1)]。

②迈步收掌:身体重心下降,右脚伸膝向右前方迈出,脚跟着地;双手同时向下划弧分落于髋两侧;目视前方[图 12-20(2)]。

要领:迈步方向是右蹬脚蹬脚方向的右 10°~15°。

③弓步贯拳:左腿蹬伸,身体重心渐渐前移,成右弓步,面向右前方;同时双手慢慢变拳,分别从两侧向上、向前划弧至面部前方,成钳形状,两拳相对,高与耳齐,拳眼都斜向前下方

(两拳中间距离为10~20厘米);目视右拳[图12-20(3)]。

要领:双手向前贯拳时,伴随划弧动作,前臂逐渐内旋;完成后,双臂屈肘平抬。

图12-20 双峰贯耳

4.**转身左蹬脚**(图12-21)

①转身扣脚:右脚蹬伸,左腿屈膝后坐,身体重心移至左腿,上体左转,右脚尖内扣;同时两拳变掌,由上向左右划弧分开平举,手心向前;目随左手转视[图12-21(1)]。

要领:移身体重心同时转体。

②收腿合抱:上动不停,左腿蹬伸,身体重心再移至右腿,左脚收到右脚内侧,脚尖点地;同时双手由外圈向里圈划弧合抱于胸前,左手在外,手心均向后;目视左方[图12-21(2)(3)]。

要领:收腿动作不要太早太快,当身体重心完全控制在右腿上时再收腿,以保持身体平稳;身体重心左右移动时不要有起伏。

③提膝分掌:上动不停,身体重心慢慢升起,左腿屈膝提起,踝关节自然放松;同时两臂左右划弧微微分开,肘部弯曲,双手掌立掌外翻,手心均向前;目视左手[图12-21(4)]。

④蹬腿撑掌:上动不停,左脚向左前方慢慢蹬出,脚尖向上;同时两掌左右推出;目视左手[图12-21(5)]。

要领:同右蹬脚。

图12-21 转身左蹬脚

完整练习提示:转身动作时上体转动要约大于90°,最后左脚蹬腿方向与右脚蹬腿方向相反,夹角约180°,连贯练习时不要忽略了身体重心的移动,移动时要虚实分明。

六、第六组动作及图解

1.左下势独立(图 12-22)

①收腿勾手:左腿收回平屈,踝关节放松,上体右转;右掌变成勾手,勾尖向下,左掌向上、向右划弧下落,立于右肩前,掌心斜向后;目随左手转视[图 12-22(1)]。

②仆步穿掌:上动不停,右腿慢慢屈膝下蹲,左腿由内向左侧(偏后)伸出,成左仆步;左手沿身体右侧下落至腹前,然后向左下顺左腿内侧向前穿出(掌心向外,掌指向前,手掌拇指侧向上),右手微微下落;目随左手转视[图 12-22(2)]。

要领:仆步时左腿不要伸太远,以便把身体重心完全控制在右腿上;左脚脚尖内扣。

③弓步挑掌:上动不停,身体重心前移,左脚以跟为轴脚尖尽量向外撇,左腿前弓,右腿后蹬,右脚以前脚掌为轴脚跟后顺,上体微向左转并向前起身;同时左臂继续向前上弧线伸出(立掌),掌心向右,右勾手下落,勾尖向后;目视左手[图 12-22(3)]。

④提膝挑掌:上动不停,身体重心继续前移至左腿,右腿慢慢提起平屈,成左独立式,踝关节放松;同时右勾手变掌,由后下方顺右腿外侧向前弧形摆出,屈臂立于右腿上方,肘与膝相对,手心向左,左手下落于左胯旁,手心向下,指尖向前;目视右手[图 12-22(4)(5)]。

要领:身体重心升高和提膝动作要在重心完全移至左腿后再做,以便控制身体平衡;提膝和挑掌动作要配合重心上升同速完成。

完整练习提示:整个动作中间没有定势,各步骤要连贯完成;左手回收、前穿的路线在同一圆滑的弧线上。

图 12-22　左下势独立

2.右下势独立(图 12-23)

①落脚转体:右脚下落于左脚前,前脚掌着地,然后以左脚前掌为轴脚跟转动,身体随之左转;同时左手向后平举变成勾手,勾尖向下,右掌随着转体向左侧划弧,立于左肩前,掌心斜向后;目视左手[图 12-23(1)]。

②仆步穿掌:上动不停,左腿慢慢屈膝下蹲,右腿由内向右侧伸出,成右仆步;右手沿身体左侧下落至腹前,然后向右下顺右腿内侧向前穿出(掌心向外,掌指向前,手掌拇指侧向上),左手微微下落;目随右手转视[图 12-23(2)(3)]。

③弓步挑掌:上动不停,身体重心前移,右脚以脚跟为轴脚尖尽量向外撇,右腿前弓,左腿后蹬,左脚以前脚掌为轴脚跟后顺,上体微向右转并向前起身;同时右臂继续向前上弧线伸出(立掌),掌心向左,左勾手下落,勾尖向后;目视右手[图 12-23(4)]。

④提膝挑掌：上动不停，身体重心继续前移至右腿，左腿慢慢提起平屈，成右独立式，踝关节放松；同时左勾手变掌，由后下方顺左腿外侧向前弧形摆出，屈臂立于左腿上方，肘与膝相对，手心向右，右手下落于右胯旁，手心向下，指尖向前；目视左手［图 12-23（5）］。

图 12-23　右下势独立

七、第七组动作及图解

1.左右穿梭

1）左穿梭（图 12-24）

①丁步抱球：左脚向左前落地，脚尖外撇，右脚跟离地，两膝屈膝成半坐盘式，身体微向左转；同时右手向左翻掌向腹前搂抱，掌心向上，左手自然下落于胸前，平抬肘，掌心向下，双手在左胸前成抱球状；然后身体重心移至左脚，右脚收到左脚内侧，脚尖点地；目视左前臂［图 12-24（1）（2）］。

②弓步架推：右脚向右前方迈出，脚跟着地，然后左腿蹬伸，脚跟后顺，右腿屈膝弓腿，成右弓步，身体右转；同时右手由脸前向上举并翻掌，屈肘停在右额前上方约 30 厘米处，手心斜向上，左手在迈步时先向左下落至左肋，再随身体重心前移成立掌向前推出，高与鼻尖平，手心向前；目视左手［图 12-24（3）（4）］。

要领：右手上架和左手前推的动作速度要与身体重心前移协调一致，做到手脚同时到达；左手不要推得过直，肘关节微屈，肘尖向下垂；推掌完成时，上体不要前倾和侧倾，两肩保持相同高度。

图 12-24　左穿梭

2）右穿梭（图 12-25）

①丁步抱球：身体重心略向后移，右脚尖稍向外撇，随即身体重心再移至右腿，左脚跟进，停于右脚内侧，脚尖点地；同时左手弧线下落向腹前搂抱，掌心向上，右手自然下落于胸前，平抬肘，掌心向下，双手在右胸前成抱球状（右上左下）；目视右前臂［图 12-25（1）］。

②弓步架推：左脚向左前方迈出，脚跟着地，然后右腿蹬伸，脚跟后顺，左腿屈膝弓腿，成

左弓步，身体左转；同时左手由脸前向上举并翻掌，屈肘停在左额前上方约30厘米处，手心斜向上，右手在迈步时先向右下落至右肋，再随身体重心前移成立掌向前推出，高与鼻尖平，手心向前；目视右手［图12-25(2)(3)］。

完整练习提示：左右两次迈步的方向与正前方成30°左右夹角，之字形前进；连贯练习时不要漏做左右穿梭的衔接过程（重心后坐，脚尖外摆）。

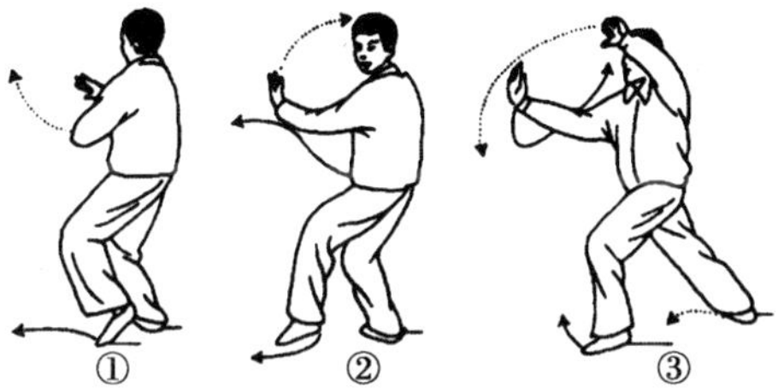

图12-25　右穿梭

2.**海底针**（图12-26）

①跟步提掌：右脚顺势向前跟进半步，身体重心后移至右腿，左脚微微提离地面，身体稍向右转；身体重心后移时，右手下落经体侧向后、向上提抽至肩上耳旁，左手自然下落至胸腹前；目随右手转视［图12-26(1)］。

②虚步插掌：身体重心微微下坐，上体转正，左脚稍向前落，脚尖点地，成左虚步；随身体左转，右手由右耳旁斜向前下方插出，掌心向左，指尖斜向下，左手向下划弧落于左胯旁，手心向下，指尖向前；目随右手转视［图12-26(2)］。

要领：插掌时上体不要太前倾，避免低头和凸臀。

3.**闪通臂**（图12-27）

①迈步提掌：上体稍向右转，左脚微微提起；同时双手上提至胸前；目视前方［图12-27(1)］。

②弓步架推：左脚向前迈出，屈膝弓腿成左弓步；同时右手由体前上提，屈臂上举，停于右额前上方，掌心翻转斜向上，拇指朝下，左手由胸前向前推出，高与鼻尖平，手心向前；目视左手［图12-27(2)］。

完整练习提示：注意不要同左右穿梭的动作混淆，此处的推掌和弓腿动作是同侧，而左右穿梭的推掌和弓腿动作是异侧。

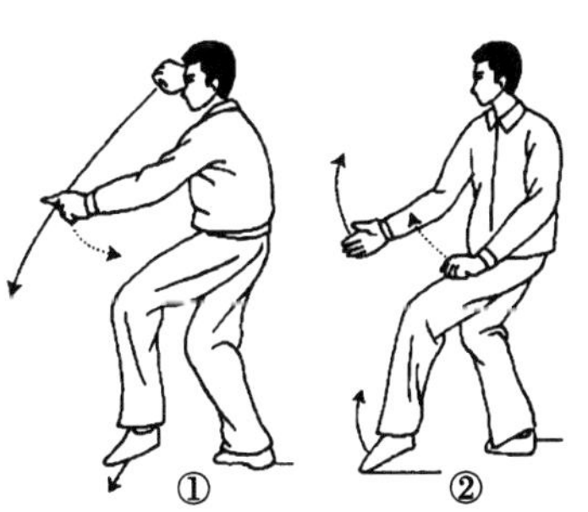

图12-26　海底针

图12-27　闪通臂

八、第八组动作与图解

1.**转身搬拦捶**(图 12-28)

①转身抱拳:左脚蹬伸,脚尖内扣,身体向右后转,上体后坐,身体重心移至右腿上;同时右手从头上向右弧线下落,右手微上举。然后身体重心再移至左腿上;与此同时,右手随着转体向下(变拳)经腹前划弧至左肋旁,拳心向下,左掌上举于头前,掌心斜向上;目视前方[图 12-28(1)(2)]。

要领:握拳不要太紧,拳心微空。

②圈步搬拳:上动不停,右脚收回后(不要停顿或脚尖点地)即向前迈出,脚尖外撇,身体重心控制在左脚上,身体继续右转;右拳经胸前向前翻转撇出,拳心向上,左手落于左胯旁,掌心向下,指尖向前;目视右拳[图 12-28(3)]。

③上步横拦:身体重心前移至右腿上,左脚向前迈一步,身体右转;左手上起经左侧向前上划弧横向拦出,掌心向前下方;同时右拳向右划弧收到右腰旁,拳心向上;目视左手[图 13-28(4)]。

④弓步冲拳:右腿蹬伸,身体重心前移,左腿前弓成左弓步;同时右拳向前立拳冲出,拳眼向上,高与胸平,左手微微回收附于右前臂内侧,指尖向上;目视右拳[图 12-28(5)]。

完整练习提示:转身和搬拳时双手动作路线可理解为同时在身体左侧顺时针划立圆;上步横拦时双手动作路线可理解为同时在齐腰高的水平面上顺时针划圆弧。

图 12-28 转身搬拦捶

2.**如封似闭**(图 12-29)

①前穿分掌:左手由右腕下向前伸出,右拳变掌,双手手心逐渐翻转向上并慢慢分开,距离同肩宽;目视双手[图 12-29(1)(2)]。

②后坐收掌:左脚蹬伸,左脚尖翘起,身体后坐,身体重心移至右腿;同时双手掌心向后回收,在胸前向外平转翻掌(前臂内旋)后降至腹前,掌心向前;目视前方[图 12-29(3)]。

要领:身体重心后移时,上体保持正直,不要后仰;收掌至腹前的动作不可直线收回。

③弓步推掌:右腿蹬伸,身体重心前移,左脚掌慢慢踏实,左腿前弓成左弓步;同时双手经腹前向上、向前推出,腕部与肩平,手心向前;目视前方[图 12-29(4)]。

要领:推掌不要完全伸直,保持肘关节微微弯曲,肘尖自然下垂,做到沉肩垂肘。

完整练习提示:注意同"揽雀尾"的"按"相区别,"按"的收掌掌心是向前的,而"如封似闭”的后坐收掌是掌心向后。

图 12-29　如封似闭

3.**十字手**(图 12-30)

①转体分掌：左脚蹬伸，右脚屈膝后坐，身体重心移向右腿，身体右转，成右侧弓步，右脚尖随着转体稍向外撇，左脚尖内扣；同时右手随着转体动作向右平摆划弧，与左手成两臂侧平举，掌心向前，肘部微屈；目随右手转视[图 12-30(1)(2)]。

要领：右手平摆动作要用身体右转带动，做到以腰带手；身体重心平移，不要有起伏；脚尖扣转后均向前。

②收腿合抱：右脚蹬伸，身体重心慢慢移至左腿，随即向左收回，两脚距离与肩同宽，两腿逐渐蹬直，成开立步；同时双手向下经腹前向上划弧交叉合抱于胸前，两臂撑圆，腕高与肩平，右手在外，成十字手，手心均向后；目视前方[图 12-30(3)(4)]。

要领：双手向下划弧时身体重心不必下降，上体保持正直，不要前俯或低头；双手合抱时须圆满舒适，沉肩垂肘；身体重心升起要在收腿完成后进行，避免边收腿边站起。

4.**收势**(图 12-31)

双手向外翻掌，手心向下，两臂慢慢下落，停于身体两侧；接着收左脚成并步站立；目视前方[图 12-31(1)(2)]。

要领：双手翻掌动作是水平翻转，手指始终向前；双掌下落时，手臂动作按沉肩、降肘、落手的顺序进行，不要做成按掌。

图 12-30　十字手

图 12-31　收势

思考题

1.简述杨氏太极拳的起源。

2.简述练习太极拳的益处。

3.简述杨氏太极拳的风格特点。

4.简述杨氏太极拳的完整动作口令。

第十三章　滑雪运动

章节内容提要

本章介绍了滑雪运动的起源与发展、滑雪运动的分类、高山滑雪的装备、国际与国内滑雪主要赛事及竞赛项目。2022 年第二十四届冬奥会在北京进行，本章末特别对中国冬奥进行了介绍，讲述了 1980—2022 年的一些重要时刻及冬奥明星。

学习目标

1.了解滑雪运动的起源与发展及其分类等。

2.认识冬奥会，熟知中国冬奥会的重要时刻及冬奥明星。

第一节　滑雪运动的起源与发展

一、滑雪运动的起源与发展

滑雪运动产生于人类征服自然的实践过程中，产生的条件是寒冷、多雪、多山、多林木、人类文明起源等。最早的滑雪活动是人们利用雪、征服雪而进行行走、狩猎、运输、战争等，大约开始于旧石器时代晚期。2005 年，在新疆阿勒泰地区发现了古人滑雪狩猎的岩画，经鉴定，其诞生年代比挪威及以往任何滑雪考古发现都要早，由此我们可以推断人类的滑雪运动大致起源于贝加尔湖以南的阿勒泰地区。

最早的滑雪可能是人们把“雪踏”形状的器具，用皮条绑在脚上，作为在雪面上走滑的工具。最初的滑雪杖是一根长长的细木杆。

二、现代滑雪运动方兴未艾

20 世纪初，伴随人类社会的进步和经济、科技的发展，滑雪运动打破了原有的局限，逐渐发展成为最受欢迎的冬季运动项目之一。现代滑雪运动在场地建设、器材设备的研制、技术理论的探讨、参与人数等方面得到了全面发展，竞技滑雪、大众滑雪在近几十年处于突飞猛进的发展之中。当代滑雪的中心在欧洲，大众参与程度非常高，其次是北美洲的美国、加拿大及亚洲的日本。目前世界五大洲都开展了滑雪运动。

受自然条件与社会因素的制约，中国的滑雪运动发展缓慢。1957 年，吉林省通化市举行的第一次全国滑雪比赛，拉开了新中国近代滑雪运动的序幕。

1980 年，中国冬季体育代表团参加第十三届冬奥会，这是中国滑雪运动员第一次参加冬奥会，现代滑雪运动由此起步。群众性的旅游休闲滑雪自 20 世纪末期逐步开展起来。目前,中国的现代竞技滑雪运动有了长足的进步,实现了多个“突破”。

三、中国大众滑雪发展迅猛

改革开放以来,中国的滑雪产业已逐步成为朝阳产业。1996 年后,滑雪场的数量与滑雪人数迅猛增加。2015 年北京成功申办冬奥会以来,冰雪运动正在成为中国老百姓的一种时尚生活方式。截至 2021 年初,全国已有 800 多个室内外各类滑雪场,根据国家统计局统计数据,从北京冬奥会申办成功至 2021 年 10 月,全国参与冰雪运动的人数达3.46亿,已实现“带动 3 亿人参与冰雪运动”的承诺。北京冬奥会之后,滑雪运动将会越来越大众化。

四、滑雪运动的发展趋势

有条件的地区,各级政府部门更加充分发挥政府的职能,支持大众滑雪专业人才的培训,促使滑雪产业健康、有序、持久地发展。

(一)向产业化、国际化方向发展

现代滑雪运动在发展过程中与诸多行业有关联,势必拉动相关的旅游、交通、机械加工、服装行业发展,从而带动地方区域经济的振兴和社会的发展。同时,滑雪运动本身的发展也离不开这些行业的推动,从而形成兼跨诸多行业的滑雪产业,为相关产业提供巨大的市场空间。

目前,不仅部分雪具、雪服、头盔等装备可以国产化,部分雪场机械设备也将逐步实现国产化。随着雪具、雪场机械设备等国产化程度的提高、价格下降,有利于我国滑雪场地建设和让更多的人走进滑雪场。

(二)向更广泛的消费阶层发展

未来大众休闲滑雪活动的形式会更加多样化,要因地制宜,灵活多样,增强趣味性,提倡个性化发展。积极开展滑雪群众赛事活动,推动滑雪运动进校园,普及滑雪知识,促进滑雪运动健康、有序地发展。滑雪的主流群体更趋于成熟、理性,参与人数日益增多。

第二节　滑雪运动的分类

一、滑雪运动的含义

滑雪运动是人基本呈站立姿态,双脚各踏一只滑雪板(或双脚共同踏一只较宽的滑雪板),双手各持一支滑雪杖(或双手共持一支滑雪杖或双手不持滑雪杖),在雪面上滑行(或再辅以其他形体动作)的体育运动。

二、滑雪运动的分类

(一)从功能角度分类

滑雪运动从功能角度可分四大类,即实用滑雪、竞技滑雪、大众旅游滑雪、特殊滑雪。

(二)竞技滑雪运动的项目

竞技滑雪运动形成的几大门类,以竞赛为宗旨,每类又包括众多小项目。虽然小项目亦在变化调整中,但竞技滑雪的分项很严谨、规范。国内比赛项目、洲际比赛项目、世界性比赛项目、冬奥会比赛项目均有所不同,冬奥会竞技滑雪项目通常有以下几类:

①高山滑雪:男、女速降,超级大回转,大回转,回转,综合(速降+回转)。

②北欧滑雪:内含大项有越野滑雪、跳台滑雪、北欧两项(越野自由技术+跳台)滑雪。北欧两项滑雪目前只有男子项目,单人及团体接力项目。

③越野滑雪:男、女单人项目,团体接力追逐项目;技术上分为传统技术项目、自由技术项目。

④跳台滑雪:目前只有男子项目,单人及团体项目。

⑤自由式滑雪:男、女空中技巧,雪上技巧,双人平行大回转比赛,四人追逐赛。

⑥冬季两项:男、女个人追逐及团体接力项目。

⑦单板滑雪:包括男子项目、女子项目和混合项目,其中男、女项目是一样的,分别为平行大回转、障碍追逐、U 型场地技巧、大跳台、坡面障碍技巧。

滑雪运动分类见图 13-1。

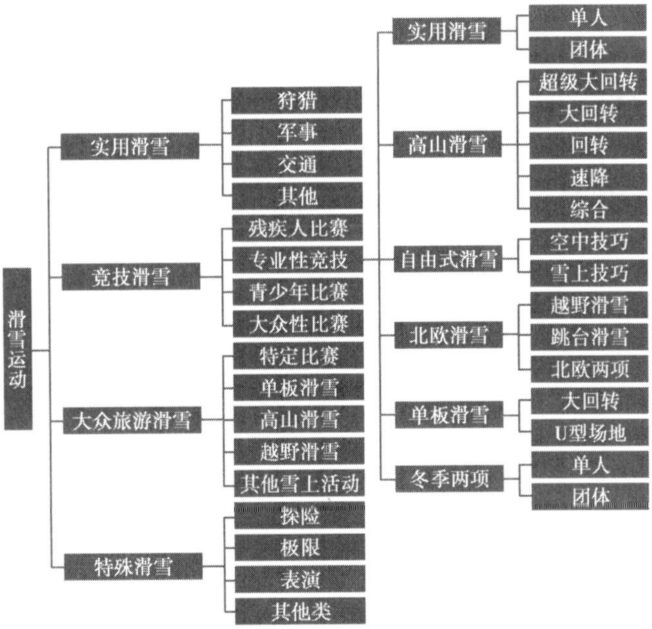

图 13-1　滑雪运动分类

第三节　高山滑雪及其装备

一、高山滑雪简介

高山滑雪也称阿尔卑斯滑雪,是冬奥会的比赛项目。运动员手持滑雪杖,脚穿木制的滑雪板,手撑足滑,交替进行。运动员凭借各种熟练的转弯技巧和高速滑降技术,以及勇敢顽强的意志,按照比赛规定线路,在最短的时间里,克服一切艰难险阻,滑完全程。根据国际滑雪联合会的规定,在冬奥会比赛中,高山滑雪设男子项目、女子项目、混合项目,其中男、女项目各设速降、回转、大回转、超级大回转、全能五个小项。

二、高山滑雪的装备

高山滑雪的装备包括高山滑雪的器材和着装(图 13-2)。

图 13-2　高山滑雪装备①

高山滑雪的器材有滑雪板、滑雪鞋、固定器、滑雪杖四大件。高山滑雪的着装有滑雪服、滑雪手套、滑雪帽(或头盔)、滑雪镜。

高山滑雪的器材和着装种类与型号很复杂,五花八门,易使人眼花缭乱。滑雪者使用的

① 图片来源:Veer 图库。

器材和着装对其滑雪的兴趣、滑雪技术的提高有重大的影响,不能轻视。

三、高山滑雪板的结构

高山滑雪板的组成材质和制作工艺都很复杂。高山滑雪板由前部、中部(腰部)、后部组成,中部安装固定器的部分称为"重量台"。高山滑雪板两侧镶有钢边。高山滑雪板的外形是前部宽、中部窄、后部居中,侧面形成很大的弧线。近年出现的"卡宾"板(俗称"大头板")的外形更是如此,这种外形设计就是为了便于转弯,特别是有利于小转弯。

四、高山滑雪板的分类

由于功能和种类的不同,高山滑雪板的档次和价位差别很大。高山滑雪板的分类情况如下:

(1)按竞技滑雪项目分,有回转板、大回转板、超级大回转板、速降板。

(2)按滑雪水平分,有初学者板、中级板、高级板、竞赛板、世界杯用板等。

(3)按雪质分,有适于滑硬质雪的板、适于滑粉状雪的板、适于特技的滑雪板等。

(4)按年龄、性别分,有男性滑雪板、女性滑雪板、儿童滑雪板等。

五、选用滑雪板的注意事项

初学者最好选用弹性好、长度短、雪板头较大、轻便的滑雪板。

如果经济条件允许,滑雪者应考虑选购一套自己专用的滑雪器材(包括滑雪板、固定器、滑雪鞋、滑雪杖)。选购器材时应主要考虑厂家与商家的诚信度、滑雪板的质量与性能、售后的维护服务等方面。

六、高山滑雪板的维护

1.维护滑雪板的滑行面

维护滑雪板应在专用修板"板夹"上进行,其维护程序如下:

①先清理滑行面(底面)。

②如果滑行面有划痕,需要用专用补条燃化后补在划痕处。

③冷却后用钢刮板刮平。

④用锉将滑行面和钢边同时整修,将钢边毛刺一起锉去,使之光平。

⑤最后磨修边刃、涂蜡等。在损伤较重或参加竞赛之前,最好请专业人员全面检修维护。

2.对钢边角度的要求

滑雪板滑行面经维护达到光平后,要对钢边进行修磨。滑雪板的两侧钢边不应与滑行面在同一平面上,而应向外形成一个微小的坡度。如果雪硬或需要立刃大时,角度可小点(如 87°~88°);如果雪软或一般滑行时角度可大点(如 88°~89°)。

3.钢边角度的修磨程序

①最好用专用磨边器修磨钢边角度,或者用一把细锉。

②在细锉中间缠裹几层软纸,放到滑雪板滑行面上,按压两端,细锉形成弯形,将滑雪板钢边磨成角度。

③如果不是全部钢边都需要修磨,只修磨部分“受伤”部位,则应将其他部位用软纸保护好。

④锉的运行方面,应从滑雪板板尖至板尾。

4.滑雪板的存放

雪期结束后不能“光板”入库,应维护和涂蜡之后,放入全封闭的袋中,立放在干燥通风处,避免阳光直射。

七、滑雪板的涂蜡

1.滑雪蜡的功能

①使滑雪板底面不沾雪、不滞雪。

②保护滑雪板滑行面免受“外伤”,实际上滑雪滑的不是滑雪板底面,而是底面上的雪蜡层。

③使滑雪板增加滑行速度。

④起到“中和”不同雪质的作用,使滑行因素尽量趋于一致,便于滑行连贯、流畅。

⑤滑雪蜡渗入滑雪板滑行面,有一种“滋补”的作用,能保护滑雪板底面不受潮、不变形,阻隔紫外线辐射,降低氧化程度。

2.滑雪蜡的种类

滑雪蜡的种类很多,主要是根据雪温、湿度、雪质来划分。高山滑雪蜡有底蜡、低温蜡、高温蜡、固体蜡、膏状蜡、液体蜡、普通(通用性)蜡、竞技用蜡等。

3.涂滑雪蜡的方法和程序

①清除底面残留的脏蜡与涂底蜡方法。用熨斗烫化滑雪蜡(黑色或红色)滴在滑行面上,之后,用熨斗反复熨平。放置一定时间(几分钟至几小时)让其渗透、冷却。再用刮板刮平,去掉多余“浮蜡”。用刷子及擦布刷净擦光。以上程序可视为在清除原有残雪脏蜡时也涂上了底蜡。至此一个程序完成。

②热涂蜡方法。热涂蜡是在清除脏蜡或涂完底蜡后进行的。热涂蜡的方法相当精细,包括从实际的气象、气温、空气湿度、雪质与使用者的情况出发选蜡、配蜡、涂蜡、晾干、修平、抛光等诸多程序。

③熨平适宜条件的滑雪蜡后要让其渗透和晾干,时间尽量长些。如果时间允许,将滑雪板放于室外,待第二天早晨再刮去浮蜡、精细修平,最后抛光。

④直接冷涂蜡的方法。对大多数大众滑雪者来说,热涂蜡是不现实的,也很不方便。可采取直接向滑行面蹭涂的方式,蹭完后晾干 1~2 分钟,再进行修平、抛光,可随时涂蜡,机动性强。

4.涂蜡注意事项

①应在滑雪板滑行面没有水分且不“反霜”的情况下涂蜡。

②热涂蜡熨平时，熨斗温度不可过高，不能在一处停滞过长，避免烫伤板面，熨斗应来回移动，尽量使滑雪蜡浸透。

③除去板侧面及钢边的蜡，特别是钢边的蜡要除净。

④由于中国的天然雪湿度低，可用尼龙刷或马尾刷将板面的滑雪蜡刷平、精修。人造雪应用铜刷操作，刷子应从前向后运作，不可逆向。

⑤中国的雪质一般湿度低、雪干，如果是参加比赛，可在赛前再人工涂蹭一层固体的白色雪蜡，然后用板擦擦平，板擦摩擦的温度可达到 60 ℃。

5.维护滑雪板和涂蜡所用的工具

维护滑雪板和涂蜡所用的工具很多，不容易配全。如果自己购买滑雪板，配置简单的所谓“口袋里”的工具是很有必要的，再选购一点滑雪蜡，养成经常涂蜡的习惯，还应学会简易涂蜡的方法。

八、高山滑雪鞋

1.高山滑雪鞋的功能与结构

高山滑雪鞋也可称为滑雪靴。高山滑雪鞋对脚与踝部有固定、保护及保暖等作用。高山滑雪鞋由内外两层组成：外层壳和鞋底都很坚硬，由塑料或 ABS 材质注塑成，防水、抗碰撞，上面镶有 1 个或多个夹子及调整鞋的肥瘦、前倾角的装置；内层由化纤织物和松软材料组成，具有脚踝保暖、裹紧、缓冲等作用。高山滑雪鞋的档次及价值相差很大。有的滑雪鞋通过调整相应装置，可使其步行方便，更适合滑雪者的脚型。

2.选用滑雪鞋的注意事项

选用滑雪鞋与选用滑雪板一样，要根据自身的经济条件、技术水平、个人爱好等因素决定。尽量选用有微调装置及行走功能的滑雪鞋。

3.滑雪鞋的保养

①滑雪鞋进雪后潮湿了，可以烘干。

②脚型特殊者，可到专营店用工具对滑雪鞋进行修整。穿起滑雪鞋应使脚的各部位均有紧裹感而又无不适之感。

③尽量不要穿滑雪鞋在水泥地及泥地上行走。

④滑雪鞋用完后应放在温暖处存放，便于下次穿着。

九、高山滑雪固定器

1.高山滑雪固定器的功能与结构

高山滑雪固定器一般由金属材质制成。固定器的主要功能是可以连接滑雪鞋与滑雪板，保护滑雪者的人身安全。固定器由前、中、后三部分组成，前部与后部都有显示与调整其松紧度的装置。前部可固定滑雪鞋前端，并能在横向外力过大时自动脱开；后部具有固定滑雪鞋后端、调整前后长度、锁住或松开滑雪鞋、在纵向外力过大时自动脱开等功能；中部的止滑器可防止滑雪板与滑雪鞋分离后滑向山谷，中部的垫板用于减轻立刃时滑雪鞋侧面与雪面的摩擦。

2.固定器强度的确定

初学者的固定器强度一般为4~5千克。

3.固定器的安装

一般在滑雪板上安装固定器应用模具定位、打孔、固定。滑雪板中部有一条中间线，模具上也会有一个标识，两者对平后，即可打螺丝孔，进行安装。如果没有模具，先要对前后位置及中心线位置进行定位，打孔时务必要掌握好，不要偏位。目前市场上的新品滑雪板都带有一个轨槽，出厂前已安装在滑雪板上，只需将固定器推上去即可。

4.选择固定器的注意事项

①尽量选用调节功能操作方便的固定器。

②各种固定器的档次及压力大小差别很大，但功能差别不大，远不像滑雪板与滑雪鞋那样。

十、高山滑雪杖

1.高山滑雪杖的功能

高山滑雪杖的功能是支撑、加速、维持平衡、引导转变（点杖）。

2.高山滑雪杖的结构

高山滑雪杖的杖杆部分由轻铝合金材料制成，上粗下细，有鞘度；其上端有握柄和握革，便于手握和防止滑雪杖脱落；其下端有杖尖，防止滑雪杖在硬雪撑插时脱滑，杖尖以上有圆形或雪花形雪轮，限制滑雪杖插入雪面过深。

3.高山滑雪杖的选用

高山滑雪杖的选用应以质轻、不易折断、平衡感好、适合自己身高为原则。初学者可选择稍长一点的滑雪杖，以便限制上体过于前倾。滑雪杖越轻越好，握革环状的大小可根据持杖者手的大小调节。

十一、高山滑雪服装

1.滑雪服的款式

除滑雪专业竞赛服装外，滑雪服的概念很广，凡是基本能满足滑雪要求的服装都可称为滑雪服。通常的专用滑雪服有上下分身款式的，由上衣与下裤两件组成，还有连体款式的，即上衣与下裤连在一起。

2.滑雪服的选择

①选择保暖而不臃肿的服装。

②外布料应有防风、防水、透气、不沾雪、耐磨、结实但不坚硬的性能。

③裤角宽大,可套住滑雪靴。

④所有能开放的部位及衣兜都能用拉链和贴扣封闭,袖口呈紧口状,防止进雪、兜风,防止被滑雪杖、索道把柄等部件勾住。

⑤滑雪服穿着应轻便、宽松、舒适,不影响滑行动作。忌穿全白色的滑雪服,颜色应尽量鲜艳,形成很强的视觉反差效果。

⑥口袋及挂环要多些。

十二、高山滑雪的其他器材装备

1.高山滑雪手套

高山滑雪手套是必不可少的,专用滑雪手套五指分开,掌心部位加缝耐磨层,达到防水、不沾雪、保暖、不妨碍手部动作的要求,腕口要较长和宽大,可松紧,便于脱戴及套住滑雪服的袖口。

2.滑雪帽与滑雪头带

滑雪帽与滑雪头带属必需装备,其作用是防止耳部冻伤,使头部热量不会过度流失,同时防止在滑行中因头发纷乱而遮住视线。滑雪帽与滑雪头带由毛绒线编织而成,轻便、保暖、有弹性,便于汗气挥发。如果戴有帽檐的帽子滑雪,必须用条带固定在头上。在中、快速滑行时,最好不要戴这种款式的帽子。

3.滑雪头盔

滑雪头盔是硬质材质注塑而成的,款式多种。头盔的作用是当滑雪者失控跌倒后,保护其头部不致被雪面或其他物体撞伤。在参加比赛快速滑行及在树林中穿行时必须戴滑雪头盔。

4.滑雪镜

滑雪镜一般有两种,一种是太阳镜,一种是封闭式防风专用高山滑雪镜。滑雪镜不同档次差别很大,专业及通用滑雪镜的价位悬殊。滑雪镜的功能如下:

①防止冷风对眼睛的刺激。

②防止紫外线对眼睛的伤害。

③保证滑雪者的视线正常,镜面不会起雾气。

④确保滑雪者跌倒后不会刺伤眼睛和脸部。

⑤新型滑雪镜在光线暗淡条件下,能起到增光的作用。

滑雪镜不能视为可有可无。滑雪时应提倡戴好滑雪镜,特别是在中、快速滑行时。戴太阳镜时,最好用镜带将镜腿系在颈部,以防脱落。戴隐形眼镜的滑雪者, 定要佩戴专用高山滑雪镜,以防隐形眼镜脱落无法找回。

第四节　国际与亚洲主要滑雪赛事及竞赛项目

一、国际主要滑雪赛事

（一）冬季奥林匹克运动会

简称冬奥会，属综合性比赛，每四年举行一届。1924 年在法国举行第一届冬奥会，截至 2022 年共举行了 24 届。

（二）世界高山滑雪锦标赛

世界高山滑雪锦标赛是由国际滑雪联合会组织的一项世界性赛事，每两年举行一届。滑雪其他各项目世界锦标赛均独立举行。1931 年第一届世界高山滑雪锦标赛在瑞士米伦举行，截至 2022 年已举办 46 届。

（三）世界大学生冬季运动会

世界大学生冬季运动会是由国际大学运动总会举办的一项供大学生运动员参加的国际综合性比赛，每两年举行一届。1960 年在法国举行第一届比赛，截至 2022 年共举行了 29 届，第三十届世界大学生冬季运动会因新冠肺炎疫情已取消。

（四）高山滑雪世界杯

高山滑雪世界杯是由一群滑雪比赛爱好者和专家发起的一项高山滑雪巡回赛，每年举办一次，于 1967 年在德国贝希特斯加登举办第一届比赛。

二、亚洲主要滑雪赛事

（一）亚洲冬季运动会

简称亚冬会，属综合性比赛，每四年举行一届。1986 年在日本札幌举行第一届亚冬会，截至 2022 年共举行了 8 届。原计划 2021 年初举行的第九届亚冬会由于没有城市申办而没有举行。

（二）亚洲青少年高山滑雪锦标赛

每年举行一次。

（三）国内主要滑雪赛事

1.全国冬季运动会

简称全国冬运会，属综合性比赛，每四年举行一届，是国内最隆重的冰雪盛会。1959 年举行第一届，截至 2022 年共举行了 14 届（没有举行第二届）。

2.全国高山滑雪锦标赛

每年举行一次。其他各项滑雪项目也都单独举行全国锦标赛。

3.全国高山滑雪冠军赛

每年举行一次。

4.全国大众高山滑雪系列赛

2002/2003 冬季首次举行，分华北和东北两个赛区，每个赛区各 4 站比赛，比赛项目为男、女超级大回转。参赛者均为滑雪爱好者。举行这种性质的比赛，是对国内传统比赛体制的突破。随着大众旅游滑雪的开展，大众性比赛会日趋活跃。目前吉林、黑龙江两省还举行全省的滑雪比赛，每隔四年举行一次省级冬运会的比赛。

三、第二十四届冬奥会滑雪项目

1.高山滑雪（Aipine Skiing）

高山滑雪比赛项目分为速度项目和技术项目，男、女项目一样。速度项目包括速降和超级大回转，技术项目包括大回转、回转，此外还有速降和回转合二为一的全能及混合项目团体赛。

①速降。

②超级大回转。

③大回转。

④回转。

⑤全能，包括速降和回转两个项目。

⑥团体赛为男女混合赛，各队均为两男两女。

2.越野滑雪（Cross-country Skiing）

①男子项目：男子 15 公里（传统技术）、男子双追逐（15 公里传统技术+15 公里自由技术）、男子个人短距离（自由技术）、男子团体短距离（传统技术）、男子 50 公里集体出发（自由技术）、男子 4×10 公里接力。

②女子项目：女子 10 公里（传统技术）、女子双追逐(7.5 公里传统技术+7.5 公里自由技术）、女子个人短距离（自由技术）、女子团体短距离（传统技术）、女子 30 公里集体出发（自由技术）、女子 4×5 公里接力。

3.跳台滑雪（Ski Jumping）

①男子项目：个人标准台、个人大跳台、男子团体。

②女子项目：个人标准台。

③混合项目：混合团体。

4.北欧两项（Nordic Combined）

北欧两项只有男子项目：

①个人-跳台滑雪标准台/越野滑雪 10 公里。

②个人-跳台滑雪大跳台/越野滑雪 10 公里。

③团体-跳台滑雪大跳台/越野滑雪 4×5 公里接力。

5.自由式滑雪(Freestyle Skiing)

自由式滑雪包括男子项目、女子项目和混合项目,其中男、女项目是一样的。

①空中技巧。

②雪上技巧。

③障碍追逐。

④U 型场地技巧。

⑤坡面障碍技巧。

⑥大跳台。

⑦混合项目:空中技巧混合团体。

6.单板滑雪(Snowboard)

单板滑雪包括男子项目、女子项目和混合项目,其中男、女项目是一样的,其中障碍追逐混合团体比赛是北京冬奥会新增小项。

①U 型场地技巧。

②坡面障碍技巧。

③平行大回转。

④大跳台。

⑤障碍追逐。

⑥混合项目:障碍追逐混合团体。

7.冬季两项(Biathlon)

①男子项目:10 公里短距离、20 公里个人、12.5 公里追逐、15 公里集体出发、4×7.5 公里接力。

②女子项目:7.5 公里短距离、15 公里个人、10 公里追逐、12.5 公里集体出发、4×6 公里接力。

③混合项目:混合接力(女子 2×6 公里+男子 2×7.5 公里)。

四、亚洲冬季运动会滑雪项目

由于亚洲的滑雪水平较低,而且水平参差不齐,故亚冬会所设的项目变化较大,承办国有较大的设项权利。

一般所设项目有:

①高山滑雪:大回转、回转(男、女)。

②越野滑雪:距离偏短的个人项目、接力项目(男、女)。

③冬季两项:选取部分个人项目、接力项目。

④跳台滑雪:所有项目都作为表演项目。

⑤自由式滑雪。

五、国内一般比赛的项目

全国冬季运动会经过60多年的发展，其比赛项目设置目前已与冬奥会全面接轨，第十四届全国冬季运动会的项目设置就与2022年北京冬奥会一致，但因疫情等影响，此届冬季运动会将延期举办。

全国平时比赛所设项目也不尽相同。根据比赛规模、性质及当时气象、场地状况调整。大众高山滑雪系列赛虽然设有超级大回转项目，但是与专业竞赛中的超级大回转难度有悬殊。

第五节　中国冬奥

一、重要时刻

1.首次参赛

1980年，第十三届冬奥会在美国普莱西德湖举行，这是中国奥委会于1979年在国际奥委会合法席位得到恢复后首次出席冬季奥运会。中国队共派出28人参加了滑冰、滑雪、现代冬季两项的18个单项比赛。我国首次参赛的选手水平与世界先进水平有较大差距，无一人进入前六名。

2.首枚奖牌

1992年法国阿尔贝维尔第十六届冬季奥运会，中国奥委会共派出34人参加了滑雪、滑冰、冬季两项等34个小项比赛。中国选手在这届比赛中获得3枚银牌，其中女选手叶乔波夺得500米和1 000米两项速滑的银牌。

3.首枚金牌

第十九届冬季奥运会于2002年在美国犹他州盐湖城举行，中国队共派出72人参赛。中国的短道速滑运动员杨扬成为中国第一位夺得冬奥会金牌的运动员。本届比赛中国队一共获得2金、2银、4铜的好成绩，排在奖牌榜的第13位。

4.首枚雪上金牌

第二十届冬季奥运会于2006年在意大利都灵举行，中国队共派出76人参赛。中国的自由式滑雪运动员韩晓鹏成为中国第一位获得冬奥会雪上项目金牌的运动员。本届比赛中国队一共获得2金、2银、5铜的好成绩，排在奖牌榜的第14位。

5.一人三金

2010年，第二十一届温哥华冬季奥运会中国队一共收获5金、2银、4铜共11枚奖牌。其中王濛斩获女子短道速滑500米、1 000米和3 000米接力3枚金牌，并打破世界纪录，成为中国首位单届冬奥会获得3枚金牌的选手，中国队也由此包揽了本届冬奥会短道速滑女子项目全部4枚金牌。王濛两届冬奥会共斩获4金、1银、1铜共6枚奖牌，成为截至目前世界上获得短道速滑奥运奖牌最多的女选手。

6.首次举办冬奥会

第二十四届冬奥会于2022年在北京举行，中国代表团以9金、4银、2铜刷新了单届冬奥会获金牌数和奖牌数两项纪录，名列金牌榜第3位，创造了自1980年参加冬奥会以来的历史最好成绩。2022年北京冬奥会会徽如图13-3所示。

图13-3　2022年北京冬奥会会徽

二、冬奥场馆

2022年北京冬奥会分3个赛区，共使用25个场馆，包括12个竞赛场馆、13个非竞赛场馆。

1.北京赛区

①竞赛场馆：国家游泳中心、国家体育馆、五棵松体育中心、首都体育馆、国家速滑馆。

②非竞赛场馆：国家体育场、首都滑冰馆、首体综合馆、首体短道速滑馆、北京奥运村、国家会议中心、北京赛区颁奖广场。

2.延庆赛区

①竞赛场馆：国家高山滑雪中心、国家雪车雪橇中心。

②非竞赛场馆：延庆奥运村、延庆山地媒体中心、延庆赛区颁奖广场。

3.张家口赛区

①竞赛场馆：冬季两项中心、北欧中心越野滑雪场、北欧中心跳台滑雪场、云顶滑雪公园。

②非竞赛场馆：张家口奥运村、张家口山地媒体中心、张家口赛区颁奖广场。

三、冬奥明星

1.杨扬

- 中国第一枚冬奥会金牌获得者

• 2002 年盐湖城冬奥会
• 短道速滑女子 500 米比赛
• 59 个世界冠军，是获世界冠军最多的中国运动员

2006 年都灵冬奥会结束后，杨扬宣布退出国家队。2010 年 2 月，她以退役运动员身份当选国际奥委会委员。

2. 张虹

• 中国冬奥会历史上的第一枚速度滑冰金牌
• 2014 年索契冬奥会
• 速度滑冰女子 1 000 米
• 北京申办冬奥会形象大使

3. 王濛

• 中国短道速滑历史上第一个三冠王
• 2006 年都灵冬奥会、2010 年温哥华冬奥会
• 短道速滑女子 500 米、1 000 米、3 000 米接力
• 冬奥会短道速滑女子 500 米两连冠

4. 申雪/赵宏博

• 中国冬奥会历史上第一对花样滑冰双人滑冠军
• 2010 年温哥华冬奥会
• 花样滑冰双人滑
• 北京申办冬奥会形象大使

5. 李坚柔

• 索契冬奥会首枚金牌
• 2014 年索契冬奥会
• 短道速滑女子 500 米

6. 韩晓鹏

• 中国第一枚自由式滑雪项目的金牌
• 2006 年都灵冬奥会
• 自由式滑雪男子空中技巧

7. 武大靖

• 平昌冬奥会首枚金牌、北京冬奥会首枚金牌
• 2018 年平昌冬奥会、2022 年北京冬奥会
• 平昌冬奥会上以 39 秒 584 打破短道速滑男了 500 米世界纪录、北京冬奥会短道速滑男女 2 000 米混合接力

8. 陈建新

• 轮椅冰壶金牌
• 2018 年平昌冬残奥会、2022 年北京冬残奥会

- 实现了自2002年参加冬残奥会以来金牌零的突破

9.**任子威**

- 短道速滑男子1 000米冠军、男女2 000米混合接力冠军
- 2022年北京冬奥会
- 2022年北京冬奥会“双金”得主、实现了中国队在短道速滑男子1 000米项目金牌零的突破

10.**谷爱凌**

- 中国第一枚自由式滑雪女子大跳台金牌
- 中国第一枚自由式滑雪女子U型场地技巧金牌
- 2022年北京冬奥会
- 2022年北京冬奥会“双金”得主

11.**高亭宇**

- 中国第一枚速度滑冰男子500米金牌
- 2022年北京冬奥会
- 打破奥运会纪录,实现了中国男子速度滑冰冬奥会金牌零的突破

12.**徐梦桃**

- 中国第一枚自由式滑雪女子空中技巧金牌
- 2022年北京冬奥会
- 实现了中国自由式滑雪冬奥会金牌零的突破

13.**苏翊鸣**

- 中国第一枚单板滑雪男子大跳台金牌
- 2022年北京冬奥会
- 中国历史上最年轻的冬奥会冠军

14.**齐广璞**

- 自由式滑雪男子空中技巧冠军
- 2022年北京冬奥会

15.**隋文静/韩聪**

- 花样滑冰双人滑自由滑冠军
- 2022年北京冬奥会

四、注意事项

(一)观赛礼仪

1.赛前

①准备:场内有食物贩售。自备垃圾袋收集垃圾。冰场温度较低,可备外套或毯子御

寒，以防感冒。学习必要的竞赛知识，欣赏技艺的同时，感受运动员的顽强作风和内在品质。

②着装：观众的衣着应整洁、大方，不能太过随意。

③安检：请勿携带宠物、易拉罐、玻璃瓶饮料、刀具，烟花等易燃易爆品，以及其他危险物品。

④入场：观众应在开赛前入场，并尽快坐到观众席上等待比赛开始，尽量对号入座。进出场地要有序，请勿挡住观众通道或在场内大声喧哗。场内请勿吸烟、喝酒。另外，请勿带婴儿入场观看，以免哭闹起来无法控制。入场后注意爱护场内设备。

2.赛中

①比赛即将开始时关闭手机铃声，请勿大声接打电话；比赛进行过程中尽量不要走动；重新入场时，应在后排不影响其他观众位置观看，等场上运动员结束比赛再回到座位，以免影响其他观众观看。

②介绍裁判和运动员登场时应给予热烈而集中的掌声和欢呼，然后尽快安静下来。

③运动员动作失误时，不可有喝倒彩或其他不尊重运动员的行为。

④不限制照相及摄影，但请勿开启闪光灯，请勿携带灯牌或荧光棒等发光物体，请勿向场内投掷物体，请勿举起横幅、标语分散运动员注意力。

⑤请勿吃东西或聊天、大声喧哗。不随地吐痰，不乱扔东西，保管好个人物品，以免丢失。

3.赛后

①颁奖：运动员入场时，应给予热烈鼓掌和欢呼。

②升国旗、奏获得金牌运动员国家的国歌时，应全体肃立，行注目礼，请勿喧哗、左顾右盼、低头弯腰、在场内走动等。

4 退场

①应有序退场，前排观众可稍作等待，后排观众先行退场，请勿挡住观众通道或在场内大声喧哗。

②注意带走自己的所有物品，以免造成损失，同时带走自己座位附近的垃圾。

③如有捡到其他观众遗留的物品，想办法寻找失主；若是其他观众留在座位上的物品，可记下座位号以便查找。

（二）雪场安全

1.量力而行

当滑雪者的技术水平达到能安全地停住，并能避开滑雪道上的障碍物和其他滑雪者时，才能去较高级别的相应雪场滑雪。

2.靠边歇停

停留休息时，要停在滑雪道边上，并要充分注意并避开从上面滑下来的人，重新进入雪道时也如此。

3.严防相撞

滑雪有句俗话，不怕摔，就怕撞，就是说宁可摔倒，也不要发生碰撞，碰撞是很危险的，不是撞在别人身上，就是撞到树上、拦网上，轻则挫伤，重则骨折。

4.不要冒险

不要单独在树林、陡坡和深谷滑雪。一般说来三个以上的人在一起滑雪最安全。

5.安全摔倒

摔倒后不要随意挣扎，尽量迅速降低身体重心向后坐。一般情况下，可以举手和双臂，屈身，任其向下滑动，要避免头部朝下，更要避免翻滚。

6.急救常识

平时应学习一些基本的医学知识和急救常识，如受伤时的处理，骨折后应采取的措施等。

思考题

1.简述滑雪运动的概念。

2.滑雪运动从功能角度分为哪四类？

3.竞技滑雪运动有哪些项目？

4.中国冬奥的5个首次分别在哪届冬奥运会（首次参赛、首枚奖牌、首枚金牌、首枚雪上金牌、首次举办冬奥会，请按顺序回答）？

第十四章　定向运动

章节内容提要

本章讲解了定向运动的起源与发展，定向运动的主要设备、基本技能和基本战术，便于学生更好地理解定向运动和高职院校更好地开展定向运动。

学习目标

1.了解定向运动的起源与发展。

2.掌握定向运动的基本常识和主要设备。

3.熟知定向运动的基本技能和基本战术。

第一节　定向运动概述

定向运动可以解释为一项由人们凭借地图、指北针和自身对实际地形地物的判断力，穿梭于地图所标记的实际地形中，并按照要求逐一到达若干个在地图上标记的实际检查点，并争取在尽可能短的时间内准确有序地完成比赛的运动。

（一）高校开展定向运动的特点及价值

1.提高学生的综合素质

定向运动是一项具有健身性、知识性、趣味性和教育性等多方面特点的体育项目。经常从事定向运动不仅能锻炼身体素质，而且对开发学生形象思维能力、空间判断能力、独立自主能力都有很大促进作用。在高校开展定向运动也越来越被广大大学生所认可和喜爱，定向运功在高校发挥的作用主要有以下几点：

(1)提高学生身体素质。

(2)使学校体育的空间得到扩展。

(3)有利于提高学生的独立能力。

2.有利于深化学校国防教育工作

(1)有利于增强学生的国防素质。

(2)有助于提高学生学习军事课程的兴趣。

（二）定向运动发展史

定向运动起源于北欧地区。19 世纪末，“定向”或“方位”一词就萌生于瑞典的军队中。当时的定向是一个军事术语——依靠地图和指北针穿越陌生区域。由于北欧地区位于高纬度针叶林地区,森林中湖泊、沼泽、山地、冰川、农舍等星罗棋布,在这样复杂的地形中,安全地穿越复杂地形就显得尤为重要,定向也就成了当时军队在斯堪的纳维亚半岛广袤的林地里的重要军事训练内容。

定向运动由军营走向社会始于20世纪初,斯德哥尔摩业余运动协会(Stockholm Amateur Athletic Association)主席,瑞典童子军领袖E.基兰德少校尝试把军事定向演变成一种大众化的娱乐形式。1918年,他组织了一场名为"寻宝游戏"的比赛。

1918年,在离斯德哥尔摩南部不远的度假胜地Saltshebaden镇,基兰德组织了世界上第一次正式的大型定向比赛。

1999年,在挪威的奥斯陆,为了庆祝奥斯陆古堡500周年,挪威国家电视台对在古堡中举行的一场世界公园定向组织(Park World Tour,PWT)的定向赛事进行了全程直播。

2001年,第十九届世界定向越野锦标赛在芬兰举行,在比赛中芬兰国家电视台首次对野外的定向越野赛事使用卫星电视进行全程直播,同时第一次使用GPS跟踪运动员的运动轨迹,使得芬兰全国的观众不用到赛场,只需要在家中就能看到比赛的盛况。

1979年,香港定向运动爱好者就在各界人士的支持下成立了"香港野外定向协会"。

在许多国家和地区,定向运动最初的发展往往随着一些欧洲优秀定向人群临时性或长期性的移居该国或地区,而以一种全新的体育运动形式从欧洲传播过来,北美地区、澳大利亚就是如此。而中国定向运动的开始和发展似乎在重复国际定向运动的历史——首先是从军队开始这项运动。

1984年12月,通过香港野外定向总会,国际定联与广州定向运动爱好者建立联系,提供了有关国际定向运动规则或规范等方面资料。

1984年7月,原国家体委派出由原北京体育学院大学生组成的中国大学生定向运动代表团,参加在瑞典举行的第4届世界大学生定向越野锦标赛。

1985年12月,IOF派瑞典定向运动教练白山保、索伦、斯蒂芬三人来广州介绍定向运动,让内地开始有机会直接了解定向运动。

1992年7月,中国成为国际定联成员国。

1994年9月26日,首届全国定向运动锦标赛在北京怀柔举行。教育系统在定向运动的推广中发挥了重要作用。

1993年4月,原国家教委在北京化工学院举办全国高等院校定向运动教练员培训班。

1994年,"中国大学生国防体育协会"在吉林市成立,同时举行了首届中国大学生国防体育节暨定向越野锦标赛。

1998年3月16日,教育部在湖南大学成立"中国大学生定向运动培训中心",作为全国性的定向运动教练员培训基地。

定向越野是一项智力与体力相结合的运动,考验人们在不同环境压力下做出对路线正确的判断和果断的决策及应变能力,其年龄限制小,对场地要求不高、参与性强等特点使它以体育项目的形式走进了大学体育课堂,并蓬勃开展起来。

第二节　定向运动常识

(一)定向运动常识

1.定向运动简介

①定向运动通常在森林、郊外和城市公园里进行,也可以在大学校园里进行。

一条标准的定向路线包括一个起点(用三角表示)、一个终点(用双圆圈表示)和一系列点标(用单圆表示)。这些点标已在地图上用数字标明(有时起点和终点可以重合),如图 14-1 所示。

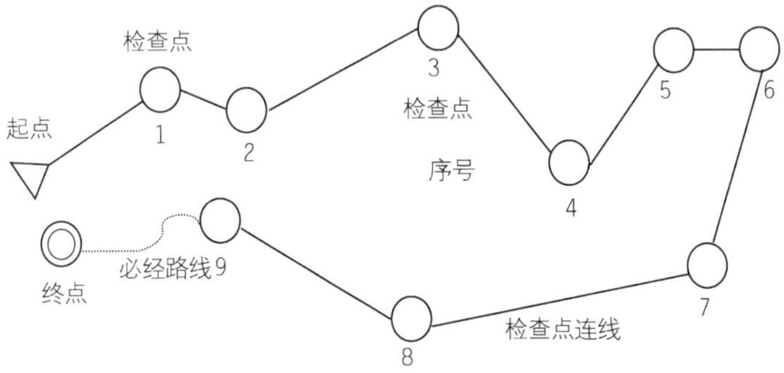

图 14-1　定向路线图

②在实际地形中,一个橘黄色和白色相间的点标旗标志着运动员应该找到的点位置,如图 14-2 所示。

为了证实自己到访,运动员必须在到达的每一个点标处使用打卡器打卡,且不同的打卡器打出不同的针孔,如图 14-3 所示。目前电子打卡系统已被广泛使用,它不仅能证实运动员是否按顺序正确到场,还能记录运动员到场时间,如图 14-4 所示。

图 14-2　目标位置

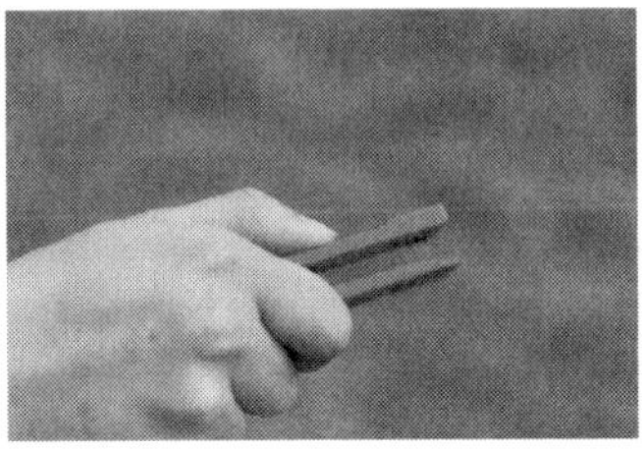

图 14-3　机械打卡器

图 14-4　电子打卡器

③点标与点标之间的路线并不指定或固定。运动员应该独立做出选择,凭借自己的能力选择路线并借助地图和指北针在森林和公园等比赛地点辨明方向,以最快速度按顺序到达目的地便是定向运动的精髓所在。

2.定向运动分类

1)线型定向赛

线型定向赛为野外定向的主要类型。运动员依靠赛会提供的地图(地图上标注有若干点位及方向线),依照规定的次序,逐一到访全部控制点后,跑向指定终点。

2）积分型定向赛

积分型定向赛通常也称为积分赛。在实际比赛范围内设有很多检查点，每个检查点依照离起点的距离或地形的复杂程度分别被赋予不同的分值。运动员必须在限定的时间内，凭技术、经验和体能夺取尽可能多的分数，而超过限定时间到达终点的运动员则扣除一定的分数。运动员无须依次到访各个检查点，成绩以积分最高者为优胜，如有同分者则以时间最短者为优胜。

3）接力型定向赛

接力型定向赛通常 3~4 人一队，比赛路线分为若干段，每名队员完成其中一段后尽快返回接力区。全队队员时间总和为该队总成绩，以时间最短完成全部赛程者为优胜。

4）团队型定向赛

团队型定向赛通常是 3~8 人一队，以团队协作为基础的比赛形式。一般团队赛的检查点分为两类：一类是要求本队所有成员必须按顺序到访的必经点，另一类是要求至少有一名成员到访的自由点（没有顺序要求）。团队一般会在出发后进行“分点”，自行按照每个成员的特点分配自由点，每个成员各司其职，以本队最后一名到达终点的成员的成绩作为整个团队的成绩。

目前在高校校园里最流行的是百米定向和校园越野定向，如图 14-5、图 14-6 所示。

图 14-5　百米定向

图 14-6　校园越野定向

（二）定向地图

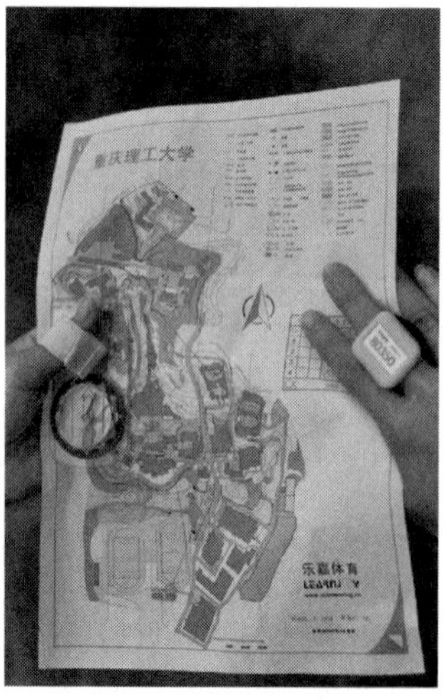

图 14-7　定向地图

地形图是将实地地形按一定的数学法则和规定，并经过综合取舍后描绘在一张平面图纸上而成的。了解地形图的基本知识，有利于我们读懂定向地图掌握定向越野的基本技能。

1.定向地图概述

定向地图是地形图的一种，是根据国际定向联合会制定的《国际定向运动图制图规范》绘制成的地图。定向地图与其他地图相比，是一种更清晰、易读，更适合在野外行进中使用的专用地图，如图 14-7 所示。定向地图具有下列特点：

1）内容与定向运动相关

标有一条连接起终点和各检查点的路线；根据需要确定地图范围；图的大小适合运动员携带等。

2）地图符号国际通用

采用国际定联制定的《国际定向运动图制图规范》规定的地图符号；一般情况下，无诸如地名等内容的图内注记；正规的比赛用图标有检查点说明表。

3）多种地图颜色

根据通行状况区分不同地图颜色，各种颜色表示各种地形，如黑色表示岩石特征，蓝色表示水体特征等。可多达 6~7 种颜色，而普通地形图仅为 4 种颜色。

4）较大比例尺和特定磁北线

标准定向地图采用 1∶15 000 和 1∶10 000 地图比例尺。一些公园图采用 1∶5 000 甚至更大比例尺，地图上标有由南向北的磁北线，磁北线间隔通常为 250 米或 500 米。

5）有一定特色图廓注记

包括图名、比例尺、等高距、赛会名称、会标，以及修测时间、公益性广告、赞助商要求的广告等。

6）其他特点

定向地图的印刷质量和纸质类型等。

2.定向地图符号

定向地图符号，即图例符号，是一种全球通用的定向专用地图语言。识别和理解定向地图符号，对于正确地使用定向地图是十分必要的，如图 14-8 所示。

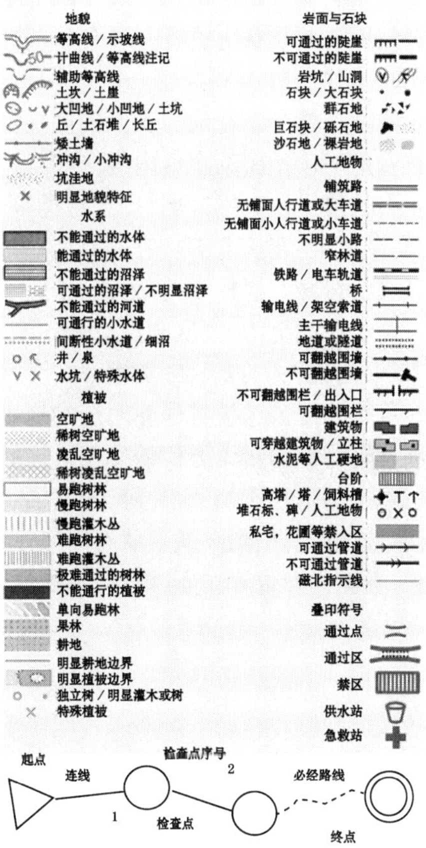

图 14-8　定向地图符号

定向地图符号与普通地形图符号的要求一样，也需完整而详细地表示地貌、水系、建筑物、道路、植被和境界，即地图的六大要素。

3.地图比例尺和地物符号

1）地图比例尺地图比例尺是地图最重要的参数之一。要想学会识别、使用定向地图，首先应懂得地图比例尺。

①比例尺的概念：地图上某线段的长度与相应实地的水平距离之比，称为地图比例尺。即地图比例尺＝图上距离/实地垂直投影距离。

②定向地图比例尺的常用形式有以下两类。数字标注形式：直接在地图显要位置标注出“比例尺：1∶10 000”等字样。图示标注形式：在图上某一合适位置，画出磁北线的间隔标尺，并注上实地距离数。

③比例尺的特点：地图比例尺本身是一种没有单位的比值，但相比的两个数值的单位必须相同，单位不同不能成比。比例尺的大小是按比值

的大小衡量的。通常分子取值为1,比值的大小,可按比例尺分母来确定,分母小则比值大,比例尺就大;分母大则比值小,比例尺就小。如1∶5 000大于1∶10 000,1∶15 000小于1∶10 000等。一张定向地图,当图幅面积一定时,比例尺越大,其包括的实地范围就越小,图上显示的内容就越详细;比例尺越小,图幅包括的实地范围就越大,图上显示的内容就越简略。比例尺越大,图上量测的精度越高;比例尺越小,图上量测的精度也就越低。

④图上距离的量算:

直尺量读法:用直尺在图上量出两点之间的距离,根据所给定的该地图的比例尺,计算出实地距离。这种用直尺量算的方法,具有较高的精确程度,并不易出错,能帮助人们对图上距离进行正确的判断,是定向初学者常用的方法。

估算法又称心算法:这种方法在定向越野中具有实用价值。要掌握它,需要具备较精确的目估图上距离的能力。在图上能够辨别0.5毫米以上尺寸的差异,如某两点间的准确距离为100米,目估出的距离应为90~110米。

图上距离量算应注意的问题:从定向地图上量得的距离,不论是直线还是曲线距离,都是两点间的水平距离。如果实地的地形较平坦,图上所量算的距离接近于实地水平距离;如果实地两点间的地形有起伏,则两点间的实际距离大于图上量算的水平距离,实际距离则是根据两点间地形起伏的程度大于或等于两点间的水平距离。因此,在计算行进里程时,必须根据地形的起伏状况进行具体分析,将图上量算的距离加上适当修正数。

2)地物符号

地物是指分布在地球表面的固定性物体,地物既有天然的,也有人工的。识别和理解地物符号是解读地图的主要内容。

面状符号。又称区域符号,这类符号相对应的实地物的面积通常较大,包括树林、湖泊、宽河、淤泥地、建筑群等。它们是依照比例尺描绘的,以轮廓符号来表示。

线状符号。包括小河、公路、铁路、窄林道、石垣等。它们的长度是将相对应的地物依比例尺缩绘在图上的,宽度则没有依比例尺表示,因此这类符号又被称为半依比例尺表示的符号,如中国地图上的长江、黄河。

点状符号。这类符号相对应的地物在实地的面积或体积通常较小,但它们的外形或功能却具有明显的指示方位的作用。这些符号是运动员在行进中的重要参照物。例如独立树木、石块、塔形建筑物、水井等,与它们相对应的地物由于超过了比例尺量化的精度因此不依比例尺描绘,只用图案或点状符号表示。点状符号本身并不指明地物的大小或它所占有的面积,不能进行量算。点状符号又被称为不依比例尺表示的符号,如世界地图中的重庆市。

4.等高线

还有一类线状符号在定向地图里面是虚拟的,但是却十分重要,那就是等高线。等高线是高度相等的各点连接成的闭合的曲线。相邻两个平面之间的垂直距离或相邻两条等高线之间的垂直距离称为等高距,如图14-9所示。

等高线表述地貌特征主要有以下几点:

等高性:同一条等高线上的各点高度相等。密陡稀缓:在同一等高距地图上,相邻等高线越密,坡度越大(陡);相邻等高线越稀,坡度越小(缓)。相似性:等高线的弯曲形状与实际地形中同一高度的地貌分布相似。正交性:等高线与山脊线、山谷线正交。

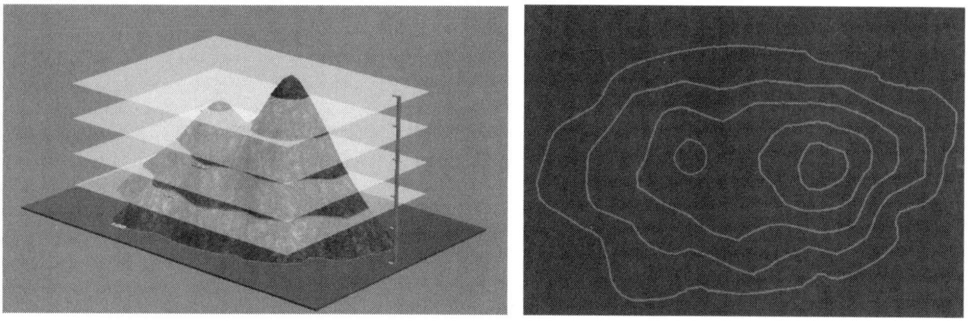

图 14-9　等高线及等高距示例

（三）指北针

指北针是定向运动最重要的仪器，是找到正确方向最有用的工具。它是定向运动可使用的唯一合法器材。指北针发明于中国，前身为“司南”。在定向运动中，指北针应水平放置，此时红色的指针永远指北，如图 14-10 所示。

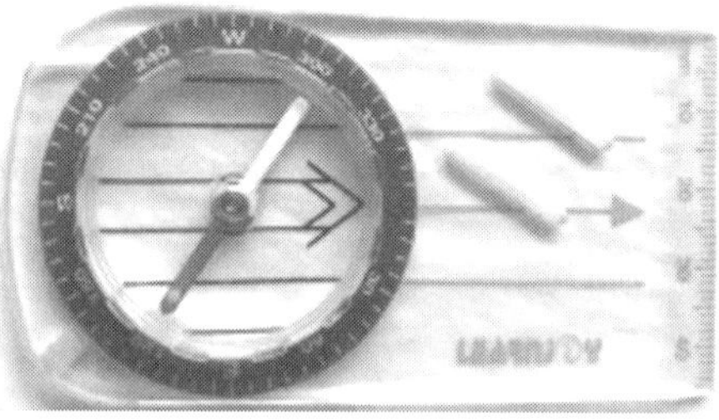

图 14-10　指北针

1）标定地图的方法

将地图与指北针呈水平状态放置，转动地图直到地图上的磁北线与指北针红色指针平行且指向一致，地图即被标定。

2）用指北针确定行进间的方法

把指北针套在左手大拇指水平放在地图上。将指北针上右侧的蓝色箭头从所在的位置指向要行进的位置。然后水平转动指北针和地图（地图和指北针保持相对不动，身体随之转动），直至指北针上红色的指针与地图上表示南北方向的红线平行。这时指北针上蓝色箭头所指的方向就是要行进的正确方向。

（四）路线选择

路线选择就是指从一个地方出发到另一个地方前，运动员根据自身能力对两个检查点之间的行进路线作出的最佳路线选择，选择最适合自身特点且兼顾安全、迅速、节省体能等因素的实际经过路线。要考虑所选路线的难度及安全性，选择体力消耗少及能最快到达又有明确标志参考的路线。

1.路线

两点之间的最短距离是直线。然而直线并不总是最佳选择，应根据实际情况避开高山、河流等障碍来选择更切实际的路线，一般用连续的短箭头表示。

2.速度

在选择一条快捷的路线时，并不只是避开爬高山的问题，还必须考虑是否能走公路、小径、草地或其他容易的地形，以提高速度。在不同的地形上，人的行进速度不同。表 14-1 粗略地指出了在不同的地形上，行进每公里所需的分钟数。数据表明，走丘陵、树林的时间，可能比绕道公路的 2 倍还多。

表 14-1　不同路线所用时间参照表　　单位:分钟

	公　路	草　地	森　林	丘陵丛林
行　走	10	15	20	25
慢　跑	4	6	8	12
快　跑	2	4	6	8

3.选择线形地貌特征

选择路线时，最便捷的方法莫过于沿线形地貌（或称栏杆地貌）走、它们可能是公路、小径、输电线、田野边界、湖滨、溪流等。但通向目的地的路上并不是线形地貌，必须利用其他的实物，选择一些必须经过又有明显特征的地形，这时指北针就能真正体现价值了，如图 14-11、图 14-12 所示。

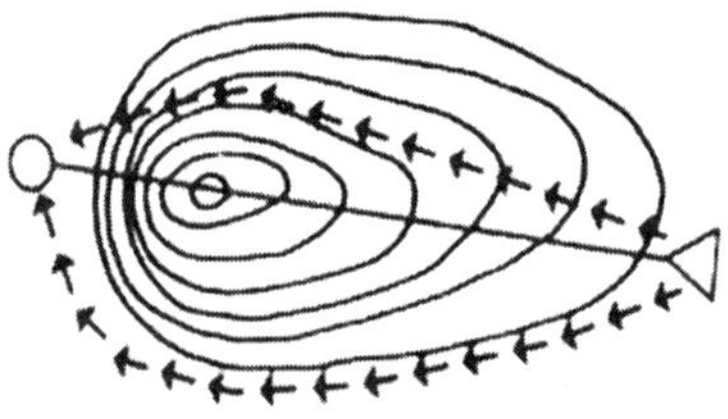

图 14-11　线形地貌

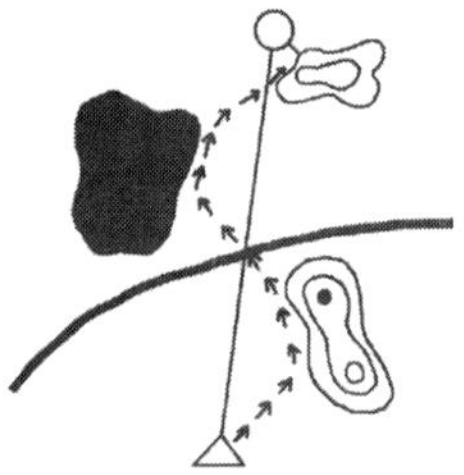

图 14-12　线形地貌

4.选择路线

在图 14-13 中，标出了 3 条不同的路线。（三角表示起点，圆圈表示终点）大家会选择哪条路?

关于以上 3 条路线选择的分析：

路线 A:利用小路，会很迅速，但有不确定性。因为很难确切地判断在哪里离开公路，没有明确的安全转折点。

路线 B:一段直线道路，看上去很近但是要利用指北针翻越一座陡峭的山，是一种困难的选择，耗费体能而且容易偏离方位。

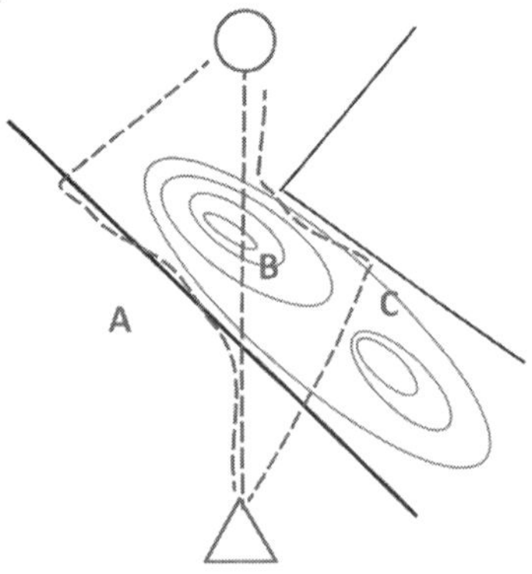

图 14-13　选择路线

路线 C:或许这是最好的选择，有很好的安全转折点，即穿越两座山峰的鞍部，避免陡峭的山路，遇到小路时向左转弯，再从小路的转弯处开始，只要沿指北针确定的方向行进一小会儿即到达检查点，而且检查点离小路的拐角很近,即使没有找到也可以缩小搜寻范围。

在利用不同特征的地形做安全参照物时,要比沿线形地貌行进更需仔细读图和使用指北针,随着经验的积累,判断不同路线的难度会越来越简单,可以逐步学会如何避开陡峭的山坡或无法穿越的丛林沼泽。

第三节　教学训练技巧

对高校学生来说,定向越野的练习方法包括体能练习、技能练习和心理练习三个方面。体能练习指培养学生获得长时间在野外奔跑的能力,同时在跑动中运用不同的技术,以适应各种不同的地形,顺利完成比赛任务。技能练习指在野外找点过程中路线的选择,检查点的快速捕捉。心理练习指培养学生良好的品质,热爱定向运动,能独立处理训练和比赛中的各种困难,能够承受挫折,保持乐观的心态。

对初学者而言,除了个人已有的地形学知识和体能存在差异,其他有关定向越野方面的知识、技术和战术都是空白。初学者在制订训练计划时对相关因素要考虑周全,用时多少要分配适当,突出重点。要做到因人而异,循序渐进。

(一)了解定向越野

1.观看录像

通过观看录像,了解定向越野比赛的全过程,要知道一位参赛者在比赛的起点、途中、终点都该做哪些事,这些技能就是以后学习中该掌握的东西。

2.阅读有关定向越野的书籍

通过阅读,了解它的起源、发展、变化、现状,国内外赛事的名称,相关的地形学基础知识,定向越野专用的器材名称等。

(二)识图训练

定向运动的识图训练是对地形图基本知识的一种练习和巩固。通过识图训练,运动员提高快速读图能力和利用地图判定地形的能力。定向识图训练的方法有以下几种:

1.对定向运动图地物地貌识别的训练

针对定向运动图的特点,在图上开展作业。掌握定向运动图的地图符号规律和特点,既要学会判定地貌的起伏、高差、坡度和简单的通视度等,又要牢记定向运动图上的特殊符号,即与地形学上不一样的符号。比如实际地形中的大片建筑物,在地图上基本都是直接反映建筑物的轮廓;而实际地形中的高塔,由于垂直投影的面积结合比例尺来说过小,不足以用实际轮廓做表述,则用专用符号“T”来表示。

对定向运动图地物地貌识别训练可按下列步骤进行:

①通过对图的阅读,理解和记住地图上各种符号。

②图上作业。在图上根据实际地形独立设计规划越野路线,估算每段路实际距离及各

点间的大致方位角等。

③进行记图训练，看几分钟地图，而后凭记忆将越野路线的大致地形进行描述，特别要描述出越野路线的距离和具有明显特征的地物。

2.检查点说明符号的识别训练

国际定联规定的检查点说明符号对于处于检查点附近的运动员来说作用是非常大的，这样才能在野外寻找目标点时，运用自如。检查点说明的相关符号一般来说是很形象的。对检查点说明符号的识别训练，一般可以采用下列方法：

①浏览全部检查点说明符号，从同类符号中寻找规律，帮助记忆。

②抽测运动员掌握情况，特别是符号相近似的，一定要区分含义。

③多做说明符号的解释练习。

（三）用图训练

用图训练是在野外进行的一种技能训练。根据内容可分为运动中的方向（或标定地图）训练、运动中的站立点和目标点确定训练及图地对照训练等。

运动中的方向训练是训练运动员在野外具有明确的方向感，快速标定地图，可以按下列方法训练：

①利用指北针，在较简单的地形上按方位角进行行进练习，提高学生的方向感和距离感。

②利用太阳与时表判定上午 9 时至下午 4 时之间，按下面这句话去做，就能较快地辨别出大概方向："时数折半对太阳，'12' 指的是北方。"为提高判定的准确性，可在"时数折半"的位置上竖一细针或草棍，并使其阴影通过表盘中心，如图 14-14 所示。

③运动中站立点（我在哪）和目标点（要去哪）确定训练及现地对照训练。

确定站立点和目标点是定向运动的关键技能，确定站立点、目标点与实地对照是结合在一起的，通常相互配合进行训练。为使运动员尽快地掌握站立点、目标点的确定，可采用以下方法训练：

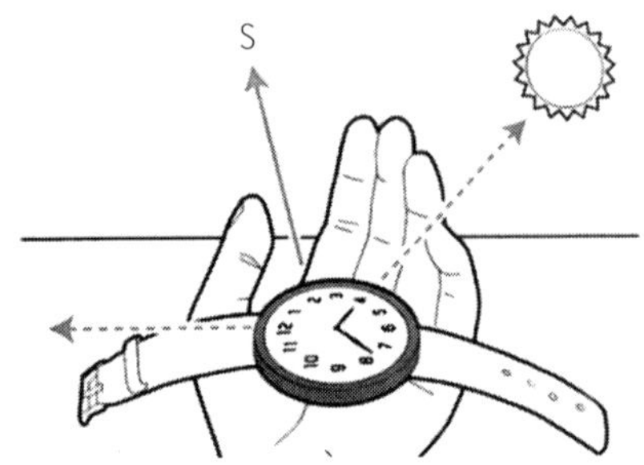

图 14-14　时表判定

标图训练法。在野外发给学生每人一张未标定方向的路线地形图，由老师带领一起行进，至特定地点停下，让学生快速标定站立点在图上的位置，反复多次，独立完成，后由学生讲述各自标绘的越野路线，其他人进行校正。

记图训练法。在起点挂有标绘起点到 1 号点的路线和地形的地图。学生将该情况熟记，而后至 1 号点，1 号点挂有 1 号点至 2 号点的路线及地形的地图，看完后再行进至下一点，以此类推。学生手中不拿地图，跑错了必须跑回前一点位看地图再重新越野至下一点位，以训练学生的记图能力。

描绘地形训练法。将标有定向路线的空图（没有地物地貌符号）发给学生，由老师带领学生前进，学生将行进或越野过程中所遇见的地物地貌，描绘在标有定向路线的空图上，最后与标有定向的地形图相对照，老师讲评。在训练中让学生根据地图去放置检查点。

④用图训练中的注意事项：

用图训练必须根据场地的地形条件和学生的定向技能水平等情况进行，训练中要采取循序渐进的方法，由易到难，特别是对于初学者，要把握让其能够接受的原则，逐渐提高其能力。

各种方法可以互相交叉进行，但每种方法建议多次练习，即在同一地点、同一路线训练两次以上，帮助学生加深印象，特别是在第一次训练中出错的地方，在讨论评讲后复走一次。

训练用图的现实性不同于比赛用图，有的是以往比赛用的地图，有的是代用图，而且大部分是使用素图或者直接在网络上打印的导航地图。对于地图与实地有差别之处，可以让学生自己去发现、纠正，从而提高使用地图的能力。

在用图训练中，老师可以在相似的地物地貌处有意识地将点标放偏差，让学生去发现和纠正，锻炼他们的判断能力。但必须安排在学生具有一定技能之后，否则会起到反作用。

（四）体能训练

体能训练不是单独进行的，而是与用图练习同时进行，这里仅用于方法的介绍，真正的练习要靠学习者其他时间完成，贵在坚持不懈。体能训练不可能每一次都到野外去选择不同的地形来练习，在田径场、校园内采用不同的方法练习，也可以达到良好的效果，训练手段与方法的设计必须是针对野外环境而制订的。

1.培养连续跑的能力

这里的连续跑需要的时间很长，一般为 1~3 小时。在训练初期不作太多要求，只是在公园或类似公园的环境中进行，不考虑速度，只是不停地跑，最低限度是不允许走，但对时间作准确的要求。经过一段时间的训练，这“一段时间”指队员能够适应连续跑所规定的长时间，就可进行下一步训练——速度感、距离的练习。

1）距离上反复跑

比如进行 1 500 米跑，记录每次跑完的时间并告诉学生，让学生把成绩与跑时的速度进行比较。反复练习，直至学生跑完 1 500 米后所估计的时间与教练手中秒表所计的时间相差不大，在某时间区域内相对稳定，这可以锻炼学生对自己速度的感知能力，以及通过时间估算行径距离的能力。

2）定时跑

采用 12 分钟定时跑，只要学生跑够 2 400 米，2 分钟跑 400 米，既不能快也不能慢。记住 2 分钟 400 米的速度感觉。先在田径场跑道上完成基础训练，然后带领学生到就近的野外练习，让学生体会地形的起伏和地貌的差异对速度影响的程度。当学生能够根据时间大致确定所跑的距离时，那么定时跑训练就可告一段落。

2.培养变速跑的能力

田径长跑比赛中的运动员通常采用变速跑的战术打乱对手的节奏，从而获得比赛的胜利，也有运动员不采用这种方法，如王军霞的冲刺能力不如别国选手，但她一开始就以较快的速度领跑，始终保持，不给对手机会，直至胜利。定向运动中变速跑是随时都可能出现的。在比赛中不得不多次运用变速跑来捕捉点标，因此在练习中需特别注意变速跑能力的提高。

变速跑忽快忽慢，非常消耗体力，对心肺功能要求极高。要练好变速跑，关键在提高心肺功能。开始在田径场上训练时，采用 100 米快速，100 米慢速；最后 50 米快速，50 米慢速。把调整期逐步缩短，使有氧训练和无氧训练有机结合起来，使心肺适应这种快速转换的过程。接下来快慢的距离变化不再有规律。

（五）模拟定向比赛训练

模拟定向比赛训练一般安排在野外定向训练一段时间后进行。通过模拟比赛训练，学生的定向技能会全面得到提高。模拟定向比赛训练既是综合性的定向技能训练，也是对学生定向水平的检测。模拟比赛训练的训练方法和程序可以按一般比赛的程序和要求进行，也可以按平时训练的方式从简组织。模拟定向比赛训练中，学生必须把握以下原则：

1.选准最佳越野路线

最佳越野路线既能减少学生的体力消耗，又能省时，而且能使定向水平得到充分发挥。选择越野路线时必须考虑：

“有路不越野”，由于在道路上奔跑远比在丛林中越野奔跑的速度快，且不易迷失方向，所以有道路的地区要充分利用道路。

“走高不走低”，这里的高与低是针对山脊和山谷而言，高处通视度好，易判定方位，越野难度一般也比山谷小，在这种地形上要予以考虑。

“遇障提前绕”，对于河沟水域、峻岭悬崖等障碍，应该在选择路线时全局考虑，以免遇到时绕道行进，走弯路。

“就近不就远”，在能越野通过，而且离道路较远的地形上，必须权衡利弊，放弃有路不越野的原则，果断越野。

当然，以上原则也要因人而异，如果是穿越能力很强的运动员，可以根据实际情况，权衡得失，计算效率，没有必要盲目遵循以上方式。

2.“人在地上走，心在图上移”

这是定向运动的首要原则。运动中随时了解自己在地图上的位置，做到每走一步都胸有成竹，便能成功地寻找目标点。

3.充分利用点标说明

检查点标说明对检查点及附近地域的地物、位置都有指示，充分利用能起到快速捕捉检查点的作用。点标说明还能为学生判定站立点位置起一定作用。（当然，不需要每个点都采用）

4.遇到特殊情况要冷静

在野外奔跑，难免会在过程中遇到特殊或出现意外情况，这时学生要非常冷静，妥当处理。如发现自己走错了，就必须采用登高法、回头法等进行处理；如在越野过程中受伤，不能继续参赛，必须设法与就近人员联系，共同采取解决方法。

（六）心理训练

定向越野在训练和比赛中，运动员不仅要消耗巨大的身体能量，还要消耗巨大的心理能量。如果运动员缺乏良好的心理素质,就不能顺利完成训练和比赛任务,更不可能取得优异成绩。因此,从某种程度上说一个定向运动员心理素质的优劣是成功与否的第一因素,它比体能、技能都重要。

1.培养优秀的个性特征

有良好个性特征的运动员无论是在训练还是在比赛中,都会有上乘表现。那些热爱定向运动的队员,在训练中始终能保持精神饱满,情绪积极向上,运动中也就能够承受较大的运动量,能够推迟疲劳出现的时间,在比赛中也相对容易取得好成绩。

2.培养良好的动机

良好的动机是发挥运动员积极性的核心因素。只有在良好动机的支持下才可提高兴趣和能力。鼓励运动员在定向比赛时争取好成绩,但不可把胜负看得太重,使之成为思想包袱和负担,不允许运动员通过不正当手段去赢得比赛胜利。要教导运动员相互团结、共同协作,把每次训练或比赛都看作是锻炼自己、培养能力的机会,要不断挑战自我、超越自我,通过艰苦的训练是能够提高定向运动水平的。这种良好的动机主要依靠平时训练中教练的思想教育。

3.培养认真的态度

良好的态度可使运动员对训练比赛有充分的信心和责任感,使运动员始终处在坚定、沉着和充满信心的状态,提供巨大的心理储备。在比赛时遇到不愉快的事,也能耐心处理,不急不躁,不被困难和错误影响心态,照样正常参赛。

4.培养顽强的意志品质

顽强的意志品质在定向训练的比赛中起着巨大作用。克服困难,反败为胜靠的就是它。因此,训练中要有意识、巧妙地安排一些机会来培养运动员的意志品质。如要使运动员树立战胜困难的信心,可从困难少的方面入手,由易到难,逐渐加大难度,使运动员在不断克服困难时,坚定信心,看到自己的力量。教练要以身作则,训练中要认真、坚定,也可使运动员意志品质受到感染。如果教练员朝气蓬勃、勇往直前,在困难面前不低头,那么运动员会在训练和比赛中遇到困难时不妥协、不屈服,坚持完成任务。

(七)注意事项

1.组织模拟定向比赛时要注意的事项

必须根据运动员掌握的定向技能水平来考虑相对应的地形区域和路线设置,切忌采用难度大的路线,以免人员走失而影响训练;尽可能地考虑运动员综合定向技能的提高,布点的工作由运动员轮流负责,既可减轻教练员的工作,又可提高运动员的技能(准确地设置好检查点,也是提高定向技能的一种训练方法)。

2.运动员参加模拟定向比赛时的注意事项

①出发前,必须保持良好的心理状态,切忌急躁、紧张过度等情绪,任何不稳情绪都会影响正常水平的发挥,影响比赛成绩。

②准备活动要充分,保持身体适度的活动能力,避免受伤。

③出发取图后，不要盲目地跑。首先要注意标定地图，先判定方向、大致路线走向、终点方位等，抓住地形主要特征快速进行图与地的对照，快速选定出发点至1号点的路线。根据判断的大致距离和难易程度分配好自己的体力，快速出发。

④运动途中，要“充分利用别人而不能被别人所利用”，发现对手跟踪要设法摆脱，发现其他运动员行踪不能盲目跟进，要经判断是正确时，才可迅速前进。

⑤捕捉检查点时，要细心而果断。做到接近时速度放慢，以防错过点，离开时要动作利索隐蔽，以防被他人当作目标。打卡时一定要核对点标代号，一旦发觉错点时，不能慌张，重新断定位置捕点。

⑥遇到特殊情况处置要得当，如发现越野路线错了，可以按照所学的知识迅速处置，在比赛中不要轻易怀疑地图出错（训练中地图有可能会出错，而正式比赛用的地图一般不会出错），切莫存侥幸心理、冒险行事，否则后果不堪设想。

⑦由于定向比赛的特殊性，运动员跟自己的直接竞争对手往往不会同时出发，这有别于田径场百米比赛，竞争对手就在身旁。当一个人奔跑时，要随时提醒自己不能松懈，因为对手都在其他批次出发，到了终点不能马上知道自己的名次，待所有运动员抵达终点后也许会发现别人仅比你快一秒钟，这时会非常遗憾；当找点遇到困难时也不应该着急，因为别人也会遇到同样的问题。而在团体赛或接力赛中，如果一人出现较大失误，则会导致全队覆没。所以，必须清楚定向比赛的直接对手就是自己，要把优秀的、坚韧的意志品质贯穿比赛的始终，做到紧迫感和平常心并重，才能获得最终的胜利。

思考题

1.简述定向运动的概述。

2.定向运动主要分几种形式？其主要特点和主要区别是什么？

3.简述标定地图的基本方法。

4.定向运动的主要装备包含哪些？

5.简述确定站立点的方法。

附录　国家学生体质健康标准
（2014 年修订）

一、说明

1.《国家学生体质健康标准》（以下简称《标准》）是国家学校教育工作的基础性指导文件和教育质量基本标准，是评价学生综合素质、评估学校工作和衡量各地教育发展的重要依据，是《国家体育锻炼标准》在学校的具体实施，适用于全日制普通小学、初中、普通高中、中等职业学校、普通高等学校的学生。

2.本标准的修订坚持健康第一，落实《国家中长期教育改革和发展规划纲要（2010—2020 年）》、《国务院办公厅转发教育部等部门关于进一步加强学校体育工作若干意见的通知》（国办发〔2012〕53 号）和《教育部关于印发〈学生体质健康监测评价办法〉等三个文件的通知》（教体艺〔2014〕3 号）有关要求，着重提高《标准》应用的信度、效度和区分度，着重强化其教育激励、反馈调整和引导锻炼的功能，着重提高其教育监测和绩效评价的支撑能力。

3.本标准从身体形态、身体机能和身体素质等方面综合评定学生的体质健康水平，是促进学生体质健康发展、激励学生积极进行身体锻炼的教育手段，是国家学生发展核心素养体系和学业质量标准的重要组成部分，是学生体质健康的个体评价标准。

4.本标准将适用对象划分为以下组别：小学、初中、高中按每个年级为一组，其中小学为 6 组、初中为 3 组、高中为 3 组。大学一、二年级为一组，三、四年级为一组。

5.小学、初中、高中、大学各组别的测试指标均为必测指标。其中，身体形态类中的身高、体重，身体机能类中的肺活量，以及身体素质类中的 50 米跑、坐位体前屈为各年级学生共性指标。

6.本标准的学年总分由标准分与附加分之和构成，满分为 120 分。标准分由各单项指标得分与权重乘积之和组成，满分为 100 分。附加分根据实测成绩确定，即对成绩超过 100 分的加分指标进行加分，满分为 20 分；小学的加分指标为 1 分钟跳绳，加分幅度为 20 分；初中、高中和大学的加分指标为男生引体向上和 1 000 米跑，女生 1 分钟仰卧起坐和 800 米跑，各指标加分幅度均为 10 分。

7.根据学生学年总分评定等级：90.0 分及以上为优秀，80.0～89.9 分为良好，60.0～79.9 分为及格，59.9 分及以下为不及格。

8.每个学生每学年评定一次，记入《〈国家学生体质健康标准〉登记卡》（附表 1）。特殊学制的学校，在填写登记卡时可以按规定和需求相应地增减栏目。学生毕业时的成绩和等级，按毕业当年学年总分的 50%与其他学年总分平均得分的 50%之和进行评定。

9.学生测试成绩评定达到良好及以上者，方可参加评优与评奖；成绩达到优秀者，方可获体育奖学分。测试成绩评定不及格者，在本学年度准予补测一次，补测仍不及格，则学年成绩评定为不及格。普通高中、中等职业学校和普通高等学校学生毕业时，《标准》测试的成绩达不到50分者按结业或肄业处理。

10.学生因病或残疾可向学校提交暂缓或免予执行《标准》的申请，经医疗单位证明，体育教学部门核准，可暂缓或免予执行《标准》，并填写《免予执行<国家学生体质健康标准>申请表》（附表2），存入学生档案。确实丧失运动能力、被免予执行《标准》的残疾学生，仍可参加评优与评奖，毕业时《标准》成绩需注明免测。

11.各学校每学年开展覆盖本校各年级学生的《标准》测试工作，《标准》测试数据经当地教育行政部门按要求审核后，通过“中国学生体质健康网”上传至“国家学生体质健康标准数据管理系统”。测试和数据上传时间由教育行政部门确定。

12.本标准由教育部负责解释。

二、单项指标与权重

测试对象	单项指标	权重(%)
大学各年级	体重指数(BMI)	15
	肺活量	15
大学各年级	50米跑	20
	坐位体前屈	10
	立定跳远	10
	引体向上(男)/1分钟仰卧起坐(女)	10
	1 000米跑(男)/800米跑(女)	20

注：体重指数(BMI)=体重(千克)/身高2(米2)。

三、各项评分表

（一）单项指标评分表

		男生肺活量(mL)		女生肺活量(mL)		男生50米跑(S)		女生50米跑(S)		男生坐位体前屈(cm)		女生坐位体前屈(cm)	
等级	单项得分	大一大二	大三	大一大二	大三	大一大二	大三	大一大二	大三	大一大二	大三	大一大二	大三
优秀	100	5 040	5 140	3 400	3 450	6.7	6.6	7.5	7.4	24.9	25.1	25.8	26.3
	95	4 920	5 020	3 350	3 400	6.8	6.7	7.6	7.5	23.1	23.3	24	24.4
	90	4 800	4 900	3 300	3 350	6.9	6.8	7.7	7.6	21.3	21.5	22.2	22.4
良好	85	4 550	4 650	3 150	3 200	7	6.9	8	7.9	19.5	19.9	20.6	21
	80	4 300	4 400	3 000	3 050	7.1	7	8.3	8.2	17.7	18.2	19	19.5

续表

		男生肺活量（mL）		女生肺活量（mL）		男生 50 米跑（S）		女生 50 米跑（S）		男生坐位体前屈（cm）		女生坐位体前屈（cm）	
等级	单项得分	大一 大二	大三	大一 大二	大三	大一 大二	大三	大一 大二	大三	大一 大二	大三	大一 大二	大三
及格	78	4 180	4 280	2 900	2 950	7.3	7.2	8.5	8.4	16.3	16.8	17.7	18.2
	76	4 060	4 160	2 800	2 850	7.5	7.4	8.7	8.6	14.9	15.4	16.4	16.9
	74	3 940	4 040	2 700	2 750	7.7	7.6	8.9	8.8	13.5	14	15.1	15.6
	72	3 820	3 920	2 600	2 650	7.9	7.8	9.1	9	12.1	12.6	13.8	14.3
	70	3 700	3 800	2 500	2 550	8.1	8	9.3	9.2	10.7	11.2	12.5	13
	68	3 580	3 680	2 400	2 450	8.3	8.2	9.5	9.4	9.3	9.8	11.2	11.7
	66	3 460	3 560	2 300	2 350	8.5	8.4	9.7	9.6	7.9	8.4	9.9	10.4
	64	3 340	3 440	2 200	2 250	8.7	8.6	9.9	9.8	6.5	7	8.6	9.1
	62	3 220	3 320	2 100	2 150	8.9	8.8	10.1	10	5.1	5.6	7.3	7.8
	60	3 100	3 200	2 000	2 050	9.1	9	10.3	10.2	3.7	4.2	6	6.5
不及格	50	2 940	3 030	1 960	2 010	9.3	9.2	10.5	10.4	2.7	3.2	5.2	5.7
	40	2 780	2 860	1 920	1 970	9.5	9.4	10.7	10.6	1.7	2.2	4.4	4.9
	30	2 620	2 690	1 880	1 930	9.7	9.6	10.9	10.8	0.7	1.2	3.6	4.1
	20	2 460	2 520	1 840	1 890	9.9	9.8	11.1	11	-0.3	0.2	2.8	3.3
	10	2 300	2 350	1 800	1 850	10.1	10	11.3	11.2	-1.3	-0.8	2	2.5

		男生立定跳远（cm）		女生立定跳远（cm）		男生引体向上（次）		女生一分钟仰卧起坐		男生 1 000 米跑		女生 800 米跑	
等级	单项得分	大一 大二	大三	大一 大二	大三	大一 大二	大三	大一 大二	大三	大一 大二	大三	大一 大二	大三
优秀	100	273	275	207	208	19	20	56	57	3′17″	3′15″	3′18″	3′16″
	95	268	270	201	202	18	19	54	55	3′22″	3′20″	3′24″	3′22″
	90	263	265	195	196	17	18	52	53	3′27″	3′25″	3′30″	3′28″
良好	85	256	258	188	189	16	17	49	50	3′34″	3′32″	3′37″	3′35″
	80	248	250	181	182	15	16	46	47	3′42″	3′40″	3′44″	3′42″
及格	78	244	246	178	179			44	45	3′47″	3′45″	3′49″	3′47″
	76	240	242	175	176	14	15	42	43	3′52″	3′50″	3′54″	3′52″
	74	236	238	172	173			40	41	3′57″	3′55″	3′59″	3′57″
	72	232	234	169	170	13	14	38	39	4′02″	4′00″	4′04″	4′02″
	70	228	230	166	167			36	37	4′07″	4′05″	4′09″	4′07″

续表

		男生立定跳远（cm）		女生立定跳远（cm）		男生引体向上（次）		女生一分钟仰卧起坐		男生 1 000 米跑		女生 800 米跑	
等级	单项得分	大一大二	大三	大一大二	大三	大一大二	大三	大一大二	大三	大一大二	大三	大一大二	大三
及格	68	224	226	163	164	12	13	34	35	4′12″	4′10″	4′14″	4′12″
	66	220	222	160	161			32	33	4′17″	4′15″	4′19″	4′17″
	64	216	218	157	158	11	12	30	31	4′22″	4′20″	4′24″	4′22″
	62	212	214	154	155			28	29	4′27″	4′25″	4′29″	4′27″
	60	208	210	151	152	10	11	26	27	4′32″	4′30″	4′34″	4′32″
不及格	50	203	205	146	147	9	10	24	25	4′52″	4′50″	4′44″	4′42″
	40	198	200	141	142	8	9	22	23	5′12″	5′10″	4′54″	4′52″
	30	193	195	136	137	7	8	20	21	5′32″	5′30″	5′04″	5′02″
	20	188	190	131	132	6	7	18	19	5′52″	5′50″	5′14″	5′12″
	10	183	185	126	127	5	6	16	17	6′12″	6′10″	5′24″	5′22″

（二）加分指标评分表

	男生引体向上（次）		女生一分钟仰卧起坐		男生 1 000 米跑		女生 800 米跑	
加分	大一大二	大三	大一大二	大三	大一大二	大三	大一大二	大三
10	10	10	13	13	−35″	−35″	−50″	−50″
9	9	9	12	12	−32″	−32″	−45″	−45″
8	8	8	11	11	−29″	−29″	−40″	−40″
7	7	7	10	10	−26″	−26″	−35″	−35″
6	6	6	9	9	−23″	−23″	−30″	−30″
5	5	5	8	8	−20″	−20″	−25″	−25″
4	4	4	7	7	−16″	−16″	−20″	−20″
3	3	3	6	6	−12″	−12″	−15″	−15″
2	2	2	4	4	−8″	−8″	−10″	−10″
1	1	1	2	2	−4″	−4″	−5″	−5″

注：引体向上、一分钟仰卧起坐均为高优指标，学生成绩超过单项评分 100 分后，以超过的次数所对应的分数进行加分。1 000 米跑、800 米跑均为低优指标，学生成绩低于单项评分 100 分后，以减少的秒数所对应的分数进行加分。

附　表

附表 1　《国家学生体质健康标准》登记卡（大学样表）

附表 2　免予执行《国家学生体质健康标准》申请表（样表）

附表 1

《国家学生体质健康标准》登记卡（大学样表）

学校＿＿＿＿＿＿＿＿＿＿

<table>
<tr><td>姓名</td><td colspan="3"></td><td colspan="2">性别</td><td colspan="4"></td><td colspan="3">学号</td><td colspan="2"></td></tr>
<tr><td>院（系）</td><td colspan="3"></td><td colspan="2">民族</td><td colspan="4"></td><td colspan="3">出生日期</td><td colspan="2"></td></tr>
<tr><td rowspan="2">单项指标成绩</td><td colspan="3">大一</td><td colspan="3">大二</td><td colspan="3">大三</td><td colspan="3">大四</td><td colspan="2">毕业成绩</td></tr>
<tr><td>成绩</td><td>得分</td><td>等级</td><td>成绩</td><td>得分</td><td>等级</td><td>成绩</td><td>得分</td><td>等级</td><td>成绩</td><td>得分</td><td>等级</td><td>得分</td><td>等级</td></tr>
<tr><td>体重指数（BMI）（千克 / 米 2）</td><td></td><td></td><td></td><td></td><td></td><td></td><td></td><td></td><td></td><td></td><td></td><td></td><td rowspan="13"></td><td rowspan="13"></td></tr>
<tr><td>肺活量（毫升）</td><td></td><td></td><td></td><td></td><td></td><td></td><td></td><td></td><td></td><td></td><td></td><td></td></tr>
<tr><td>50 米跑（秒）</td><td></td><td></td><td></td><td></td><td></td><td></td><td></td><td></td><td></td><td></td><td></td><td></td></tr>
<tr><td>坐位体前屈（厘米）</td><td></td><td></td><td></td><td></td><td></td><td></td><td></td><td></td><td></td><td></td><td></td><td></td></tr>
<tr><td>立定跳远（厘米）</td><td></td><td></td><td></td><td></td><td></td><td></td><td></td><td></td><td></td><td></td><td></td><td></td></tr>
<tr><td>引体向上（男）/
1 分钟仰卧起坐（女）（次）</td><td></td><td></td><td></td><td></td><td></td><td></td><td></td><td></td><td></td><td></td><td></td><td></td></tr>
<tr><td>1 000 米跑（男）/800 米跑（女）
（分·秒）</td><td></td><td></td><td></td><td></td><td></td><td></td><td></td><td></td><td></td><td></td><td></td><td></td></tr>
<tr><td>标准分</td><td colspan="3"></td><td colspan="3"></td><td colspan="3"></td><td colspan="3"></td></tr>
<tr><td>加分指标</td><td>成绩</td><td colspan="2">附加分</td><td>成绩</td><td colspan="2">附加分</td><td>成绩</td><td colspan="2">附加分</td><td>成绩</td><td colspan="2">附加分</td></tr>
<tr><td>引体向上（男）/1 分钟仰卧起坐
（女）（次）</td><td></td><td colspan="2"></td><td></td><td colspan="2"></td><td></td><td colspan="2"></td><td></td><td colspan="2"></td></tr>
<tr><td>1 000 米跑（男）/800 米跑（女）
（分·秒）</td><td></td><td colspan="2"></td><td></td><td colspan="2"></td><td></td><td colspan="2"></td><td></td><td colspan="2"></td></tr>
<tr><td>学年总分</td><td colspan="3"></td><td colspan="3"></td><td colspan="3"></td><td colspan="3"></td></tr>
<tr><td>等级评定</td><td colspan="3"></td><td colspan="3"></td><td colspan="3"></td><td colspan="3"></td></tr>
<tr><td>体育教师签字</td><td colspan="3"></td><td colspan="3"></td><td colspan="3"></td><td colspan="3"></td><td colspan="2"></td></tr>
<tr><td>辅导员签字</td><td colspan="3"></td><td colspan="3"></td><td colspan="3"></td><td colspan="3"></td><td colspan="2"></td></tr>
</table>

注：高等职业学校、高等专科学校参照本样表执行。

学校签章：　　　　　　　　　　年　　月　　日

附表 2

免予执行《国家学生体质健康标准》申请表（样表）

<table>
<tr><td>姓名</td><td></td><td>性别</td><td></td><td>学号</td><td></td></tr>
<tr><td>班级/院（系）</td><td></td><td>民族</td><td></td><td>出生日期</td><td></td></tr>
<tr><td>原因</td><td colspan="5">申请人：
年　月　日</td></tr>
<tr><td>体育教师签字</td><td colspan="2"></td><td>家长签字</td><td colspan="2"></td></tr>
<tr><td>学校体育
部门意见</td><td colspan="5">学校签章：
年　月　日</td></tr>
</table>

注：中等职业学校及普通高等学校的学生，“家长签字”由学生本人签字。

参考文献

[1] 梁源.大学体育与健康[M].北京:清华大学出版社,2014.
[2] 姚荣,陈功立.高职高专体育教程[M].重庆:重庆大学出版社,2013.
[3] 孙雄华.体育[M].北京:化学工业出版社,2009.
[4] 马骥.大学体育与健康[M].武汉:武汉大学出版社,2017.
[5] 秦虎,邢峰,姚证.高职体育教程[M].5 版.重庆:重庆大学出版社,2020.
[6] 井文华.新编体育与健康[M].天津:天津科学技术出版社,2018.
[7] 胡红,夏思永.大学体育理论教程[M].3 版.重庆:重庆大学出版社,2011.
[8] 葛坚,曲丽萍,夏飞.高职体育与健康[M].西安:西安交通大学出版社,2015.
[9] 袁建国.大学体育与健康教育教程[M].西安:西安交通大学出版社,2014.
[10] 罗加冰,向超宗.大学体育[M].重庆:重庆大学出版社,2013.
[11] 向超宗,邢峰.大学体育选项课教程[M].重庆:重庆大学出版社,2015.
[12] 张晓威.定向越野[M].北京:星球地图出版社,2013.
[13] 王翔,彭光辉,梁方勇,等.定向运动[M].2 版.北京:高等教育出版社,2009.
[14] 田麦九.运动训练学[M].北京:高等教育出版社,2006.
[15] 何志林.现代足球[M].北京:人民体育出版社,2000.
[16] 堀井岳也.最新足球战术图解[M].长沙:湖南科学技术出版社,2015.
[17] 刘建国,范秦海,李建英,等.田径[M].3 版.北京:高等教育出版社,2014.
[18] 陈武山.游泳运动教程[M].北京:人民体育出版社,2007.
[19] 张瑞林.游泳[M].2 版.北京:高等教育出版社,2010.
[20] 肖光来.健美操[M].北京:人民体育出版社,2008.
[21] 姜桂萍.舞蹈、体育舞蹈、艺术体操[M].桂林:广西师范大学出版社,2000.
[22] 黄宽柔.形体健美与健美操[M].北京:高等教育出版社,1997.
[23] 黄宽柔,周建社.健美操 团体操[M].桂林:广西师范大学出版社,2000.
[24] 张清澍,等.体育舞蹈[M].北京:北京体育大学出版社,1997.
[25] 国家体育总局职业技能鉴定指导中心组.体育舞蹈[M].北京:高等教育出版社,2012.
[26] 工锋.体育舞蹈[M].青岛:中国石油大学出版社,1996.
[27] 黄宽柔.姜桂萍.舞蹈与健美操[M].北京:高等教育出版社,2001.
[28] 刘东智.健身教练[M].北京:高等教育出版社,2009.
[29] 陶志翔.网球运动教程[M].北京:高等教育出版社,2003.